بسم اللـه الرحمن الرحيم

النظم السياسية الحديثة
والسياسات العامة

النظم السياسية الحديثة والسياسات العامة

دراسة معاصرة في استراتيجية إدارة السلطة

الدكتور

ثامر كامل محمد الخزرجي

عمان - الأردن

الطبعة الأولى

١٤٢٥ هـ - ٢٠٠٤ م

رقم الإجازة المتسلسل لدى دائرة المطبوعات والنشر (٤٨ / ١ / ٢٠٠٤)
رقم الإيداع لدى دائرة المكتبة الوطنية (٤٣ / ١ / ٢٠٠٤)

٣٢١

الخزرجي ، ثامر كامل

النظم السياسية الحديثة والسياسات العامة / ثامر كامل الخزرجي . ـ عمان: دار مجدلاوي ، ٢٠٠٤

(٣٢٧) ص

ر. إ. : ٤٣ / ١ / ٢٠٠٤

الواصفات : / الأنظمة السياسية //

* - تم اعداد بيانات الفهرسة الأولية من قبل دائرة المكتبة الوطنية

ISBN 9957 - 02 - 132 - x **(ردمك)**

دار مجدلاوي للنشر والتوزيع

عمان - الرمز البريدي: ١١١١٨ - الأردن

ص.ب: ١٨٤٢٥٧

تلفاكس: ٤٦١١٦٠٦-٤٦٢٢٨٨٤

Dar Majdalawi Pub. & Dis

Amman 11118 - Jordan

P.O.Box: 184257

Tel & Fax: 4611606-4622884

WWW.majdalawibooks.com

E-mail: customer@ majdalawibooks.com

المحتويات

المقدمة

لهذا الكتاب مقاصد وأهداف متعددة ، فهو مدخلا مركزا ووافيا لدراسة وفهم النظم السياسية الحديثة والسياسات العامة، وهو دراسة معاصرة في أستراتيجية أدارة السلطة. وهو رؤية شاملة للعلاقة الصميمية بين النظم السياسية والسياسات العامة ، وهو تعبير عن رؤية استدراكية لمعالجة معاضل وأزمات الحكم وعمليات أتخاذ القرار.

لقد كانت دراسة نظم الحكم في الماضي تنصب على الجانب العضوي دون الجانب الموضوعي ، وكانت المكتبة العربية تزخر بمؤلفات نظرية كثيرة في موضوع النظم السياسية، ينتمي اصحابها في الغالب الى فروع القانون العام، وكان ذلك في أحيان كثيرة مدعاة الى سيطرة الطابع الدستوري على طريقة تناول الموضوع ، وأنصب الاهتمام في المعالجات على شكل الدولة وشكل الحكومة ، وعلى الدولة من حيث نشأتها وأركانها وانواعها ، وكذلك الحكومة من حيث التكوين والصلاحيات الدستورية للسلطات الثلاث التشريعية والتنفيذية والقضائية ، وعلى الدستور من حيث كيفية وضعه وأنواعه وأسلوب تعديله.

لقد كان هذا الاتجاه له ما يبرره ، ذلك أن الدولة في الماضي لم تكن لها غير وظائف قليلة تنحصر في أمور الدفاع والأمن وأقرار العدل ،اما المجالات الاخرى فقد كانت متروكة للافراد ، وذلك تطبيقا لمبدأ عدم تدخل الدولة الذي كان سائدا في ما مضى ، كما أن دراسة نظم الحكم لم تكن تأخذ بنظر الاعتبار البنية الحقيقية للمجتمع وكونه يتألف من طبقات وشرائح وفئات أجتماعية تتعارض مصالحها

ومطالبها في أغلب الاحيان ، كما أن تلك الدراسة كانت تغفل عوامل التقدم العلمي والتقني التي أدت الى ظهور مهن جديدة لم تكن موجودة من قبل ، وظهور حاجات جديدة تبعا لذلك، بمعنى أن دراسة نظم الحكم كانت تجري بمنأى عن الوسط الاجتماعي الذي توجد فيه ويفترض انها تعمل لأجله.

ومع ذلك فقد ظهرت بضعة كتابات لأساتذة يعملون في ميدان العلوم السياسية تجاوزت هذا الاطار التقليدي بالتطرق لمسائل الاحزاب وجماعات الضغط والرأي العام غير أنها ظلت تخص الموضوعات التقليدية بالنصيب الاكبر من الاهتمام.

أن هذه الدراسة التي نضعها بين أيديكم توخينا أن لا تقتصر على أشكال الحكومات ، أذ ان هذه الاشكال لاتمثل الا وجها واحدا من حقيقة النظام السياسي، بينما يخضع النظام السياسي بحقيقته لمجموعة كبيرة من العوامل ، ليس الشكل الدستوري الا واحدا منها ، لذا تم أدخال عملية التطبيق السياسي وهو ما يطلق عليه أسم العملية السياسية.

لذا فأن الفرضية التي قام عليها هذا الكتاب أنطلقت من أن عملية صنع وتنفيذ السياسة العامة تعد عملية جوهرية في أطار أداء النظام السياسي ، بمعنى أن صانع القرار هو الرابط والقاسم المشترك بين النظم السياسية والسياسة العامة.

وأستنادا الى ذلك فالكتاب بمجمله هو دعوة لترشيد السلطة ، وأستقرار مؤوسساتها ، وتقنين آلياتها ، وأرتقاء أدائها ، وحصافة أهدافها . وهو أستراتيجية شاملة لأدارة السلطة.

لقد تم تقسيم الكتاب الى ستة أبواب تم بحثها من خلال خمسة عشر فصلا. تناول الباب الاول الذي جاء تحت عنوان الاطار المنهجي لدراسة النظم السياسية والسياسات العامة ، من خلال فصلين ، معنى النظم السياسية والسياسات العامة ، وكذلك المناهج الحديثة في دراسة النظم السياسية.

أما الباب الثاني فقد جاء تحت عنوان المتغيرات المحيطة بالنظام السياسي ،

وتناول من خلال ثلاثة فصول المتغيرات المادية- الموضـوعية، الثقافـة السياسـية ، والمجتمع المدني بأعتبارها تمثل بيئة النظام السياسي.

وقد مثل الباب الثالث الذي جاء تحت عنوان إداء النظام السياسي وتم تناوله من خلال ثلاثة فصول بحثا أجتماعيا - سياسيا لعمليات التنشئة السياسية ، التنمية السياسية ، صنع وتنفيذ السياسة العامة.

بينما تناول البـاب الرابـع الـذي جـاء تحـت عنـوان أشـكاليات وتحـديات النظـام السياسي ، ومن خلال ثلاثة فصول ، أشكاليات النظام السياسي ، الاحزاب والنظم الحزبيـة ، أسناد السلطة بالانتخابات .

أمـا البـاب الخـامس الـذي جـاء تحـت عنـوان أنـواع الـنظم السياسـية وأشـكال الحكومات فقد تضمن ومن خلال فصلين ، أستعراضا لأنواع النظم السياسية أنطلاقـا مـن العلاقة بين السلطات ، وكذلك أستعراضا لأشكال الحكومات .

وأخيرا جاء الباب السادس تحت عنوان الدساتير والحريات العامة وتنـاول مـن خلال فصلين الدساتير والنظم السياسية ، وكذلك الحقوق والحريات العامة.

الدكتور

ثامر كامل محمد

الباب الأول

الإطار المنهجي لدراسة النظم السياسية والسياسات العامة

الفصل الأول : في معنى النظم السياسية والسياسات العامة

الفصل الثاني : المناهج الحديثة في دراسة النظم السياسية

في معنى النظم السياسية والسياسات العامة

اولا.مفهوم النظام السياسي

ان اول ما يتبادر الى الذهن عن بحث المبادئ العامة للنظم السياسية هو تعريف النظام السياسي وتحديد مضمونه ، بالاضافة الى ذلك ، ان تعريف النظام السياسي وفهم المقصود به يساعدنا على معرفة الموضوعات التي يجب دراستها للاحاطة بكل ما يتعلق بالنظم السياسية وانواعها المختلفة .. وقد ترتب على تعدد المحاولات من جانب الفقه ان اختلفت التعريفات وتباينت حسب النظرة التي يوليها كل فقيه اهتمامه ، ورغم اختلاف وتباين التعريفات المقترحة في هذا الخصوص ، الا انه يمكن القول ببساطة ان هذه التعريفات قد حددت معنيين للنظم السياسية ، احدهما ضيق وهو التعريف التقليدي ، والاخر واسع وهو التعريف الحديث [١] .

١. المعنى الضيق لتعبير النظم السياسية :

المعنى الضيق او التقليدي لتعبير النظم السياسية يراد به أنظمة الحكم التي تسود دولة معينة ، وتبعا لذلك يكون هناك ترادف بين تعبير النظم السياسية والقانون الدستوري ، ذلك القانون الذي يتضمن مجموعة القواعد التي تتصل بنظام الحكم في الدولة فتستهدف تنظيم السلطات العامة فيها وتحديد اختصاصاتها وكذلك العلاقة بينها كما تبين حقوق وواجبات الافراد في الدولة ، وفي هذا الصدد ذهب " جورج بيردو " الى القول ، بان النظام السياسي هو كيفية ممارسة السلطة في الدولة [٢].

وعلى هذا الاساس يكون المقصود بالنظام السياسي لبلد من البلدان تبعا للمعنى الضيق والتقليدي نظام الحكم فيه ، وهو الذي يتناول تبيانه والالمام به علم القانون الدستوري، وعلى هذا النحو كان هناك ترادف بين النظام السياسي للدولة

او نظام الحكم في الدولة او القانون الدستوري للدولة ، فالمدرسة الدستورية التي سادت قبل الحرب العالمية الثانية والتي لا زالت لها انصار حتى الان فهمت النظام السياسي على انه المؤسسات السياسية ، وبالذات الحكومة الموجودة في مجتمع معين ، أي السلطات الثلاثة التشريعية والتنفيذية والقضائية [٣] .وفي تحديد مقارب ذهب قسم اخر من الفقهاء وعلى رأسهم " ليون دوكي " الى القول بان النظام السياسي هو الشكل الذي تتحدد فيه التفرقة بين الحاكمين والمحكومين[٤]. وذلك انطلاقا من ان مضمون النظم السياسية لا يشمل فقط كيفية ممارسة السلطات العامة في الدولة وانما يشمل كذلك امور كثيرة كالوسيلة التي بواسطتها يتم الوصول الى السلطة ومقدار سلطات الحكام وكيفية تحديدها بالقدر الضروري الذي تتطلبه المصلحة العامة ودرجة وعي الشعب وتقدم البلد .

٢. المعنى الواسع لتعبير النظم السياسية :

اما المعنى الواسع والمعاصر لتعبير النظم السياسية فيراد به معنى اعم واشمل من معناه الضيق السابق ايضاحه ، فيعني هذا التعبير دراسة مختلف انظمة الحكم التي تعم الدول المعاصرة ، ليس فقط من خلال القواعد الوضعية المطبقة ، وانما ايضا من خلال ما يسود هذه الدول من مبادئ فلسفية وسياسية واجتماعية واقتصادية ، وعلى هذا النحو لم يعد هناك ترادف بين تعبير النظام السياسي وتعبير القانون الدستوري ، اذ يكون للاول معنى اعم واشمل من الثاني فاذا كان القانون الدستوري يركز على نظام الحكم القائم في دولة ما من خلال القواعد النظرية المجردة ، فان النظام السياسي ينظر الى نظام الحكم وما يحيط به من ظروف فلسفية وواقعية [٥] ، لذا فهو بحسب " موريس ديفرجيه" مجموع الحلول اللازمة لمواجهة المشاكل التي يثيرها قيام الهيئات الحاكمة وتنظيمها في هيئة اجتماعية معينة [٦]. لذلك فان دراسة النظام السياسي لدولة ما في الوقت الحاضر يجب ان لا تقتصر على تبيان شكل الحكم فيها من خلال القواعد الدستورية المطبقة ، وانما يلزم ان تكون هذه الدراسة شاملة للفلسفات الاجتماعية والاقتصادية والسياسية من ناحية، وتاثيرها على القوى الرسمية (الحكام) في مباشرتها لمهام السلطة، وعلاقة هذه الاخيرة

بالافراد من ناحية اخرى . بمعنى قيام فكرة جديدة لا تستند الى الجانب الشكلي في السلطة بقدر ما تعتمد على مجالات نشاطها ، وبعد ان كان شكل الحكومة هو الاساس الذي يحدد النظام السياسي للدولة ، اصبح مجرد عنصر- من بين عناصر اخرى تدخل في تكييف ذلك النظام . ولذلك فانه يلزم لدراسة النظام السياسي لدولة معينة في الوقت الحاضر ألا تقتصر على بيان شكل الحكم فيها ، بل يلزم ايضا تحليل نظامها الاجتماعي منظورا اليه في الحاضر ، وفيما سيكون عليه في المستقبل لما تستهدفه السلطة الحاكمة ، وبعبارة اخرى لم تعد القواعد الدستورية التي تعين نظام السلطة العامة ووسائل سيرها هي التي تحدد وحدها النظام السياسي في الدولة بل يحدده ايضا مفهوم الحاكم لمركز الفرد واغراض النشاط الفردي وتنظيم العلاقات الاجتماعية ، حتى يمكن القول ان القواعد الدستورية التي تنظم السلطة العامة ما هي الا الادارة التي يحقق بها الحاكم فلسفته الاجتماعية وسياسته الاقتصادية ، سواء كان نظام الحكم برلمانيا اورئاسيا او ديمقراطيا شبه مباشر فان النظام السياسي في الدولة انما يتحدد اساسا وفقا لفلسفتها الاجتماعية ، ودورها في تنظيم اقتصادها القومي واثر الجماعة في توجيه السلطة (٧).

وفي معرض تحديد ما الذي يكسب النظام السياسي شخصيته المميزة وخصائصه التي تحدد قسماته ، يختلف علماء السياسة في تفاصيل هذا التعريف ، وان كان هناك شبه اجماع على ربط النظم السياسية باستخدام ادوات الاكراه المشروعة في الجماعة السياسية ، " فايستون " Easton يجعل محور اهتمامه سلطة تخصيص " ولاسويل " Lasswell " وكابلان " Kaplan يجعلان محور اهتمامهما الحرمان القياسي ، "ودال" Dahl يجعل مركز اهتمامه القوة وسلطة الحكم ، كل هذه المفاهيم تدور حول الارغام الشرعي للقوة مثل حق الجزاء الاكراهي ، وكثيرون يتفقون مع " ماكس فيبر " Max Weber في ان القوة والاكراه المشروع هما الخيط الذي يظهر في اثناء وظيفة النظام السياسي وممارسته لدوره وهي التي تعطيه وتكسبه سمة خاصة وتماسكا وانسجاما كنظام (٨) .

فعلى سبيل المثال يذهب " ديفيد ايستون " الى تعريف النظام السياسي بانه مجموعة من التفاعلات والادوار التي تتعلق بالتوزيع السلطوي للقيم ، وعلى هذا

فان عملية تخصيص القيم تعتبر الخاصية الاساسية للنظام السياسي ، ففي أي مجتمع تنشأ خلافات بين الافراد حول توزيع القيم ، ولمواجهة هذا الوضع يضطلع النظام السياسي دائما بعملية التوزيع بما يتخذه من قرارات ملزمة للجميع [٩]. بيد ان هذا التعريف لم يسلم من النقد ، حيث يرى " غابرئيل الموند " ان التخصص السلطوي للقيم لا يميز النظام السياسي عن النظم الاجتماعية الاخرى كالعائلة مثلا، ومن جانبه عرف النظام السياسي بانه نظام التفاعلات الموجودة في كافة المجتمعات المستقلة التي تضطلع بوظيفتين التكامل والتكيف داخليا (أي في اطار المجتمع ذاته) وخارجيا (أي بين المجتمع والمجتمعات الاخرى) عن طريق استخدام او التهديد باستخدام الارغام المادي المشروع ، وبهذا يرى " الموند " في الاكراه المادي المشروع محك التفرقة بين النظام السياسي والنظم الاجتماعية الاخرى ، وان القوة المشروعة هي التي تضمن تماسك النظام السياسي [١٠].

اما " روي مكريدس " ، فيرى بان النظام السياسي هو الاداة الابرز في تحديد وابراز المشكلات واعداد وتنفيذ القرارات فيما يتصل بالشؤون العامة [١١] ، بينما يعتقد " روبرت دال " بان النظام السياسي هو نمط مستمر للعلاقات الانسانية يتضمن الى حد كبير القوة والحكم والسلطة [١٢] . ويعرف " هارولد لاسويل " النظام السياسي بانه النفوذ واصحاب النفوذ على اساس مفهوم القوة مفسرة بالجزاء المتوقع ، اما "كمال المنوفي" فيخلص الى ان النظام السياسي هو مجموعة تفاعلات وشبكة معقدة من العلاقات الانسانية تتضمن عناصر القوة او السلطة او الحكم [١٣] .

ان القاسم المشترك بين هذه التعاريف هو النظرة الى النظام السياسي باعتباره جزءا من نظام كلي هو النظام الاجتماعي ولكنهم يختلفون في تحييزهم للنظام السياسي بخاصية رئيسة فنجد "ايستون" يغلب ظاهرة القوة في توزيعها في مؤسسات النظام السياسي والسلوك الذي تسلكه جماعات هذه المؤسسات في سبيل صنع القرار السياسي ، اما "لاسويل" فقد ركز على مفهوم النفوذ ، و" الموند " يركز على مفهوم الوظيفة وما يصاحبها من قوة تتضمن عنصر الجزاء وركز "مكريدس" على تحديد المشكلات واعداد وتنفيذ القرارات ، و"دال" على السلطة ، والمنوفي على التفاعلات والعلاقات الانسانية. وعلى كل فانه يمكن تعريف النظام السياسي بانه

عملية تنظيم واحتواء النشاطات السياسية للافراد والجماعات ، بمعنى الانماط المتداخلة والمتشابكة الخاصة بصنع القرار السياسي في الجماعة السياسية ، والتي تترجم اهداف وخلافات ومنازعات المجتمع الناتجة من خلال الهيكل التنظيمي الذي اضفى صفة الشرعية على القوة السياسية فحولها الى سلطة مقبولة من الجماعة تمثلت في المؤسسات السياسية ، وهو اطار ينتظم فيه اتجاه القوى السياسية اسهاما في العمل السياسي فمكونات النظام وعناصره تقع داخل هذا الاطار والعناصر التي تقع خارجه تمثل محيطه او بيئته التي ينشأ وينمو فيها النظام والتي تسمى نظاما رئيسيا ، اما اذا اشترك النظام كعنصر في تكوين نظام اخر اكبر ، سمي نظاما فرعيا .. ان ما يمكن ان نخلص اليه هو ان النظام السياسي يختلف عن القانون الدستوري الذي ينحصر نطاقه في الدراسة الشكلية الهيكلية للحكومة ولبناء السلطات فيها وعلاقة هذه السلطات ببعضها وعلاقة الافراد بها ، هذه الدراسة الشكلية تقوم على اساس منهج قانوني ، اما النظام السياسي فيهدف الى دراسة ما وراء الشكل ويؤسس على مفاهيم سياسية .

٣. تطور مفهوم النظام السياسي :

لا يتواجد النظام السياسي في فراغ ، وانما في بيئة يتاثر بها ويؤثر فيها ، وبرغم تناوله كنظام مستقل ، الا انه واقعيا يتفاعل مع النظم المجتمعية الاخرى الاقتصادية والاجتماعية والطبيعية والثقافية ، وهو يتفاعل ايضا مع البيئة الخارجية والاقليمية والعالمية .

وتطور مدلول النظام السياسي راجع الى اتساع نشاط السلطة ، فقد كان نشاط السلطة في الماضي محددا بحماية البلاد من الاعتداء الخارجي وبضمان الامن في الداخل وتحقيق سلامة المعاملات بين الافراد والقيام باشباع الحاجات الاساسية التي يعجز عن اشباعها النشاط الفردي ومن ثم كانت فكرة السياسة محددة ، وكان نشاط السلطة تفرضه المحافظة على الجماعة وليس تعديل نظامها الاجتماعي وبالتالي كان لكل من السياسة والاجتماع مجالها الخاص ، فالسياسة تجد مجالها في حماية بعض مصالح عامة كبرى ، والاجتماع مجاله نشاط الافراد الحر ومعاملاتهم التي لا

سلطان للسياسة عليها . ولكن نشاط الدولة اخذ يتسع شيئا فشيئا ، وتدخلت في مجالات كانت محظورة عليها من قبل ، واصبحت توجه المعاملات الخاصة وتنظمها بصورة جعلتها تؤثرا تاثيرا مباشرا في النظام الاجتماعي ، فاتسعت فكرة السياسة ودخلت فيها عناصر اجتماعية حتى اصبح مدلول السياسي يكاد يشمل على كل ما يمكن ان يكون له تاثير على النظام الاجتماعي ، وبنفس الوقت فان النظام الاجتماعي لم يعد مجرد حقيقة على هامش السياسة ، بل اصبح عنصرا اساسيا في النظام السياسي ، بحيث يجب لتحليل النظام السياسي لبلد معين ، ان لا تقتصر على دراسة نظام الحكم فيه بل يجب ايضا تحليل نظامه الاجتماعي .

وليس من شك في ان النظام السياسي بمعناه العام والشامل ، يختلف مفهومه من دولة الى اخرى تبعا لوجود اوعدم وجود قوى اجتماعية فعلية الى جانب القوى الرسمية لسلطة الحكم كالاحزاب السياسية والنقابات المهنية ، ومدى الادوار التي تسهم بها الاحزاب والنقابات في تسيير الحياة السياسية وتاثير كل ذلك على مراكز القوى الرسمية لسلطات الدولة أي الحكام ، وعلاقة هؤلاء الاخرين بالافراد ، وبهذا المعنى فان دراسة النظم السياسية تبعا للمعنى الواسع والشامل تتضمن دراسة انظمة الحكم من خلال النصوص الوضعية السائدة والفلسفات السياسية والاقتصادية والاجتماعية التي تسود فيها، وكذلك دراسة القوى الاجتماعية ومدى تفاعلها في توجيه نظام الحكم بالدولة والى أي مدى تجد المبادئ القانونية الوضعية تطبيقها العملي في ظل تفاعلات تلك القوى الاجتماعية [١٤] ، ويتحدث " ديفيد ابتر " David Apter في صدد مقارب عن رؤية تقوم على ثلاثة عناصر هي : التدرج الاجتماعي، والحكومة،والجماعات السياسية [١٥] ، اما " مكريدس " فيرى ان دراسة النظام السياسي تقتضي تناول الاسس السياسية بمعنى بيئة النظام او العوامل التي تشكله وتحدد حركته ، والدينامية السياسية وتشتمل على النظام الانتخابي والاحزاب السياسية ، وجماعات الضغط والمصالح ، والقيادة السياسية [١٦] وعملية صنع القرار ليس بمعنى وضع بدائل واختيار بديل او اكثر وتنفيذه فحسب وانما ادراك من يصنع القرار ؟ وكيف يصنع ؟ وما هو نطاق القرار ؟ وما هي درجة المركزية في صنعه ؟ أي دراسة الشكل الدستوري والاجهزة

التشريعية والتنفيذية والقضائية والبيروقراطية ومدى كفائتها في اداء وظائفها ، فجوهر العملية السياسية يكمن في التفاعل بين الاطار المجتمعي والمؤسسات الحكومية ، ويمثل الاطار المجتمعي البيئة التي يتحرك فيها النظام ، اما جماعات المصالح والاحزاب فهي همزة الوصل بين البيئة وصناع القرار ، ويتوقف بقاء واستقرار النظام السياسي على مدى الكفاءة في اداء كل هذه العمليات ، فاذا لم يسمح الافراد بالتعبير عن مطالبهم بشكل سلمي ، او اذا فشلت الحكومة في الاستجابة لهذه المطالب بات من المحتمل ان يلجأوا الى العنف لتحقيق مصالحهم ، الامر الذي يعرض الاستقرار السياسي للتهديد . وهناك من يطرح نموذجا للنظام السياسي بالاستناد الى اربعة عناصر هي : نمط المصالح الذي يشير الى كل ما يتعلق بعملية صنع السياسة وتحديد الاهداف داخل المجتمع السياسي ، ونمط القوة ويقصد به كل الوسائل او الاليات المتاحة لتنفيذ القرارات ، ونمط السياسة ، بمعنى مخرجات النظام السياسي في علاقتها بالبيئة ، ونمط الثقافة السياسية ، أي التوجهات والتصورات الخاصة بالشرعية السياسية(١٧) .

يمكن مما تقدم ادراك ان النظام السياسي كمفهوم اوسع من الحكومة ، وان التفاعلات السياسية تحدث بين النظام وكل من بيئته الداخلية والخارجية من ناحية ، وفيما بين المؤسسات السياسية من ناحية اخرى .

ثانيا : ماهية السياسة العامة

١. تعريف السياسة العامة :

تتعدد تعريفات مصطلح السياسة العامة شان غيره من المصطلحات المستخدمة في نطاق العلوم الاجتماعية فعرفها "كارل فريدريك " على انها (برنامج عمل مقترح لشخص او لجماعة او لحكومة في نطاق بيئة محددة لتوضيح الفرص المستهدفة والمحددات المراد تجاوزها سعيا للوصول الى هدف او لتحقيق غرض مقصود) (١٨) بمعنى انها سلوكا موجها وهادفا . وعرفها " روبرت ايستون " تعريفا واسعا بقوله انها (العلاقة بين الوحدة الحكومية وبيئتها) (١٩) .

اما " توماس داي " فيرى ان السياسة العامة هي (ما تفعله ومالا تفعله الحكومة) [٢٠] .

ويعرفها " ريتشارد هوفيربرت " على انها (مجموعة قرارات يتخذها فاعلون معروفون بهدف تحقيق غرض عام) [٢١] .

اما " ريتشارد روز" فعرف السياسة العامة بانها (سلسلة من الانشطة المترابطة قليلا او كثيرا ، وان نتائجها تؤثر على من تهمهم مستقبلا وليست قرارات منفصلة) [٢٢] . بمعنى ان السياسة العامة ليست قرارا بفعل شيء وانما برنامج او نسق من الانشطة غير المحددة .

ويعرفها " خيري عبد القوي " بانها تلك العمليات والاجراءات السياسية وغير السياسية التي تتخذها الحكومة بقصد الوصول الى اتفاق على تعريف المشكلة ، والتعرف على بدائل حلها واسس المفاضلة بينها ، تمهيدا لاختيار البديل الذي يقترح اقراره في شكل سياسة عامة ملزمة تنطوي على حل مرضي للمشكلة [٢٣].

وقد عرفها " جيمس اندرسون " بقوله (فالسياسة هي برنامج عمل هادف يعقبه اداء فردي او جماعي في التصدي لمشكلة او لمواجهة قضية او موضوع) وهذا التعريف يركز على ما يتم فعله في اطار مايستوجب او يراد فيه تمييزا للسياسة عن القرار الذي هو مجرد خيار من بين عدة خيارات او بدائل [٢٤] .

ولعل ذلك يقودنا بحسب " الدكتور كمال المنوفي " الى توضيح العلاقة بين القرار والسياسة ، فالقرار اختيار احد البدائل المطروحة لمواجهة موقف معين ، ولايخفى ان ممارسة السلطة تقتضي- اتخاذ العديد من القرارات ، ومن المحتمل ان تجيء هذه القرارات غير منسقة فيما بينها نظرا لاختلاف شخصيات صانعي القرار والمصالح التي يمثلونها فضلا عن حجم ونوعية المعلومات المتاحة ، وبدون التنسيق بين الاختيارات القرارية ، يتخبط النظام السياسي ، ولضمان الحد الادنى من التنسيق على الاقل ، تواضعت الدول على وضع نظام هرمي بمقتضاه تكون القرارات الفردية تابعة لمجاميع قرارية اسمى واكثر تجريدا تسمى السياسات ، لذا فان السياسة هي بمثابة مرشد للقرارات الخاصة بمشكلة او ميدان معين [٢٥] . يضاف الى

ذلك فان السياسة العامة هي تلك التـي تطورهـا الاجهـزة الحكوميـة مـن خـلال مسؤولياتها كما ان بعض القوى غير الحكومية او غير الرسمية قد تسهم او تـؤثر في رسـم وتطوير بعض السياسات العامة وتستمد خصوصيتها من كونها متخذة من قبل السلطات المخولة ، او النظام السياسي ، وهؤلاء عادة هـم المشرعون والقيـاديون والحكـام والملـوك والرؤسـاء والمجـالس والهيئـات العليـا ، انهـم هـم المسـؤولون وهـم الـذين يتمتعـون بالسـلطات لرسـم السياسـات والتصرف في اطـار صـلاحياتهم التـي تكـون عامـة مقيـدة ومحددة وليست مطلقة [٢٦].

٢. عناصر السياسة العامة :

ويمكن فهم مصطلح السياسة بصورة ادق حينما يجزأ الى عناصره الاساسـية والتـي تتمثل في مطالب السياسة العامة ، القرارات ، التصريحات ، المخرجـات ، العوائـد، ولـيس من الضروري ان تظهر هذه العناصر بنفس التسلسل في الواقع العملي، وفيما يـلي عرضـا موجزا لهذه العناصر : [٢٧]

أ. **مطالب السياسة** : وتشمل كل ما يطرح على المسؤولين من جانب الاخرين سـواء كانوا من الاهالي ام من الرسميين الفاعلين في النظام السياسي ، وذلك للتحـرك ازاء قضية معينة او التوقف عن المضي في اتجاه ما ، فالمطالب المطروحـة مـن جانـب العامة تولد الحاجة الى اثارة الانتباه لسياسات عامة وتعد نقطة البـدء في دراسـة عملية صنعها .

ب. **قـرارات السياسـة العامـة** : وتشـمل مـا يصـدره صـانعي القـرارات والموظفـون العموميون المخولـون باصـدار الارادات الملكيـة والمراسـيم والاوامـر والتوجيهـات المحركة للفعل الحكومي ، فقرارات السياسة العامة هي غـير القـرارات الروتينيـة المعتادة .

ج. **الخطب والتصريحات الرسمية** : وهي تعبيرات رسمية او عبارات موحية بسياسة عامة ، وتشمل الاوامر الشفهية والتفسيرات القانونية والضوابط المحددة للسلوك واراء الحكام والقضاة وحتى خطب المسؤولين وشعاراتهم التي تعبر عـن المقاصـد العامة والاغراض المطلوب تحقيقها والاعمال الموجهة

نحوها ، وقد تكون هذه التوجهات غامضة احيانا الامر الذي يقود الى اختلاف وجهات النظر اثناء تفسيرها ، وكذلك يحدث حول ما تصدره مستويات حكومية مختلفة من التصريحات.

د. **مخرجات السياسة العامة :** وهي الانعكاسات المحسومة الناجمة عن السياسة العامة وفي ضوء قرارات السياسة والتصريحات التي يتلمسها المواطنون من الاعمال الحكومية ، ولا تشمل الوعود والنوايا، وقد تكون المخرجات المتحققة عن السياسة العامة بعيدة او مختلفة عما يتوقع تحققه او ما تنص عليه السياسة نفسها.

٣. اسباب الاهتمام بالسياسة العامة :

يعزي " توماس داي " اسباب الاهتمام بتحليل السياسة العامة الى ثلاث مجموعات من الاسباب : (٢٨)

أ. **اسباب علمية محضة :** بمعنى ان هدف الدراسة يمكن ان يتحقق عن طريق الفهم المعمق للمجتمع من خلال معرفة مصادر ونتائج قرارات السياسة العامة ، أي ان هذه الاخيرة يمكن تناولها كمتغير تابع ، عندما يثور التساؤل حول ماهية القوى البيئية والخصائص المؤسسية التي تسهم في تشكيل السياسة وتحديد مضمونها، وفضلا عن ذلك قد ينظر اليها كمتغير اصيل فيتعلق السؤال بالنتائج التي تطرحها السياسة العامة على البيئة والنظام السياسي، ومثل هذه التساؤلات وغيرها تثري المعرفة بالروابط بين البيئة والتفاعلات السياسية والسياسة العامة وهو ما يساعد على التطوير النظري للعلم الاجتماعي بصفة عامة .

ب. **اسباب مهنية:** بمعنى ان دراسة السياسة العامة توفر للباحث السياسي امكانية توظيف معارفه في حل المشكلات العلمية، اذ يغلب ان تخلص هذه الدراسات الى توصيات بشان ماهية السياسات الملائمة لتحقيق الاهداف المبتغاة .

ج. **اسباب سياسية :** وهنا ينصرف غرض الدراسة الى التاكيد من ان الدولة تتبنى الافضل من السياسات لتحقيق الاهداف العامة ، فكثير ما يتردد من ان

علم السياسة لابد له من دور يلعبه في مواجهة الازمات التي يمر بها المجتمع وان علماء السياسة العامة ملزمون ادبيا بالعمل على تطوير السياسة العامة واثراء النقاش السياسي عن طريق دراسة الاداء الحكومي في الميادين المختلفة.

٤. مضمون وخصائص السياسة العامة : (٢٩)

أ. انها تشمل الاعمال الموجهة نحو اهداف مقصودة ولا تشمل التصرفات العشوائية والعفوية التي تصدر عن بعض المسؤولين ، او الاشياء التي تحدث توا .

ب. انها تشمل البرامج والاعمال المنسقة التي تصدر عن القادة الحكوميين ، وليست القرارات المنفصلة او المنقطعة ، فهي على سبيل المثال تشمل المراسيم الصادرة بتشريع القوانين وكذلك القرارات المنفذة لهذه القوانين .

ج. انها تشمل جميع القرارات الفعلية المنظمة والضابطة للتجارة او لمعالجة التضخم او لمعالجة مشكلة السكن او الصحة او السياسة التعليمية ولا تشمل ما تنوي الحكومة ان تفعله اوتعد لفعله .

د. وقد تكون السياسة العامة ايجابية في صياغاتها وقد تكون سلبية ، ويمكن ان تأمر بالتصرف باتجاه معين، وقد تنهي عن القيام بتصرفات غير مرغوبة او قد يعد سكوتها او عدم التزامها بالتصرف ازاء ظواهر معينة بمثابة توجه ، وهي في كل الاحوال تؤثر بمواقفها على السكان او المعنيين بهذه الامور .

هـ. السياسة العامة تبعا للمنهج المؤسسي نشاط تباشره المؤسسات الحكومية ، فأي سياسة لا يمكن ان تصبح سياسة عامة مالم تتبناها وتنفذها الحكومة، وانها تكتسب من خلال مؤسسات الحكومة عدة خصائص هامة في مقدمتها الشرعية او القبول العام.

و. السياسة العامة كتوازن بين الجماعات: فهي تعبير عن التوازن بين الجماعات المصلحية ، وهذا التوازن يحدد بالنفوذ النسبي للجماعات ، ويؤدي تغيير هذا النفوذ الى تغيير في السياسة العامة، اذ تصبح اكثر تعبيرا عن ارادة الجماعات التي يزداد نفوذها واقل تعبيرا عن الجماعات التي يتقلص نفوذها .

ز. السياسة العامة كتفضيل نخبوي : وهنا ينبغي النظر للسياسة العامة على انها ترجمة لتفضيلات وقيم الصفوة الحاكمة وليس لمطالب الجماهير ، فالسياسات العامة تنساب من اعلى الى اسفل، أي من النخبة الى الجماهير ، ويتولى الجهاز الاداري مهمة نقلها الى حيز التنفيذ ، ويتوقف التغيير في السياسة العامة على التغيير في نظرة الصفوة الى مصالحها، ولما كانت للصفوة مصلحة اكيدة في استمرار الوضع القائم ، لا يتوقع ان تشهد السياسة العامة تغييرا جوهريا ، بل تعديلات جزئية .

ح. السياسة العامة كمخرج للنظام السياسي : تعد السياسة العامة على وفق نظرية النظم بمثابة مخرجات واستجابات النظام السياسي للمدخلات (الضغوط والمؤثرات) الصادرة اليه من البيئة ، هذه السياسات قد تحدث تغييرا في البيئة وفي النظام السياسي ذاته، لذا فان نظرية النظم تسلط الضوء على تاثير الظروف البيئية وخصائص النظام السياسي على محتوى السياسات العامة ، ثم تاثير هذه الاخيرة على البيئة والنظام السياسي .

ط. السياسة العامة انجاز كفء للهدف : يمكن ان تتصف السياسة العامة بالرشد ، اذا ما وضعت على اساس تعظيم صافي القيم المتحققة بمعنى ان يكون المعدل بين ما تحققه من قيم وما تضحي به موجبا واعلى مما هو بالنسبة لاية سياسة اخرى بديلة ، ولا تقتصر القيم على ما يعبر عنه برموز كمية ، وانما تشمل كل القيم الاجتماعية والسياسية والاقتصادية .

ولكي يتسنى لصانعي السياسة العامة اختيار سياسة رشيدة ، ينبغي ان يعرفوا كافة قيم المجتمع واوزانها النسبية ، وبدائل السياسة المتاحة واثار كل بديل وحساب الفرق بين نسبة القيم المجتمعية المتحققة والمضحى بها على مستوى كل بديل ثم اختيار البديل الاكثر رشدا او كفاية .

ي. السياسة العامة امتداد معدل للماضي : بمعنى ان لايقوم صانعوا السياسة باعداد برامج جديدة تماما ، وانما يكتفون بادخال تعديلات جزئية على ما هو مطبق فعلا من سياسات وبرامج ، وربما تكمن اسباب ذلك في قيود الوقت

والمال وتصور امكانيات الاستشراف وعدم التاكد من طبيعة النتائج المحتملة لسياسات جديدة او مغايرة تماما اضافة الى عدم التحديد القاطع لغايات المجتمع النهائية .

يذهب " د . كال المنوفي " الى تاكيد حقيقة ان السياسة الرشيدة تقتضي- الفهم الكامل للقيم المجتمعية ، أي معرفة وزن تفضيلات المجتمع باسره وليس جزء منه ، وهي تتطلب كذلك معلومات عن السياسات البديلة و القدرة على التنبؤ السليم بنتائجها والحساب الدقيق للفرق بين التكلفة والعائد ، وهي تتطلب اخيرا نظاما لصنع القرار يتحرى العقلانية في صنع السياسة .

ويتبع علماء السياسة العامة ، عند دراستهم لها مدخلين رئيسيين : [٣٠] .

الاول مدخل موضوعي Substantive : يركز على دراسة مشكلة عامة معينة وسياسات الحكومة نحوها ، كدراسة سياسية التوظيف، العمالة ، التعليم، حماية البيئة، وفي هذا المجال يهتم الدارس بفهم خلفية المشكلة ، طبيعتها، ابعادها ، واثارها ، وكما يهتم بالتعرف على البدائل المتاحة لحلها وكيفية المفاضلة بينها واقتراح البديل الذي يوفر افضل سبل العلاج .

والمدخل الثاني اجرائي (Procedural): هدفه دراسة اجراءات صنع وتنفيذ السياسة العامة ايا كان موضوعها ، ويتركز الاهتمام على معرفة الاجهزة التي تتفاعل والخطوات التي تتبع والصراعات التي تجري في صنع السياسة العامة ، وتتبع في دراسة اجراءات رسم وتنفيذ السياسة العامة اساليب مختلفة بعضها يركز على المؤسسات او المنظمات والاخر على الجماعات والثالث على الخطوات التي تتبع في صنع وتنفيذ وتقييم السياسة العامة .

ونظرا لان اساليب السياسة العامة تجمع في الغالب بين التخطيط الرشيد والتعديل الجزئي والمؤشرات المؤسسية والعوامل البيئية وتفضيلات النخبة الحاكمة والتنافس بين الجماعات المصلحية، فان الدراسة العلمية الجادة لها تقوم على استخدام تركيبة منهجية من عدة نماذج .

ثالثا. تصنيف النظم السياسية

تفيد عملية تصنيف النظم السياسية في اظهار جوانب الاختلاف والاتفاق البارزة بين هذه النظم .

١. التصنيفات الكلاسيكية والتقليدية :

اعتمد التصنيف الكلاسيكي للنظم السياسية الذي ظل ساري المفعول منذ "ارسطو" حتى بداية القرن التاسع عشر، على عدد المشاركين في الحكم : فرد (ملكي) اقلية (ارستقراطي) كثرة (ديمقراطي)، ويزعم انصار نظرية النخبة المحدثون ان هذا التصنيف الكلاسيكي محدود الفائدة ، ففي رأيهم لا يوجد فرق بين نظام سياسي واخر لان الحكم في كافة النظم السياسية تباشره اقلية صغيرة من الناحية العملية[٣١] . وعرف الادب السياسي خلال القرنين الماضيين العديد من محاولات تصنيف الانظمة السياسية ، وتعددت صورها بتعدد التيارات الفقهية التي اهتمت بدراستها ، فالبعض صنف الانظمة السياسية بالنظر الى طبيعة الهيئة التي تتحمل المسؤولية العليا في عملية اتخاذ القرار ، فاذا كانت هذه المسؤولية مستندة الى شخص واحد منفصل عن البرلمان كان النظام رئاسيا، كما هو الحال في الولايات المتحدة ، واذا كانت مستندة الى حكومة مسؤولة امام البرلمان كان النظام برلمانيا ، كما هو الحال في المملكة المتحدة ، واذا كانت مستندة الى هيئة جماعية عليا كالقيادات الحزبية او اللجان المركزية او المجالس الثورية، دعي النظام مجلسيا ، ويمكن ان تكون المسؤولية موزعة بين البرلمان ورئيس الدولة وعندئذ يكون الحديث عن نظام مختلف نصف رئاسي ، ونصف برلماني كما هو الحال في فرنسا الجمهورية الخامسة .

ويمكن تصنيف الانظمة السياسية نظرا لطبيعة النظام الحزبي السائد في بلد ما ، فاذا ما كان الحكم متداولا بين عدة احزاب كان النظام السياسي تعدديا تنافسيا كما هو الحال في فرنسا على سبيل المثال ، واذا كان الحكم متداولا بين حزبين رئيسيين كما هو الحال في الولايات المتحدة وبريطانيا كان النظام ثنائيا، اما اذا كان الحكم في ايدي حزب واحد كما هو الحال في بعض الانظمة السياسية ولا سيما في بلدان العالم الثالث كان النظام احاديا[٣٢] .

وبرزت في علم السياسة اتجاهات واجتهادات اخرى لتصنيف النظم السياسية تنهض على معايير اخرى مثل مصدر الشرعية، الفوارق الاقتصادية والاجتماعية ، نمط الانتاج ، واسلوب توزيع السلطة.. فحسب مصدر الشرعية ، ميز " ماكس فيبر " بين ثلاثة نماذج متتالية : نموذج تقليدي يكون مصدر شرعية السلطة فيه العادات والتقاليد الموروثة، ونموذج عقلاني قانوني تستمد السلطة شرعيتها فيه من احترام القانون، ثم نموذج كارزمي يمثل الزعيم او القائد الملهم فيه مصدر شرعية السلطة لما يحوز عليه من صفات استثنائية وغير عادية [٣٣].

وهناك فئة من الباحثين الذي يعتبرون بان الفوارق الاقتصادية والاجتماعية التي تسود في بلد ما اهم من الفوارق الدستورية (رئاسي ، برلماني ، مجلسي-) ، ويقومون تبعا لذلك بتصنيف الانظمة السياسية انطلاقا من هذه الفرضية الى نظم راسمالية تقوم على مذهب الحرية الاقتصادية (مذهب دعه يعمل دعه يمر حسب تعبير ادم سمث) وعلى المبادرة الفردية والملكية الخاصة لوسائل الانتاج ، وهناك النظام الاشتراكي الذي يقوم على التخطيط المتعمد (المركزي) للنشاطات الاقتصادية وضبطها بالنيابة عن المجتمع ككل والملكية الجماعية لوسائل الانتاج .

ومن منطلق طبيعة النظام الاقتصادي (او نمط الانتاج) ميز "كارل ماركس"بين خمسة انماط من النظم هي نظام المشاعية الذي لا يعرف الملكية الخاصة ولا الطبقات ولا الصراع الطبقي ، نظام العبودية ويضم طبقتين هي السادة والعبيد ، نظام اقطاعي قوامه النبلاء والارض والاقنان، نظام راسمالي تملك فيه الطبقة الراسمالية وسائل الانتاج وتهيمن على اداة الحكم في مواجهة الطبقة العمالية التي تعمل ولا تملك ولا تشارك في بناء السلطة ، واخيرا النظام الشيوعي الذي يفترض فيه تلاشي الملكية الخاصة والطبقات والصراع الطبقي والدولة .

وعلى اساس اسلوب توزيع السلطة ، يميز بعض الباحثين المختصين بين النظام الفيدرالي والنظام الكونفدرالي (التعاهدي) والنظام البسيط ، الاول تتوزع فيه السلطة بين الحكومة المركزية وحكومات الولايات او الاقاليم ، والثاني يعطي الهيئة المركزية سلطة التنسيق بين السياسات الخارجية للدول الاعضاء ، مع احتفاظ كل منها بنظامها السياسي واستقلالها التام في الشؤون الداخلية ، اما في النظام

البسيط فان السلطة تكون للحكومة المركزية التي لها ان تفوض بعض الصلاحيات الى الادارات المحلية [٣٤] .

وتجدر الاشارة الى ان تنوع العناصر التي تدخل في تركيب السلطة تجعل من الصعوبة تصنيف اشكالها بناء على معيار واحد ، فاذا ما اخذنا بمعيار الاشخاص ، أي الرؤساء والحكام الذين يقبضون على زمام السلطة لشخصت امامنا السلطة الملكية ، والسلطة الفردية ، والسلطة الشخصية ، والسلطة الملهمة ، والسلطة الدكتاتورية ، وغيرها.. واذا اخذنا بنظر الاعتبار العنصر المعنوي البسيكولوجي لبرزت امامنا السلطة المؤسسة والسلطة المشروعة والسلطة القانونية والسلطة الثورية وغيرها ، واذا ما نظرنا الى وظيفتها الاجتماعية لوجب ان نصنفها الى سلطة الطبقة وسلطة الدولة والسلطة الديمقراطية والسلطة الاوليغارشية (الاقلية) وغيرها .. واذا تمسكنا بمضمون فكرة القانون التي تعتبر السلطة وسيلة لها وجب ان تاخذ شكلها الذي ينصب على تحقيق نظام اجتماعي معين ، لوجدنا انفسنا ازاء سلطة ليبرالية وسلطة اشتراكية وسلطة فاشية وغيرها .. وفضلا عن ذلك ان التعابير المذكورة لا يمكن ان تنعزل عن الطرق المختلفة التي يمارس بها كل نوع من انواع السلطة [٣٥] .

٢. التصنيفات الحديثة والمعاصرة :

يحفل علم السياسة بانماط تصنيفية اخرى لها اهميتها يقوم بعضها:

أ. على فكرة الثنائيات المتقابلة ويقوم بعضها على فكرة المتصل[٣٦].

اذ ان هناك من يميز بين النظم الديمقراطية والنظم الديكتاتورية ، وتتسم الاولى بوجود ضوابط على شاغلي المناصب السياسية ، ونشاط واضح لمؤسسات المجتمع المدني ، ووجود معارضة سياسية منظمة ، وانتخابات نزيهة وصحافة حرة، وسيادة حكم القانون ، اما النظم الديكتاتورية ، فتتسم بغياب المعارضة المنظمة والصحافة الحرة وضعف ادائية المؤسسات التشريعية ، وتركز السلطة او شخصنتها وغياب حكم القانون احيانا ، وتعاظم دور المؤسسة العسكرية [٣٧] .

ب. تصنيف " غابريل الموند " .

ميز " الموند " بين اربع مجموعات من النظم السياسية استنادا الى درجة التمايز

البنائي والتخصص الوظيفي ومدى تجانس وعلمنة الثقافة السياسية وكما يلي : [٣٨]

(اولا): النظم الانكلو - امريكية

وتتسم بحسب " الموند " بتجانس ثقافاتها السياسية ، وعلمانية ، وتنطوي على هياكل سياسية متمايزة ولكل منها دور محدد ، وتتوزع السلطة في النظام بوجه عام .

(ثانيا): النظم قبل الصناعية

وتتميز بحسب " الموند " باختلاط الثقافات السياسية والابنية السياسية ، وفي الغالب تشهد ثقافتين احداهما حديثة لدى الصفوة واخرى تقليدية تسود بين الجماهير ، وتنطوي من الناحية البنائية على درجة منخفضة نسبيا من التمايز البنائي ، فالاحزاب السياسية تكون غير مستقرة ، وجماعات المصالح ان وجدت عادة ما تكون هشة ، والابنية السياسية غالبا ما تضم عناصر حديثة وتقليدية ، ويقترن ضعف التمايز البنائي بظاهرة احلال الادوار .

(ثالثا): النظم الشمولية

وتتسم بتجانس ثقافاتها السياسية واعتمادها على ايديولوجية معينة تحدد الغايات السياسية واساليب تحقيق هذه الغايات ، وتنطوي على ابنية سياسية متمايزة، وتلعب الاجهزة الحزبية والامنية دورا متميزا في المحافظة على مركز واحد للقوة وتعمل للحيلولة دون ظهور مراكز قوى اخرى .

(رابعا): النظم الاوربية القارية

وتتسم بحسب " الموند " بانها ذات ثقافة سياسية مجزأة ، ووجود اختلافات ثقافية مع وجود جذور مشتركة وتراث مشترك ، أي ان هذه النظم تنطوي على سياسات فرعية اهمها : الثقافة الكاثوليكية ، وثقافة الطبقة الوسطى ، والثقافة الصناعية ، ويلاحظ من الناحية البنائية ارتباط الابنية والادوار بالثقافات الفرعية، الامر الذي يفضي الى بروز ادوار فرعية منفصلة عن بعضها البعض .

ج. تصنيف " مارسيل برلو " .

يقدم " مارسيل برلو " تصنيفه لانماط النظم السياسية على اساس درجة تطور

السلطة في المجتمعات مع التحفظ ازاء التتابع الزمني للسلطة وتجانس عناصرها ، ويقسمها الى ثلاثة انماط وفقا لمراحل تطورها ، وذلك على النحو التالي : [٣٩]

(اولا) : المجتمعات غير المسيسة

وفيها تمارس الوظائف التي تعتبر سياسية بصورة خاصة بواسطة اشراف اجتماعي مباشر وشائع ، او بفضل ممارسات سحرية – دينية ، والادوار السياسية للسلطان السياسي والادارة السياسية موزعة في المجتمع ومنتشرة بشكل ادوار او وظائف اجتماعية تختلط بها .

(ثانيا): المجتمعات المسيسة بتفريد السلطة

توجد السلطة في هذا النوع من المجتمعات بحالة ولادة ، حيث نجد حكاما بدون ادارة حقيقية ، ولا توجد قوة تحت تصرفهم اما حدود سلطتهم فهي حدود سطوتهم وليست الحدود التي تفرضها عليهم القواعد المطبقة في المجتمع .

(ثالثا) : المجتمعات المسيسة بواسطة تاسيس السلطة

وهي المجتمعات التي توجد فيها حكومة وادارة يقومان بعملهما وفقا لقواعد مدونة او عرفية ، وفي هذه الطائفة من المجتمعات تنشا وتتطور سلطة الدولة .

د . تصنيف " ادوارد شلز " .

يشير "ادوارد شلز" في تصنيفه للنظم السياسية المعاصرة الى خمس مجموعات:[٤٠]

(اولا) : النظم الديمقراطية السياسية

وتتميز بحكم مدني من خلال مؤسسات تمثيلية ، وحريات عامة ، ووجود جهاز تشريعي منتخب عن طريق الاقتراع العام وله دور بارز في مجالس التشريع والرقابة ، ووجود تعددية حزبية وقضاء مستقل وجهاز اداري محترف .

(ثانيا) : النظم الديمقراطية الوصائية

وتتسم بوجود سلطة تنفيذية مهيمنة ، واحزاب محدودة النشاط ، وشخص او مجموعة اشخاص يفرضون سيطرتهم على الحزب الحاكم والدولة عن طريق الجمع بين رئاسة الحزب ورئاسة الدولة وبرلمان له دور محدود نتيجة سيطرة الحزب

وتحجيم المعارضة وقوة وارجحية السلطة التنفيذية . وتبدو مؤسسات المجتمع المدني متداخلة في توجهاتها مع توجهات النظام السياسي ، لذا فان ارادة الحاكم واخلاصه وحسن نواياه يصبح لها الدور المؤثر في خلق مؤسسات ديمقراطية حقيقية .

(ثالثا) : النظم الاوليغارشية التحديثية

وتتسم بوجود برلمان فاقد القدرة على ممارسة اختصاصاته ويبدو اداة تتركز فاعليتها في الموافقة والاعلان ، وقد لا توجد احزاب مطلقا او يوجد حزب واحد ، وتكون المعارضة مستهدفة ، وتجري في هذا النمط من النظم انتخابات عامة ، تخضع لعمليات تزوير وتلاعب من جانب السلطة المهيمنة ، وتنطوي على قضاء عسكري يلعب دورا مؤثرا في الحياة السياسية ، وتعتمد مثل هذه النظم المحافظة على حضور واضح للمؤسسات العسكرية في فعالياتها التقليدية .

(رابعا) :النظم الاوليغارشية الشمولية

وتتسم باعتمادها ايديولوجية معينة اطارا فكريا يحدد غايات المجتمع واساليب تحقيقها ، وتبدو هيمنة الحكومة وتدخلها في حياة المواطنين واضحة ويوفر الحزب المهيمن اطارا للنخبة الحاكمة بالتماسك والتنظيم ومباشرة مهامها ، وفي الغالب يتواجد برلمان لا يكاد يزاول أي دور في مهمة التشريع ، ولا موضع في هذا النمط من النظم للمعارضة والقضاء المستقل وحرية الراي والنقد .

(خامسا):النظم الاوليغارشية التقليدية

وتتسم في الغالب باسناد السلطة بالنسبة لراس الدولة عن طريق الوراثة ، وعادة يختار الحاكم معاونيه من بين ذوي قرباه او الذين تربطهم واياه علاقات شخصية ، وفي الغالب لا ينطوي هذه النمط من النظم على برلمان ، وبالتالي يتولى الحاكم بالتعاون مع اقرباءه او مستشاريه مهمة وضع القوانين والسياسات ، وتحتفظ الجماعات القرابية والقبلية بقدر كبير من الاستقلال عن الحكم المركزي .

هـ- تصنيف " برنارد كريك " .

يميز " كريك " بين النظم الاوتقراطية والجمهورية والشمولية باستخدام جملة معايير اجتماعية واقتصادية وسياسية وبحسب الجدول التالي :

جدول رقم (١) : تصنيف برنارد كريك للأنظمة السياسية(٤١)

النظام / أساس التصنيف	أوتقراطي	جمهوري	شمولي
١. الحفاظ على النظام	فرض أتجاه أو رأي مجموعة معينة بالقوة والاجبار	السماح للمصالح المختلفة بالتواجد في بنية السلطة عن طريق الاختيار الحر	خلق مجتمع جديد لا يعرف التنوع في المصالح عن طريق فرض أيديولوجية تدعى بالشمول والعلمية
٢. دور الجماهير	الخضوع والطاعة السلبية	المشاركة التطوعية	تعبئة وحشد الجماهير خلف القيادة
٣. المذهب الرسمي	الامتثال واجب ديني والحكومة جزء من نظام إلهي مقدس	الامتثال مطلوب ومبرر على أسس نفعية	الامتثال ايديولوجي أو عقيدي
٤. البنية الاجتماعية	بنية طبقة جامدة تفتقر الى الحراك الاجتماعي	طبقة وسطى كبيرة	بنية أجتماعية تعتمد أساسا على الوظيفة أو الدور السياسي
٥.وضع النخبة السياسية	مغلقة حيث يتميز تجنيد أفرادها بالطابع الارستقراطي	منفتحة وتجنيد افرادها ذو طابع ديمقراطي	من الناحية النظرية ، تعتمد الصفوة على المهارات الشخصية والانجاز بما يعني فتح الباب أمام الجميع للوصول الى مركز الصفوة ولكن من الناحية العملية يلاحظ أن الصفوة مجموعة حزبية صغيرة
٦.التنظيم الاقتصادي	زراعي أو أستخراجي هدفه الاكتفاء الذاتي	أقتصاد حر رأسمالي أو مختلط حكومي رأسمالي	اقتصاد مخطط وموجه مركزيا
٧. القانون	عرفي أو هبة من السماء ويتوقف تطبيقه على	القانون يزاوج بين العرف والتشريع	القوانين هي قوانين التطور التأريخي يفسرها ويطبقها منظرو

أساس التصنيف / النظام	أوتقراطي	جمهوري	شمولي
	المكانة الاجتماعية للفرد	ويطبق على الجميع دون تمييز	الحزب
٨.الاتصال والمعلومات	لا توجد أخبار منتظمة والاتصال شفاهي وللشائعات منزلة خاصة عند الحاكم والمحكوم	الصحافة حرة وتتدفق المعلومات من أعلى الى أسفل ومن أسفل الى أعلى	الدولة تسيطر على الاعلام
٩. السياسة	السياسة مقصورة على القصر والبلاط ويسمح بالصراع والمعارضة طالما كانا بمنآى عن العلنية	العمل السياسي قوامه التوفيق والمعارضة علنية ومؤطرة في مؤسسات	لا يسمح بالتنافس أو المعارضة

هوامش الفصل الاول

١. ابراهيم عبد العزيز شيحا ، مبادئ الانظمة السياسية ، الدار الجامعية للطباعة والنشر ، بيروت، ١٩٨٢ ، ص٧ .

٢. جورج بيردو ، الجزء الثالث، ص ٢١.

Traite de Science Politique, paris, 1952 .

٣. د. كمال المنوفي ، اصول النظم السياسية المقارنة، ط١، شركة الربيعان للنشر والتوزيع، الكويت ١٩٨٧ ، ص٣٩.

٤. ليون دوكي ، الجزء الثاني ص٢ - ص ٢٢ .

Traite de droit , Costitutionnel, Paris,1924 p.p.2-22.

٥. ابراهيم عبد العزيز شيحا ، المصدر السابق ، ص٨ .

٦. موريس ديفرجيه ، ص ١٥ - ١٦ .

Droit Costitutionnel et institutions Politiques,1955.

٧. د. فوزي ابو ذياب ، المفاهيم الحديثة للانظمة والحياة السياسية ، دار النهضة العربية للطباعة والنشر ، بيروت ، ١٩٧١ ، ص ١٣ -١٤ .

٨. د. محمد نصر مهنا ، د. عبد الرحمن الصالحي ، علم السياسة بين التنظير والمعاصرة ، ط١ ، منشأة المعارف ، الاسكندرية ١٩٨٥ ، ص ٢٥٢ .

9. David Easton, Aframework for Political Anlysis, (New Jersey : Prentice - Hall Inc , 1965), p. 57.

10. Cabriel Almond, Afunctional Approach to Comparative Politics, in Cabriel Almond and James Coleman, eds Politics of the Developing Areas (New Jersey : Princeton University Press, 1960) , p. 6.

11. Roy Macridis, The search for Focus, in Roy Macridis and Bernerd Brown, eds. Comperative Politics, Notes and Reading (illinois The Dorsey Press, 1972) .

12. Robert Dahl, Modern Political Analysis, (Englwood Cliffs, New Jersey 1970),p.p. 6-9.

١٣. د. كمال المنوفي ، مصدر سبق ذكره ، ص٤٠ .

١٤. د. ابراهيم عبد العزيز شيحا ، مصدر سبق ذكره ، ص٩.

15. David Apter Some Conceptual Appraches to the Study of Modernization , (New Jersey: Prentice - Hall, Inc, 1968), p. 25 est..

16. Roy Macridis, p. 1-3, p. 182, p. 295.

17. Samuel Beer Modern Political Development, (New York : Random House, 1974), p. 22.

18. Carl J. Friedrick, Man and his Government, (New York, Mac Grow - Hill, 1963), p.79.

19. Robert Eyestone, The Threads of Puplic Policy Astudy in Policy Ledearship, (Indianapolis : Bobbs Merrill, 1971), p. 8.

20. Tomas Dye, Understanding Public Policy (New Jersey Prentice, Hall , 2nd , 1975), P.1.

21. Richard Hofferbert, The study of Public Policy (Indianapolis : Bobbr, Merrill, 1974), p.4.

22. Richard Rose, (ed) Policy Making in Great Britian, (London : Macmillan, 1969), p. x.

٢٣. د. خيري عبد القوي ، دراسة السياسة العامة ، ط١ ، ذات السلاسل ، الكويت، ١٩٨٩ ، ص٩٢ .

٢٤. جيمس اندرسون ، صنع السياسات العامة ، ترجمة الدكتور عامر الكبيسي ، دار المسيرة للنشر والتوزيع والطباعة ، عمان ، ١٩٩٩ ، ص١٥.

٢٥. د. كمال المنوفي ، مصدر سبق ذكره ، ص ٢٨٣ - ٢٨٤ .

٢٦. جيمس اندرسون ، مصدر سبق ذكره ، ص١٥ .

٢٧. المصدر نفسه ، ص ١٧ - ١٨ .

٢٨. نقلا عن د. كمال المنوفي ، مصدر سبق كره ، ص ٢٨٥.

٢٩. انظر بالتفصيل : المصدر السابق ، ص ٢٨٧-٢٨٩.

وكذلك : جيمس اندرسون ، مصدر سبق ذكره ، ص١٦.

٣٠. د. خيري عبد القوي، مصدر سبق ذكره ، ص ٩٣.

٣١. د. كمال المنوفي ، مصدر سبق ذكره ، ص٤٧ .

٣٢. د. احمد سرحال ، النظم السياسية والدستورية في لبنان ، دار الباحث ، بيروت ، ١٩٨٠ ، ص١٦.

33. Max Weber, The Theory of Social and Economic Organization, Translated by A. Henderson and Talcott Parsons (London : Oxford U.P., 1947) , p.324 - 342 .

٣٤. د. كمال المنوفي ، مصدر سبق ذكره ، ص٤٨ .

٣٥. د. صادق الاسود ، علم الاجتماع السياسي ، اسسه وابعاده ، دار الحكمة للطباعة والنشر ، بغداد ، ١٩٩١ ، ص ٢٩١.

٣٦. د. كمال المنوفي ، مصدر سبق ذكره ، ص ٤٨ - ٥٥ .

37. Michael Curtis Comparative Governmemt and Politics, (New York : Harper and Row Publisher, 1968) p . p . 42 - 51 .

38. Gabriel Almond , Political Development Essays in Heuristic Theory , (Boston : Little Brown and Co. 1970) p . p . 37 - 49.

39. Marcel Prelot, Institutions et droit Constitutionnel , Dalloz, 1972, p. p. 239 - 240 .

40. Morton Davies and Vaughan Levis, Models of Political Systems, (New York : Praeger Publishers, 1971) , p . p . 93 - 111.

41. Bernard Crick, Basic Forms of Government Asketch and a Model, (London : Macmillan , 1973), p . p . 78 - 81.

المناهج الحديثة في دراسة النظم السياسة

أولا: منهج النخبة السياسية

ذاع منهج النخبة او الصفوة Elite approach في الدراسات السياسية ، واصبح التحليل المقارن للنخبة عبر الزمان والمكان احد اهتمامات الباحثين في ميدان السياسة المقارنة ، اذ يركز على سلوك عدد صغير نسبيا من صناع القرار وليس على مؤسسات الحكم ، ويمثل تحديا للمنهج القانوني ، ولمنهج الجماعة من حيث انه يبرز نفوذ وتأثير مجموعة واحدة بعينها (أي اولئك الذين يصنعون القرارات) كذلك يدعي انصاره انه بمثابة بديل للتحليل الطبقي اذ يختصون بالدراسة شريحة اجتماعية بعينها يعتبرونها لب القيادة السياسية[١]. وينطلق دعاة هذا المنهج من ان كل مجتمع ينقسم الى شريحتين : الحكام والمحكومين . اما الحكام فهم اقلية تستأثر بالقوة السياسية وتتخذ القرارات الهامة التي تؤثر على حياة المجتمع ، انهم يشكلون مجموعة تتفق لها السيطرة اما بفعل الانتماء العائلي ، او التحكم في الموارد ، أو تجسيد القيم الدينية او الاجتماعية السائدة ، او ارتفاع المستوى التعليمي ، أو حيازة مهارات معينة او قدرات تنظيمية كبيرة ، فضلا عن تماسكها في مواجهة القوى الاخرى في المجتمع . ويرى دعاة هذا المنهج اذا سلط الباحث الضوء على تلك المجموعة استطاع ان يفهم ، وبشكل افضل ، انماط التفاعل السياسي في المجتمع ، اما المحكومون فيمثلون الاغلبية التي لا تشارك ولا تؤثر في عملية صنع القرار وعليها السمع والطاعة[٢] . وبحسب انصار هذا المنهج انه الاكثر ملائمة في الدراسة السياسية، ذلك لان اي نظام سياسي لا يخلو من نخبة سياسية .. وبالتالي يمكن دراسة النظم السياسية من خلال دراسة وتركيب ونشاط الصفوات .

لقد كان "سان سيمون" اول من وضع الخطوط العامة لتحليل الصفوة اذ نظر الى المجتمع كهرم في قمته توجد صفوة سياسية ، ولما كانت النخبة او الصفوة واقعا

لا مهرب لاي مجتمع منه ، ذهب "سيمون" الى ان اصلاح اي نظام حكم لا يكون الا بتغيير النخبة ، وفي صدد مشابه ذهب آخرون للقول ان الدولة لا تعدو ان تكون سيطرة الاقلية على الاغلبية ، وتلك الاقلية بمثابة صفوة سياسية تعتمد على عامل بيولوجي يتمثل في تفوقها عقليا على بقية افراد المجتمع . وفي كتابه الموسوم (الطبقة الحاكمة) اشار "موسكا" الى ان في اي نظام سياسي (ملكي ، اوليغارشي ، ديمقراطي) توجد طبقتان : نخبة او طبقة حاكمة صغيرة العدد تحتكر السلطة وتؤدي كافة الوظائف السياسية ، ثم طبقة محكومة كثيرة العدد تزود الاولى باسباب الحياة المادية وتمد المجتمع بكل ما هو ضروري لبقائه واستمراره ، ويتوقف استمرار النظام السياسي على قدرة الطبقة الحاكمة على تجديد ذاتها تدريجيا بالعناصر التي تحظى بالموهبة والكفاءة في المجتمع[٣] .

ويرى "موسكا" ان صغر حجم الصفوة وسهولة وسائل الاتصال المتوفرة لديها يمنحها المقدرة التنظيمية العالية ويمكنها من وضع السياسات واتخاذ القرارات بسرعة ، والاستجابة الفورية للظروف المتغيرة والظهور بمظهر التضامن الكامل في اقوالها وافعالها ، اما الاغلبية فهي اقل تنظيما وتضم افراد ليس لهم هدف مشترك غالبا ، او نظام اتصال معروف او سياسات متفق عليها[٤]. وميز "موسكا" بين اربعة انماط لنظم الحكم : [٥]

(١) **نظام اوتقراطي- ارستقراطي:** غالبا ما يقترن نمط السلطة الاوتقراطي بطريقة ارستقراطية للتجنيد السياسي ففي النظام الملكي ، يعين الملك المسؤولين من بين النبلاء.

(٢) **نظام اوتقراطي- ديمقراطي:** في بعض الاوتقراطيات يقوم الحاكم بتعيين المسؤولين حسب معيار الكفاءة دون اعتبار للاصل الاجتماعي او الثروة .

(٣) **نظام ليبرالي - ارستقراطي:** وهنا تقتصر عمليات الانتخابات والتعيين على ابناء الطبقة الارستقراطية .

(٤) **نظام ليبرالي - ديمقراطي:** تعبر عنه الديمقراطية التمثيلية الحديثة التي تسمح لافراد من سائر الطبقات ان يصلوا الى مواقع السلطة عن طريق الانتخاب .

اما " باريتو" فقد ميز بين النخبة التي تشمل اولئك الذين يشغلون المراكز القيادية في مختلف ميادين الحياة وبين غير النخبة ، ثم قسم النخبة الى فريقين :

١. **نخبة حاكمة :** هي التي تلعب دورا هاما في عملية الحكم اما بطريق مباشر او غير مباشر .

٢. **نخبة غير حاكمة:** تضم الاشخاص المرموقين في ميادين لا صلة لها بالعمل السياسي .

وقد استخدم "باريتو" الذي عرض افكاره عن النخبة في كتابه (العقل والمجتمع) مفهوم الخلفيات او الرواسب التي هي بمثابة انعكاس للميول الفطرية الانسانية ، وهذه الراوسب صنفها في مجموعتين : رواسب تعكس الميل الى التأمل والتفكير ، ورواسب تعكس الميل الى البقاء والنظام والاستقرار .

ويمكن ان يسود النوع الاول من الرواسب لدى بعض افراد المجتمع ، وهؤلاء هم اهل الذكاء والدهاء والحكمة ، بينما يسود النوع الثاني من الرواسب لدى افراد آخرين وهؤلاء هم اهل القوة والنظام ، وتحتاج السياسة الى كلا النوعين من الرواسب فهي جزئيا مسألة اقناع وجزئيا مسألة قوة ، ويتوقف نمط الحكم في اي وقت على ما اذا كانت الصفوة الحاكمة تسود عندهم رواسب النوع الثاني .. في الحالة الاولى تحكم الصفوة عن طريق الاقناع والترغيب ، وتبتكر الايديولوجيات لجذب الجماهير والتأثير عليها ، وتتخذ سياسات لمواجهة الازمات واشباع المطالب، اما في الحالة الثانية فإن الصفوة تحكم من خلال استخدام القوة ، وانها تقمع المعارضة وترهب المحكومين وتجعل صيانة النظام العام بمثابة الهدف الرئيس للحكم .

وفي اطار سعيه لتصنيف النظم السياسية ، يذكر "باريتو" انها جميعا نظم اوليغارشية ، ثم يقسمها الى نمطين :

١. نظم تحكمها نخب يحوز افرادها النوع الاول من الرواسب .

٢. نظم تحكمها نخب يحوز افرادها النوع الثاني من الرواسب .

واشار "باريتو" الى امكانية وجود نظم مختلطة تجنح نحو اي من النمطين . أما " روبرت مشلز" فقد اشار الى ان كل التنظيمات الاجتماعية يحكمها القانون الحديدي للاوليغارشية ، بمعنى خضوعها لصفوة تستمد قوتها من مهارات اعضائها

التنظيمية، وضمن افكاره في كتابة الاحزاب السياسية ، واكد بأن هذا القانون هو قانون عام لا يسري على الاحزاب فحسب وانما تعرفه سائر التنظيمات بما في ذلك الدولة ، لهذا فان الديمقراطية بمعنى حكم الشعب او اغلب افراد الشعب امر مستحيل من وجهة نظره، ذلك ان الاغلبية لا يمكن ان تحكم رغم ما يقال عن حق الاقتراع العام ومبدأ ارادة الاغلبية ، ففي اي نظام ديمقراطي ، تتخذ القرارات الهامة بواسطة اوليغارشية او اقلية قوية ، غير ان "مشلز" لا ينكر حقيقة ان الديمقراطية تسمح بوجود امكانية التأثير غير المباشر على الاحزاب وهكذا فإن الديمقراطية تقيد الاتجاه الاوليغارشي ولكنها لا تستطيع الافتكاك منه تماما .

ان التحليل العملي لطروحات "موسكا ، باريتو ، مشلز" يفيد بأن ثمة مباديء عامة يمكن ان تكون محل اتفاق بين رواد هذا المنهج ولعل اهمها :

(١) يتسم توزيع القوة السياسية في اي مجتمع او منظمة بعدم العدالة .

(٢) هناك فئتين من الاشخاص : اولئك الذين يحوزون القوة السياسية ، واولئك الذين لا يملكون شيئا منها .

(٣) النخبة السياسية ، عادة ما تكون ، متحدة وواعية ، ويعرف اعضاؤها بعضهم بعضا حق المعرفة ولهم قيم ومصالح وولاءات واحدة .

(٤) تتميز النخبة بخاصية الحفاظ على ذاتها .

(٥) النخبة مستقلة ، بمعنى انها لا تسأل عن افعالها امام اي طرف آخر ، انها وحدها تتولى حسم القضايا وحل المشكلات حسب مصالحها وتصوراتها .

لذا فالسياسة العامة على وفق منهج النخبة السياسية ، تعتبر بمثابة القيم والتفضيلات لدى النخبة الحاكمة ، والجماهير ليسوا هم الذين يحددون السياسة العامة من خلال مطالبهم وافعالهم ، وانما القلة الحاكمة ومن خلال البيروقراطية الحاكمة التابعة لها هي التي توجه السياسة العامة وتصنعها ، وبمعنى ادق تلفت نظر النخبة السياسة للانتباه الى دور القيادة في صنع السياسة وتؤكد بأن الاقلية هي التي تحكم في كل النظم السياسية .. اي ان النخبة هي التي تحكم والاقلية منها هي التي تصنع السياسة العامة ، والاكثرية لا تمارس اي نفوذ .

ثانيا : المنهج السلوكي

ليس هناك شك في ان دراسة النظم السياسية تستلزم بدرجة ما قدرا وافرا من فهم معنى وهدف محددات ما يطلق عليه الثورة السلوكية وذلك على اسس واضحة لذا فإن علماء السياسة لم يلغوا اهمية دراسة الاحاسيس والدوافع والجوانب الاخرى للادراك الذاتي ولتفاعل النظام كما جاء بين الدافع والاستجابة وعلى هذا تكون الصفحة الصحيحة للتطور الحديث للعلوم السياسية التي ترتكز على دراسة السلوك السياسي هي سلوكياتي ويعتبر "روبرت دال" ان السلوكاتية كحركة لدمج الدراسات الفلسفية بالنظريات والوسائل والاكتشافات ووجهات النظر المتاحة في علم النفس والاجتماع والاجناس والاقتصاد ومحاولة جعل مكونات علم السياسة اكثر علمية [٦].

وتهدف السلوكاتية الى تحديد كل ظواهر الحكومة على اسس من السلوك الملحوظ والجدير بالملاحظة في اطار الاهتمام الشديد بدقة الاساليب ومشكلات الملاحظة والتصحيح وبعملية اضفاء معاني عملية على المفاهيم السياسية للقياس والاختبار والقضاء على المتغيرات المتداخلة غير المنتجة لمصادر فروض بالمعلومات والنظريات في العلوم الاجتماعية الاخرى وكذلك في البحث عن تفسيرات ذات جوانب هامة للسياسة تثبت صحتها تماما وتكون اقل عرضة للاعتراضات المتعلقة بالطريقة ومدى امكانية التطبيق كتفسيرات اوسع او اكثر نفعا في مواجهة المشكلات الحقيقية للحياة السياسية من تلك التفسيرات المراد احلالها محلها [٧]. ان السلوكاتية اكبر من مجرد حالة نفسية بمعنى ان الباحث الذي يتناول مبدأ السلوك السياسي يود أن ينظر الى المشاركين في النظام السياسي كافراد لهم عواطف وتحيزات وميول ، وهي محاولة لجعل المكون التجريبي للنظام اكثر علمية بمعنى انها مجرد مدخل يفضي الى المساعدة على شرح الجانب التجريبي للحياة السياسية بواسطة نظريات ومعايير للبرهان تكون مقبولة طبقا للقوانين والاعتقادات والافتراضات الخاصة بالعلم التجريبي الحديث [٨].

وقد ايد "ديفيد ترومان" هذا الاتجاه ، وعرف السلوك السياسي بعملية فهم تلك الافعال والافعال الداخلية للجماعة التي تدخل في عملية الحكم، ولقد قال ان

هذا المفهوم يضع تحت عنوان السلوك السياسي اي انشطة بشرية يمكن ان يقال انها جزء من الحكم، ومن هذه النظرة فإنه لا يمكن ان يعتبر كمجال للعلم الاجتماعي او حتى مجالا للعلم السياسي، فالسلوك السياسي ليس ولا يجب ان يكون تخصصا بمعنى انه وجهة نظر تهدف الى تحديد كل ظواهر الحكومة على اساس من السلوك الملحوظ والقابل للملاحظة، وان هدفه الرئيس يشمل تشغيل وتوسيع معظم المجالات التقليدية للعلوم السياسية [٩]، وبحسب وجهة نظره فإن كل متطلبات علم السلوك السياسي تتمثل في ان يكون البحث منظما واهمية التأكيد على الوسائل التجريبية ، والهدف الاسمى لدراسة السلوك السياسي هو تطوير علم العمليات السياسية .

وقد حدد "ديفيد ايستون" المكونات الاساسية للسلوكاتية كما يأتي :

١. الانتظامات :

يرى السلوكيون ان هناك تشابهات مميزة في السلوك السياسي يمكن ان يعبر عنها بالتعميمات او النظريات القادرة على تفسير الظواهر السياسية والتنبؤ بها ، حتى لو كان السلوك السياسي المحدد بعوامل كثيرة ليس دائما متشابها ، وعلى ضوء التعميمات التي بنيت على اساس ملاحظة انتظامات السلوك يمكن تفسير الظواهر السياسية والتنبؤ بها .

٢. التحقيق :

يعتقد السلوكيون ان المعرفة لكي تكون صالحة يجب ان تتكون من افتراضات خضعت لاختبارات تجريبية ، ويجب ان يكون البرهان مبني على ملاحظات ، لا سيما وان علم السياسة يعنى بالظواهر التي يمكن ملاحظتها ، ولا يتجاهل السلوكيون ما يجري تحت السطح ، بل يعطون اهتماما واسعا للديناميات شبه السطحية والتي ليست معروفة ايضا .

٣. الاساليب :

يؤكد السلوكيون على ضرورة اتباع وسائل سليمة لتحصيل وتجميع وتفسير المعلومات، مع استخدام ادوات ووسائل البحث التي تولد معلومات صالحة وموثوق بها.

٤. القياس :

يعتقد السلوكيون انه يجب اللجوء بقدر المستطاع الى القياس والتحديد ما لم يتم استبدال الاحكام غير الدقيقة بطرق قياس دقيقة وعمليات لمعالجة المعلومات ، فإنه يمكن الحصول على معرفة دقيقة عن معتقدات الحياة السياسية ويجب ان تكون البيانات الخاصة بالبحث في النظم السياسية مقاسة ومقدرة ، كما يجب ان تبنى كل النتائج على بيانات كمية .

٥. القيم :

لقد نجم جدل كبير بين السلوكيين والتقليديين حول مسألة حياد القيم، فالتقييم الخلقي من وجهة نظر السلوكيين يختلف عن التفسير التجريبي ، فالقيم والحقائق شيئين منفصلين، ويجب ان يظهرا متميزين تحليليا ويجب دراستهما في حالة منفصلة او مجتمعة مع ضرورة عدم الخلط بين احداهما والاخرى، فالمساواة والحرية والديمقراطية تعد قيما عظيمة ولكن صحتها او زيفها لا يمكن اثباتها الا باعتماد طرق تجريبية ، ولهذا فلكي يكون الحكم العلمي موضوعيا يجب تحريره من القيم ، ويجب اخضاع القيم للتحليل العلمي بقدر ما تحدد السلوك السياسي كما في حالة التصويت، وبمعنى آخر يعتقد دعاة هذا المنهج ان علم السياسة يعتبر دراسة علمية للسياسة في جانبها الوظيفي ويتم عن طرق تجريبية ولاعلاقة له بالمسائل الخلقية او الاخلاقية .

٦. التنظيم :

الحديث عن التنظيم يعني صياغة النظم ، ويرى السلوكيون ان عملية البحث في العلوم السياسية ودراسة النظم السياسية ينبغي ان تتسم بالتنظيم وتكون منظمة ، ويقصدون بذلك إنه يجب ان يكون مبنيا على النظرية وموجها بالنظرية وان النظرية والبحث ينبغي ان يشكلا أجزاء مترابطة ومتجانسة ومنظمة لكم المعلومات .. والهدف المطلق للبحث عند السلوكيين هو تطوير التعميمات الشاملة ، وبمعنى آخر اكتشاف قوانين بوصف وربط الظواهر السياسية بدقة كبيرة .

يتضح مما تقدم ان المنهج السلوكي يعتمد بشكل متزايد تحليل الحالة ، تحليل المحتوى ، المسح ، التجارب ، التحليل الاحصائي الكلي ، بناء الانماط السببي ،

وعدد آخر من ادوات البحث والتحليل الاخرى ، ويعتقد دعاة هذا المنهج ان البحث التجريبي يجب ان يؤدي الى صياغة الفروض التي تعرض على الاختبار الدقيق خلال البحث التجريبي ، وبمعنى مقارب فإن منجزات هذا المنهج تنصب اساسا على مجالين : بناء النظرية ، وتطوير اساليب وادوات البحث .

وقد حاول بعض دعاة هذا المنهج ان يطوروا مفهوما للنظام السياسي له المقدرة على البقاء والاستمرار عن طريق ضبطه للمطالب الواقعة عليه من جانب الجماهير ، وعن طريق عمليات المراجعة التي تتكفل بها الهياكل المساندة للنظام السياسي . وحاول بعض المعنيين بالتحليل الاجتماعي تفسير السياسة على اساس اوساط خلقتها القيم السياسية الملائمة في الاتجاهات والمعتقدات ، وقد كان ذلك مدخلا للثقافة السياسية الذي حاول تفسير الفرق السياسي بين المجتمعات وكذلك الفرق السياسي داخل المجتمعات على اساس التباين في ثقافتها السياسية ..

وتجدر الاشارة الى ان هذا المدخل وفي اطار منهجي قد ادى الى تطوير الاطر المفهومية المرجعية مثل نمط الاتصالات الذي طوره "كارل دويتش" وفكرة القوة التي طورها "روبرت دال" ، ومدخل اتخاذ القرار الذي ارتبط باسم "سنايدر" ، ويؤكد نموذج "غابريل الموند" عن التطور السياسي اهمية دراسة التغير السياسي خاصة في المجتمعات المتقدمة بواسطة منهج سياسي مقارن ويحاول ان يفسر التطور الاجتماعي والسياسي على اساس الجوانب الفريدة للبيئة الثقافية للمجتمع ، ويرتبط التحليل في الهيكل الوظيفي ارتباطا وثيقا بتنظيم التحليل ، ولكن الفرق الاساسي يتمثل في انه بينما ينصب تأكيد الانظمة على كيفية تصرف النظام السياسي تجاه التحديات المنبعثة من البيئة الثقافية والاجتماعية والاقتصادية والمحافظة على كيانه رغم كل هذه التحديات، فإن التحليل الوظيفي الهيكلي يركز على دراسة الطرق التي تؤدى بها الوظائف المختلفة في الانظمة المختلفة بواسطة البنى المختلفة .. وتتمثل قيمة الاستبيان الذي يركز عليه المنهج السلوكي في تحديد تلك البنى المختلفة ووظائفها ، وتفسير لماذا هي مختلفة ولا يعتبر اي من هذه الاطر المفهومية المرجعية بأنه قريب من وضع النظرية ، ولكنها ادوات نافعة وتنظيم البيانات وتأصيل الظواهر السياسية بطريقة متماسكة ومنظمة .

ثالثا : منهج تحليل النظم

ظهرت منذ عدة سنوات حركة فكرية استهدفت توحيد العلوم بمعنى التوصل الى اساس فكري ومنهجي عام يجمع بينها جميعا ، هذا الاساس تمثل في النظرية العامة للنظم "General systems Theory" ، واستقر دعاة هذه النظرية على اعتبار مفهوم النظام وحدة التحليل الرئيسية وعرفوا النظام بأنه مجموعة من العناصر المترابطة والمتفاعلة ، وعليه فإن اية ظاهرة يمكن معالجتها كنظام اي ككل مركب من عدة اجزاء يرتبط كل منها بغيره ويؤثر فيه ويتأثر به [١٠] .

ويعتقد دعاة هذا المنهج بوجود مجموعة اخرى من المفاهيم التي يمكن ان تلائم سائر الانظمة العضوية والطبيعية والاجتماعية والاقتصادية والسياسية ، وهذه المفاهيم يمكن تصنيفها الى ثلاث مجموعات :

١. مجموعة مفاهيم ذات طابع وصفي بالاساس ومن امثلتها :

أ. مفاهيم النظام المغلق والنظام المفتوح ، والنظام العضوي والنظام غير العضوي .

ب. مفاهيم تتعلق بالمستويات الهيراركية للنظم مثل النظام الفرعي .

ج. مفاهيم تتناول جوانب التنظيم الداخلي للنظم مثل مفاهيم التكامل والاعتماد المتبادل .

د. مفاهيم تتعلق بارتباط النظام بالبيئة مثل الحدود والمدخلات Inputs والمخرجات Outputs .

٢. مجموعة مفاهيم تركز على البعد الديناميي للنظم:

اي على التغيير الذي يصيب النظم بفعل عمليات تتولد في داخل النظم ذاتها او بفعل الاستجابة لتعديل من الظروف البيئية . ومن امثلة هذه المفاهيم : التكيف ، التعلم ، النمو ، والعطل ، والازمة ، والحمل المتزايد، والانهيار .

٣. مجموعة مفاهيم تتعلق بضبط وتنظيم وبقاء النظام:

مثل الاستقرار والتوازن والتغذية العكسية ..وطبقا لمنهج تحليل النظم ، لا يقصد بالنظام (System) مجموعة القيم او القواعد بالمعنى القانوني التقليدي

الشائع، وانما يقصد به اساسا الطريقة التحليلية التي تعكس تصور خاص للواقع السياسي الذي تبحث به ، وتحاول جملة من التعاريف الاساسية والمجردة ، وذات التفاصيل المختلفة ، ان تجسد المعنى والابعاد المرتبطة بمفهوم النظام ، فعلى سبيل المثال ، يرى "برتالنفي" ، ان النظام هو عبارة عن مجموعة عناصر معقدة في حالة تفاعل(١١) ، اما "سكوت" فقد استعمله للدلالة على مجموعة اجزاء ذات خصائص متباينة ترتبط مع بعض بعلاقات تفاعل مستمرة لفترة من الزمن ، وانها تنجز وظائف محددة لها دور مهم في كيفية اداء النظام لوظيفته العامة (١٢) ، اما "ماكليلند" فيربط النظام بمجموعة نظم فرعية تتفاعل مع محيطها الخارجي عبر علاقات مختلفة، وان محصلة هذه العلاقات هي التي تكون تحليليا ، النظام ، وفي ضوء ذلك يرى ان النظام يجسد الهيكل الذي يضم عناصر في حالة علاقة او علاقات تفاعل ، وله حدود واضحة تميزه عن غيره من الهياكل (أو النظم) الاخرى (١٣) .

في ضوء هذه التعاريف وغيرها ، تتفق جملة آراء على ان مفهوم النظام، كنموذج او طريقة للتحليل الاجتماعي السياسي ، ينبني على ركائز عامة وأساسية، يمكن ايجازها على النحو التالي : (١٤)

١. **حدود النظام :** بمعنى ان اي نظام يبدأ من نقطة ما وينتهي عند نقطة ما ، فالنظام لا يوجد من فراغ ، بل في داخل بيئة جغرافية واجتماعية واقتصادية ، وهناك حدود بين النظام السياسي وبين البيئة بجوانبها المختلفة ، بيد ان القول بوجود حدود لا ينفي التسليم بوجود علاقات تأثير و تأثر .

٢. **بقاء النظام:** ان احد الاهتمامات الاساسية لمنهج التحليل النظمي يتمثل في تفسير كيف يحافظ النظام السياسي على وجوده عبر الزمن ، وهنا يكون التركيز على اساليب استقرار او عدم استقرار النظام السياسي ، ذلك ان كل نظام سياسي يواجه مطالب وتهديدات ، وعليه ان يستجيب لها بشكل يضمن استمرار وجوده.

٣. **النظام بحد ذاته:** ان بقاء النظام السياسي مرهون بقدرته على اتخاذ الاجراءات الكفيلة بتوزيع موارد المجتمع بشكل يرضي المحكومين ، الامر الذي يحول ،

بالتالي دون حدوث حالة من الفوضى والاضطراب .

٤. **التكيف** : بمعنى قدرة النظام السياسي على الاقلمة للتغيرات الفعلية والمتوقعة في البيئة .

٥. **تحقيق الاهداف:** من ابرز اهتمامات منهج تحليل النظم ، بيان كيف يحدد النظام السياسي اهدافه وكيف يسعى الى تحقيقها .

٦. **عملية التفاعل:** بين النظام ومحيطه ، اي العملية التي تتميز باستلام النظام لتلك المسببات المرسلة اليه من مكونات محيطه الخارجي ومدلولاته ، اي ردود افعاله عليها التي يرمي من ورائها اما الى التأقلم مع ظروفه الخارجية او الى السيطرة عليها خدمة لاهدافه .

وقد قدم " ديفيد ايستون" اطارا لتحليل النظام السياسي يرى فيه دائرة متكاملة ذات طابع ديناميكي تبدأ بالمدخلات وتنتهي بالمخرجات مع قيام عملية التغذية الاسترجاعية (العكسية) Feed back بالربط بين المدخلات والمخرجات[١٥] .

ويتكون النظام السياسي لدى "ايستون" من العناصر التالية :

١. **المدخلات Inputs** : هي الضغوط والتأثيرات التي يتعرض لها النظام السياسي وتدفعه الى النشاط والحركة ومن المدخلات ما ينبع من بيئة النظام الداخلية ، ومنها ما ينبع من بيئته الخارجية . وقسم "ايستون" المدخلات الى مجموعتين :

أ. **المطالب:** ويتم التعبير عنها وبلورتها في برنامج مبسط عن طريق جماعات المصالح والاحزاب السياسية وقادة الرأي ووسائل الاعلام ومن ثم يستطيع النظام السياسي ان يستجيب لها بصورة اكثر فعالية ، كذلك يتأثر حجم ونوعية المطالب باعتبارات معينة ابرزها تفاوت قدرات المواطنين في الوصول الى جهاز صنع القرار ، الامر الذي يرتبط باعتبارات الثروة والنفوذ والمكانة .

ب. **المساندة والولاء:** يعتمد استمرار النظام على ضمان حد ادنى من الولاء والمساندة ، واذا نقص التأييد عن هذا الحد الادنى بات النظام في خطر .

وإن هذا التأييد يمكن ان يكون عام وهو نتاج عملية التنشئة السياسية التي

تؤكد على معاني الوطنية والولاء للقيادة والدستور والدولة ، ويمكن ان يكون خاص وهو التأييد الذي يحصل عليه النظام مقابل ما يقدمه من منافع خاصة لاعضائه ، اي انه بمثابة الرضا الذي يشعر به الفرد حينما يتصور ان مطالبه قد تحققت .

٢. **عملية التحويل** Conversion Process: ويقصد بها استيعاب المطالب في ابنية النظام التشريعية والتنفيذية ، فالمطالب تمر بعملية تحويل طويلة داخل ابنية النظام قبل ان تظهر في شكل مخرجات .

٣. **المخرجات:** وهي السياسات والقرارات التي تتعلق بالتوزيع السلطوي للموارد، وتمثل استجابة النظام للمطالب الفعلية القائمة والمتوقعة ، وهذه المخرجات قد تكون ايجابية ولا سيما عندما تمثل الوفاء بالمطالب وقد تكون رمزية ، وتتمثل بالوعود والعروض العسكرية و اثارة مشاعر الخوف من وجود تهديد خارجي او انقسام داخلي ، وقد تكون سلبية ، ذلك حينما تلجأ السلطة الى الارهاب والقسر كي تضمن الحفاظ على النظام السياسي .

٤. **التغذية الاسترجاعية** Feed back: وهي تشير الى تدفق المعلومات من البيئة الى النظام السياسي عن نتائج افعاله ، بمعنى مجمل الافعال الايجابية والسلبية النابعة من المحيط الخارجي للنظام والرامية الى الرد على مدلولات (افعال) النظام ، فالنظام عندما يترجم قراراته الى افعال ملموسة ، تترك هذه الافعال تأثيرات مختلفة النوعية في محيطه الخارجي ... ولتأثيرها ، يعمل المحيط ، بدوره على الرد عليها بشكل او بآخر وهكذا تستمر عملية الاخذ والعطاء وتكمن اهمية هذه العملية في انها ضرورية لبقاء النظام ، فعلى اساس الوعي بما حدث ويحدث بالنسبة للمدخلات ، تصبح السلطة قادرة على الاستجابة اما بالمضي في سلوكها السابق او تعديله او التخلي عنه . ان التغذية العكسية الفعالة التي تتميز باقصى ما يمكن من دقة واقل ما يمكن من تأخير تضمن الاستجابة الفاعلة .. وفي حالة غيابها يتعرض وجود النظام للخطر .

وقد ينظر الى السياسة العامة على انها استجابة النظام السياسي ازاء الحاجات

والمطالب المطروحة عليها من جانب البيئة بمعنى استجابة النظام لكل ما يطرحه الافراد والجماعات على النظام السياسي للتصرف من اجل اشباع مصالحهم ، وبنية النظام تشمل كل الظروف والاحداث الواقعة خارج حدود النظام السياسي بما في ذلك الدعم الذي يمثل رضى واستجابة الافراد والجماعات على مجمل تصرفات النظام السياسي واداء مؤسساته واطاعة القوانين وقبول القرارات الصادرة عن النظام ، وهذا التوزيع و الاحلال للقيم يكون السياسة العامة ، وتشير عملية التغذية العكسية الى التأثير الذي تحدثه السياسات العامة (المخرجات) في البيئة وفي المطالب المطروحة من قبلها وكذلك في خصائص النظام السياسي ذاته ، فضلا عن ذلك فإن السياسة العامة قد تولد مطالب جديدة تؤدي بدورها الى مخرجات اخرى .

إن ما يمكن استخلاصه مما تقدم هو ان منهج تحليل النظم يمكن ان يوفر اطارا لتنظيم المعرفة حول آلية صنع السياسة العامة ولا سيما في ادراك الكيفية التي تؤثر فيها المدخلات البيئية في السياسة العامة وفي اداء النظام السياسي ، وكذلك كيفية تأثير السياسة العامة في البيئة ومطالبها ، وفي معرفة طبيعة القوى والعوامل البيئية المولدة للمطالب المطروحة على النظام ، وكيف يمكن للنظام السياسي ان يحول المطالب الى سياسة عامة ويحافظ على ذاته عبر الزمن .

رابعا : المنهج الوظيفي

ان جوهر التفسير الوظيفي هو دراسة النشاط او مجموعة الانشطة التي يتطلبها استمرار النظام السياسي موضوع البحث ، فهو على وفق رؤية دعاة هذا المنهج يتكون من عدة أبنية تؤدي وظائف متعددة ضرورية لاستمراره . ويؤدي اخفاق الابنية في اداء الوظائف الى اصابة النظام بنوع من عدم التوازن الوظيفي ، واي بناء سياسي لا اهمية له في حد ذاته وانما تنبثق اهميته من تفاعله مع غيره من الابنية السياسية على النحو الذي يؤدي الى استقرار واستمرار النظام السياسي .

والى جانب مفهوم الوظيفة ، يتضمن المنهج الوظيفي عنصرين آخرين هما التداخل والتوازن ، ويقصد بالتداخل او التفاعل ان التغير في احد اجزاء او مكونات النظام لا بد وان يؤثر على النظام ككل ، من ذلك مثلا ان ظهور حزب جماهيري

من شأنه التأثير على اداء المؤسسات الاخرى ، اما ما يقصد بشأن اتجاه النظام نحو التوازن فذلك يعني ، اذا لحق تغيير باحدى مؤسساته او كان اداءها غير وظيفي اصيب النظام بحالة من الاختلال يسعى للتخلص منها والعودة الى وضع التوازن بتغيير نمط اداءه او الاستعانة بميكانزمات تنظيمية .

ويعد "غابريل الموند" رائد التحليل البنائي - الوظيفي للنظم السياسية ، وقد حدد منذ ستينات القرن الماضي على وفق رؤية وظيفية آليات مفهوم النظام السياسي والخصائص المشتركة للنظم السياسية ، ثم وظائف النظم السياسية :

١. **آليات مفهوم النظام السياسي :** (١٦)

أ. **الشمول:**ان النظام السياسي يشمل كافة العمليات - المدخلات - والمخرجات - التي تؤثر على الاستخدام الفعلي او التهديد باستخدام القهر المادي المشروع ، وهو لا يقتصر على المؤسسات الحكومية كالبرلمان والسلطة التنفيذية والمحاكم او على الاحزاب وجماعات المصالح بل يشمل ايضا كل الجماعات التي تلعب دورا ما في الحياة السياسية مثل الانساق القرابية والطبقات والطوائف الدينية والاضرابات والمظاهرات .

ب. **الاعتماد المتبادل :** ويعني ان اي تغيرات محتملة في احد اجزاء النظام تترتب عليها تغيرات عديدة اخرى .

ج. **وجود حدود بين النظام السياسي وغيره من النظم الاجتماعية :** بمعنى وجود نقاط افتراضية تنتهي عندها النظم المجتمعية الاخرى ويبدأ النظام السياسي . والقول بالحدود لا ينفي التفاعلات التي تحدث بين النظام السياسي وغيره من النظم الاجتماعية . فالنظام السياسي يتكون من مواطنين يتفاعلون مع ممثلين حكوميين من مشرعين واداريين وقضاة واجهزة ، ونفس الافراد الذين يؤدون ادوارا داخل النظام السياسي ، يؤدون ادوارا في النظم الاجتماعية الاخرى .. فهم اعضاء في أسر وفي جماعات ومنظمات ، وحينما يذهب الفرد الى صندوق الانتخاب فإنه ينتقل من دور لا سياسي الى دور سياسي، اي يعبر الحدود من النظام

الاجتماعي الى النظام السياسي .. كذلك الامر بالنسبة الى المؤسسة الدينية فهي ليست جزء من النظام السياسي ، ولكن حينما تتقدم بمطالب معينة الى النظام فإنها تصبح جزء منه وتختلف الحدود بين المجتمع المدني والمجتمع السياسي من تجمع الى آخر ومن نظام سياسي الى آخر حسب الاوضاع الاجتماعية والثقافية السائدة .

٢. **خصائص النظم السياسية :** (١٧)

أ. كل نظام سياسي يتكون من عدد من الابنية والمؤسسات السياسية ، ويمكن المقارنة بين النظم السياسية على اساس مدى تعقد البناء السياسي ومدى تمايز المؤسسات السياسية .

ب. تقوم جميع النظم السياسية بتأدية عدد من الوظائف المتشابهة،غيرانها تختلف في مدى ممارسة كل وظيفة وانواع الابنية والمؤسسات التي تقوم بها .

ج. تكون المؤسسات السياسية متعددة الوظائف .

د. كافة النظم السياسية تضم عناصر حديثة وتقليدية ، بسيطة ومعقدة ، فليست هناك ابنية او ثقافات حديثة بالكامل ، وليست هناك أبنية او ثقافات تقليدية بالكامل وتتباين النظم السياسية في مدى غلبة اي من عنصري الحداثة او التقليدية فيها .

٣. وظائف النظم السياسية : (١٨)

قسم "الموند" هذه الوظائف الى مجموعتين ، وظائف على مستوى المدخلات، وظائف على مستوى المخرجات :

المجموعة الاولى : وظائف على مستوى المدخلات

أ. **التنشئة السياسية:** وهي العملية التي يتم بمقتضاها نقل ثقافة المجتمع عبر الاجيال، وتساهم فيها مؤسسات عديدة : الاسرة ، المدرسة ، دور العبادة ، الحزب ، ادوات الاعلام ، الجيش ... الخ

ب. **التجنيد السياسي:** وهو عملية اسناد الادوار السياسية الى الافراد

واكسابهم الخبرات اللازمة للقيام بهذه الادوار . ومن بين ادوات التجنيد : الحزب السياسي، والنقابات ، والبرلمان ، والبيروقراطية .

ج. **التعبير عن المصالح:** اي تهيئة الادوات والقنوات والوسائل التي توفر الفرص امام الجماهير للتعبير عن مطالبها ، ذلك ان الجماعات المختلفة لو لم تجد قنوات شرعية للتعبير عن مطالبها فإنها قد تعمد الى استخدام العنف مع ما يترتب على هذا من تهديد لاستقرار النظام السياسي وتعتبر جماعات المصالح على اختلاف انواعها اهم ابنية التعبير عن المطالب ، ويتم التعبير باساليب عديدة من قبيل الاتصال الشخصي ، والتمثيل النخبوي ، ووسائل الاعلام الجماهيري والمظاهرات والاضرابات .

د. **تجسيد المصالح:** ويقصد به تجميع او بلورة المطالب في صورة اقتراحات، وتتولى الاحزاب السياسية عادة القيام بهذه الوظيفة ، ولعل وجود ابنية متخصصة في تجميع المصالح يخفف من العبء الملقى على عاتق صانعي القرار ويزيد بالتالي من قدرة النظام السياسي على الاستجابة .. وغالبا تختلف النظم السياسية في طريقة الاستجابة ، ففي بعض النظم قد يضطلع نفس البنيان باداء وظيفتي التعبير والتجميع او التجسيد ، ففي النظام القبلي ، يستمع شيخ القبيلة الى مطالب افراد القبيلة ويبلورها في عقله في صورة بدائل ، وفي الدول ذات الأنظمة الشمولية يقوم الحزب الحاكم بالوظيفتين معا .

اما في النظم الديمقراطية الغربية ، فعادة ما تباشر جماعات المصلحة عملية التعبير عن المطالب وتتولى الاحزاب تجميعها وتجسيدها ويقوم البرلمان والحكومة بوظيفة صنع القاعدة ، اي وضع السياسات واتخاذ القرارات بشأنها .

هـ. **الاتصال السياسي :** ويقصد به توفير قنوات الاتصال بين مختلف اجزاء النظام السياسي ليتسنى تأدية وظائف النظام المختلفة ، فوظيفة التعبير عن المصالح تحتاج الى نوع من الاتصال وتبادل الرأي بين الافراد بما

يساعد في تكوين الجماعات المصلحية وتوجيه المطالب الى جهاز صنع القرار وان هذه الوظيفة يمكن ان تؤدي من قبل ابنية عديدة كوسائل الاعلام ، والاحزاب وجماعات المصالح وقادة الرأي والاماكن الدينية والبيروقراطية .

المجموعة الثانية : وظائف على مستوى المخرجات

أ. وضع وصياغة السياسات واتخاذ القرارات او ما يطلق عليه صنع القاعدة ، ويشترك في ذلك السلطتان التنفيذية والتشريعية ، اذ تتولى الاولى ممثلة في رئيس الدولة والحكومة مهمة اقتراح القوانين بينما تتولى الثانية (اي البرلمان) مهمة الموافقة عليها او رفضها او تعديلها ... وهذا الامر يمكن ان يكون متشابها من حيث الاداء في النظم الحديثة سواء كانت ديمقراطية او شمولية مع خلاف في الدرجة ...

ففي النظم الديمقراطية تمارس الاجهزة التشريعية عمليا حق رفض مشروعات القوانين او تعديلها فضلا عن الموافقة عليها ، ولكنها في الدول الشمولية تكاد تكون مجرد اجهزة للموافقة على اعلان مشروعات القوانين المقترحة من جانب السلطة التنفيذية ، وذلك لاضفاء الشرعية الدستورية عليها ، ويلاحظ غالبا اختلاف مدى اشتراك الاجهزة المنوطة بعملية صنع القاعدة من مسألة الى اخرى .. وكذلك اختلاف نمط اعداد القرارات الخاصة بمواجهة حالات الازمة عن نمط اعداد القرارات في الاحوال العادية .

ب. تنفيذ القاعدة: بمعنى نقل القواعد والقرارات من مجرد نصوص الى واقع حي ، وهذه العملية يتولاها الجهاز الاداري بصفة اساسية .

ج. التقاضي والاحتكام بموجب القاعدة : ويقصد به اصرار حكم قضائي ملزم في مسألة ما استنادا الى قاعدة معينة وبالتالي فإن وظيفة التقاضي هي في الواقع حل للصراعات ، ويسند اداء هذه الوظيفة عادة الى المحاكم، ولكن قد تؤديها المجالس العرفية في المجتمعات التقليدية ، وفي

النظم الشمولية تشارك بقدر او آخر اجهزة الدولة الخاصة في عملية التقاضي ، وهذه المجالس يمكن ان تتهم اي مواطن بخرق القانون وتقرر انه مذنب وتعاقبه .

وفي مرحلة لاحقة وفي سياق اضفاء ما يعد تطويرا لهذا المنهج ركز "الموند" على الوظائف او الابعاد التي تؤديها النظم السياسية ، وتناول الابنية السياسية باعتبارها مجموعات من الادوار المرتبطة مع بعضها البعض ، فالمقعد داخل البرلمان على سبيل المثال هو عبارة عن دور ، والبرلمان ككل ما هو الا مجموعة ادوار تتداخل وتتفاعل فيما بينها ، واعطى اهمية خاصة لمفهوم الثقافة السياسية ، اي القيم والمعتقدات والاتجاهات السائدة لدى افراد المجتمع وتؤثر على كيفية اداء الوظائف السياسية ، وكذلك دراسة تطور النظم السياسية من خلال تسليط الضوء على العلاقات المتغيرة بين الابنية والوظائف .

وقد حدد "الموند" و"بينكام باول" ثلاثة مستويات وظيفية للنظم السياسية:(١٩)

١. مستوى قدرات النظام ، بمعنى سلوك واداء النظام داخل البيئة ، وصنفا خمسة انماط من القدرات :

أ. **القدرة الاستخراجية :** بمعنى قدرة النظام السياسي على استخراج الموارد المادية والبشرية من البيئة الداخلية والخارجية وهي ما يعبر عنها كميا بنسبة الناتج القومي .

ب. **القدرة التنظيمية :** اي قدرة النظام على ضبط سلوك وعلاقات الافراد .

ج. **القدرة التوزيعية :** بمعنى القدرة على توزيع الموارد المجتمعية (السلع والخدمات والوظائف) على الافراد والجماعات والاقاليم بالشكل الذي يضمن تحقيق العدالة والتوازن .

د. **القدرة الرمزية:** ويقصد بها مقدرة النظام السياسي على الاستخدام الفعال للرموز، اي على استخدامها بشكل يضمن له الحصول على تأييد المواطنين، ومن امثلة الرموز زيارات كبار المسؤولين والخطب والاحاديث والتصريحات السياسية واقامة العروض العسكرية ... الخ .

هـ. **قوة الاستجابة:** ويقصد بها مدى كون المخرجات(السياسات القرارات) انعكاسا للمطالب، وهي بعبارة اخرى تعكس مدى كون الانشطة الاستخراجية والتوزيعية والتنظيمية استجابة لمطالب افراد المجتمع .

٢. **مستوى وظائف التمويل:** وتتمثل في عمليات التعبير عن المصالح وتجميع المصالح وصنع القاعدة وتطبيق القاعدة والتقاضي بموجب القاعدة والاتصال .

٣. **مستوى وظائف استمرار وتكيف النظام:** ويقصد بها التنشئة السياسية والتجنيد السياسي .

وقد عبر "الموند" عن ادراك متقدم بان نظرية النظام السياسي تتكون من العلاقات بين المستويات الوظيفية الثلاث آنفا ، ثم العلاقات بين الوظائف عند كل مستوى .

وفي تطور لاحق في سياق هذا المنهج ركز "الموند " بالاشتراك مع "باول" على نموذج وظيفي جديد يتحدث عن مدخلات النظام ، ومخرجاته ووظائفه [٢٠] .

١. **المدخلات وهي تنقسم الى مطالب متنوعة ومساندة :**

أ. **المطالب :**

- مطلب توزيع السلع والخدمات .
- مطلب تنظيم السلوك .
- مطلب المشاركة السياسية .
- مطلب الاستقرار .

ب. **مساندة :**

- مساندة مشاركة : مساندة القيادات والعناصر الساعية في سبيل الوصول الى السلطة سواء من خلال التصويت والمساعدة بالمال والدعاية.. الخ .
- مساندة رعوية : إطاعة واحترام القوانين والانظمة ورموز السلطة .

٢. **المخرجات :**

استخراجية ، وتنظيمية ، وتوزيعية ، ورمزية .

٣. **الوظائف : هناك ثلاث مستويات وظيفية للنظام هي :**

أ. مستوى النظام نفسه ، ويتضمن الوظائف المتعلقة باستمرار النظام : التنشئة السياسية ، والتجنيد السياسي والاتصال .

ب. مستوى العملية ، ويتعلق بوظائف تحويل المدخلات الى مخرجات ... التعبير عن المصالح ، تجميع المصالح ، صنع القاعدة ، تنفيذ القاعدة .

ج. مستوى السياسة ، بمعنى اداء النظام او سلوكه ككل في علاقته بالبيئة ، اضافة الى النتائج التي ترتبها القرارات والسياسات ، ثم عملية التغذية العكسية .

إن ما يمكن استخلاصه من جملة ما تقدم هو ان الحياة السياسية في اي مجتمع تظل وثيقة الصلة بسلوك ووظائف الاجهزة والسلطات الحكومية المتمثلة بالمؤسسات التنفيذية والتشريعية والقضائية وبالاحزاب السياسية ، والسياسة العامة لا تصدر الا من جهات رسمية مخولة وكذلك الحال بالنسبة لتنفيذها . بمعنى ان المنهج الوظيفي لا يغفل دور المؤسسة ، فالمؤسسة في اطارها الرسمي والهيكلي لا يمكن الاستغناء عنها في التحليل السياسي وهي اطار موجه لوظيفة وسلوك الرسميين داخل هذه المؤسسات وهو ما يميز المؤسسة القضائية والوظيفة القضائية عن المؤسسة التنفيذية والوظيفة التنفيذية ، وغالبا ما يطلق على الانماط السلوكية النمطية بالقواعد او الضوابط ، والتي تلعب دورا في صنع السياسات .

لذا فالهياكل المؤسسية والاجراءات والقواعد تلعب دورا في صنع السياسات العامة من خلال تهيئة المناخ للاداء الوظيفي وفي اطار المظاهر الحركية للسياسة .

خامسا : منهج صنع واتخاذ القرار

تنصب اهتمامات هذا المنهج على دراسة احد اهم وابرز جوانب العملية السياسية الا وهو الجانب الذي يتعلق بدراسة القرار السياسي والمتغيرات المؤثرة فيه، وتعد عملية صنع واتخاذ القرار وظيفة تعرفها كل النظم السياسية : البسيطة والمركبة، التقليدية والحديثة ، الديمقراطية وغير الديمقراطية ، وعليه فإن عمومية وظيفة صنع القرار واتخاذه امر يسمح بالدراسة المقارنة لنظم سياسية متباينة .

تاريخيا ترجع الجذور الحديثة لهذا المنهج الى جملة الدراسات الوضعية التي انصرفت الى شرح الظروف التاريخية السابقة على قرار معين والمحيطة به ، وكذلك نعود الى التحليلات الاقتصادية والنفسية ، والادارية ، والسياسية الداخلية التي رمت جميعا من زوايا اهتماماتها الخاصة الى بيان نوعية المتغيرات المؤثرة في عمليات اتخاذ القرار ، بأنواعها المختلفة ، ولانصراف هذه الدراسات والتحليلات الى معالجة الموضوع انطلاقا من افضليات اكاديمية لم يبدأ التحسس بأهمية البحث في عملية اتخاذ القرار السياسي الا بعد الخمسينات من القرن الماضي وخصوصا بعد ان نشر "ريتشارد سنايدر" دراسته عن الموضوع [٢١] لذا يعد اول عالم سياسة في مجال تحليل صنع القرار . ومع انه طبق هذا الاطار اساسا في دراسة السياسة الخارجية فهو لم يستبعد امكانية استخدامه في دراسة النظم السياسية .

وتشير عملية صنع واتخاذ القرار الى التفاعل بين كافة المشاركين بصفة رسمية وغير رسمية ، في تقرير السياسات العامة ، فأعداد القرارات هو بمثابة جزء رئيسي من سلوك المؤسسات السياسية ، وهذه المؤسسات تختار احد التصورات البديلة لحل المشكلات المثارة على اساس تقييم كل منها بما يتضمنه ذلك من مناقشة ومفاضلة[٢٢].

ولدراسة عملية صنع واتخاذ القرار السياسي ، انطلق "سنايدر" من ثلاث فرضيات متداخلة ، هي : ان سلوك الدولة يتجسد عبر قراراتها ، وان هذه القرارات تتخذ من قبل الاشخاص الرسميين في الدولة فقط ، وان ذلك يتم في ضوء عملية اختيار نفسية لبديل من بين مجموعة بدائل .

إن تحليل النظام السياسي من منظور صنع القرار يتطلب تحديد صانعي ومتخذي القرار واساليب اختيارهم ، والمتغيرات المؤثرة في عملية صنع واتخاذ القرار وبسلوك صانعي القرار ، وعملية صنع واتخاذ القرار .

١. تحديد صانعي ومتخذي القرار :

لا شك ان في اي نظام سياسي ، توجد مؤسسات او اشخاص يصنعون القرارات، وبهدف تسليط الضوء على هؤلاء لتحليل طبيعة النظام ، ينبغي دراسة التركيب او الخلفية او الخصائص الاجتماعية لصانعي القرار ، وهذه بمثابة مفاتيح

لفهم سلوكهم ، وهو ما يتطلب جمع بيانات خاصة بالنوع والسن والمستوى التعليمي ونوع التعليم والديانة والانتماء ، والمناصب السابقة ، والاتجاهات والادوار والقيم والدوافع النفسية والمزايا والقدرات وفي احيان كثيرة لا يكفي لتحديد صانعي ومتخذي القرار ، دراسة البناء القانوني فقط بل قد يتطلب الامر تجاوز الاطار الدستوري الشكلي الى التعرف على الاشخاص الحقيقيين الذين يشاركون في عملية صنع واتخاذ القرار .

وتجدر الاشارة الى ان لكل نظام سياسي اسلوبه في اختيار القيادات السياسية، وتختلف هذه الطريقة من نظام الى آخر ، ففي مجتمعات معينة تتولى الهيئة الناخبة اختيارهم وفي مجتمعات معينة يتولى الحزب الحاكم تحديد ذلك وفقا للاسلوب الذي يعتمده ، وتختلف المجتمعات في الاهمية النسبية التي تضفيها على معايير معينة عند اختيار القيادات ، فبعضها يركز على العزوة بمعنى الاصل العرقي واللون او الدين او الثروة وبعضها يركز على الانجازات الشخصية والكفاءة والقدرة القيادية ، وبعضها يركز على عامل الولاء ، وفي العموم يتم الاختيار على وفق مجمل هذه المعايير .

٢. بيئة صنع القرار :

لقد جاء "سنايدر" باطار نظري عام غايته الاجابة عن السؤال التالي ، وهو : كيف ولماذا تتصرف الدولة بالشكل الذي تتصرف به ؟ ولهذا الغرض اعتمد على مجموعة مفاهيم استعارها من علوم : النفس ، والاجتماع ، والنفس الاجتماعي ، والادارة ، والاقتصاد .

لذلك فقد وضع تحليله لمجمل عملية صنع واتخاذ القرار من رؤية خاصة لحركة وادوار صانعي القرار اذ رأى ان هذه الحركة وما يرتبط بها من ادوار تعكس حالة (اللاعب في موقف) ، وان هذا الموقف يعكس تأثيرات نوعين من البيئة ، بيئة داخلية واخرى خارجية ، وبينما تمثل الاولى خصائص وحدة اتخاذ القرار والبنيان الحكومي الاشمل والعوامل والمتغيرات الموضوعية والمعنوية والاجتماعية الداخلية ، تمثل البيئة الخارجية سمات وتأثيرات النظام السياسي الدولي السائد في وقت معين .

وفي اتخاذه لقراراته داخل وحدة اتخاذ القرار ، يؤكد "سنايدر" ان صانع القرار لا يتأثر بكيفية ادراكه او تعريفه الذاتي للموقف فحسب، وانما كذلك بمتغيرات منظماتية، هي : الاختصاص ، والاتصالات والمعلومات والدافعية ، وقصد بالاختصاص مجموعة الادوار التي تنجز من قبل صانعي القرار والخصائص التي تتميز بها وحدة اتخاذ القرار . اما الاتصالات والمعلومات، فأشار بها الى انماط تفاعل صانعوا القرار مع بعض داخل وحدة اتخاذ القرار ، وسبل نقل المعلومات اليهم من خارجها واخيرا ربط الدافعية بالاهداف التي تسعى وحدة اتخاذ القرار الى انجازها ، وبالحوافز النفسية والاجتماعية الخاصة والعامة المؤثرة في سلوك اعضائها [٢٣] .

وبمعنى آخر فإن بيئة صنع القرار تؤثر على وتتأثر بسلوك صانعي القرار ، فالقيادة السياسية تستوعب مطالب المحكومين وتستجيب لها في صورة قرارات تؤثر على المجتمع بوجه عام ، كذلك فإن اي وحدة قرارية (برلمان مثلا) منظمة في حد ذاتها ولكنها جزء من البناء الكلي لصنع القرار ، وعلى هذا فإن نشاطها يؤثر ويتأثر بنشاط بقية اجزاء او وحدات بناء صنع القرار [٢٤] .

٣. عمليات صنع واتخاذ القرار:

يتضح مما تقدم بأن لكل نظام سياسي سبل واجراءات يتم بموجبها التوصل الى جوهر العملية السياسية وهو صنع واتخاذ القرار ، وبمعنى آخر ان هذه العملية وعلى وفق " الان لارسون " تتضمن الانشطة التالية : [٢٥]

أ. ادراك الموقف .

إن ادراك صانع القرار للموقف وتحديده لابعاده يتأثر بقيم ومعتقدات وشخصية الامة التي يعبر عنها صانع القرار على ضوء فهمه لها ، من خلال موقعه الرسمي في رده على الموقف الناشيء ، ولذلك فإن تحليل اسباب تصرف الدول بالشكل الذي تتصرف فيه يرتبط بكيفية فهم صانع القرار للموقف باعتباره كلاعب فيه .

ويتحدد ادراك الموقف في النظم الديمقراطية عن طريق المناقشة والحوار الذي تشارك فيه اجهزة ووسائل الاعلام والاحزاب ومنظمات المجتمع المدني والجامعات ومراكز البحث ... الخ .

ب. المعلومات وشبكة الاتصالات.

إن فهم الموقف والتنبؤ باحتمالاته ومساراته وتصور نتائجه تتوقف جميعا على المعلومات الدقيقة التي تعكس حقيقته والمتغيرات المؤثرة فيه . ولذلك يتأثر التعامل مع ابعاد الموقف بمدى الفهم الدقيق له ولعلاقاته المتداخلة من خلال مدى دقة المعلومات المتوفرة والتي بدونها تنعدم امكانية اتخاذ القرار السريع وتلغي امكانية التحكم في الظاهرة .

وفضلا عن ضرورة وفرة المعلومات ودقتها ، فإن سرعة وصولها الى صانع القرار عن طريق شبكة الاتصالات القائمة بين الوحدات القرارية من جهة واطراف شبكة الاتصالات من جهة اخرى يعد من الاهمية بمكان لمواجهة الموقف وتعريفه وادراك درجة تأثيره على المصالح القومية لصانع القرار .

ج. تحليل وتقييم المعلومات وتبويبها وتقرير كافة الحلول البديلة.

إن التخطيط السياسي العلمي والعقلاني المستند على معلومات دقيقة ومصنفة يؤدي الى زيادة فعالية انماط السلوك السياسي لصانع القرار ، ومن خلال ترتيب الاهداف التي ينحو اليها ، يستطيع ان يحدد بدقة البديل الرشيد الذي يختاره من بين مجموعة البدائل وفي ضوء معرفة وافية لكل البدائل الممكنة من منظور نتائجها المحتملة وهنا لا بد لصانع القرار من تحديد سلم قيم يسمح له بتقدير آثار الحل الذي وقع عليه الاختيار .

وبعد أن يتم تحديد هدف السلوك اللاحق لصانع القرار تبدأ عملية البحث عن افضل الصيغ لتحقيقه والتي يطلق عليها تسمية البدائل او الخيارات، وتحديد البدائل تعني ايجاد نمطين او اكثر من انماط السلوك المقبول ازاء موقف معين يتم الاختيار من بينهم في ضوء مؤشرات او مباديء تحدد السلوك الرشيد في اختيار افضلها .

د. تقييم البدائل .

يخضع اختيار البدائل الى عملية تقييم لغرض تحديد البديل الذي يمثل لاحقا السلوك السياسي الذي ينهجه صانع القرارفي مواجهة الموقف وتتم هذه العملية بعد حصر البدائل المقبولة سياسيا ، وقد تتنافس القيم التي تمثلها البدائل ، والاختيار

بينها يتم لمصلحة بعض القيم على حساب الاخرى ، والعملية تظهر بشكلها المبسط في حالة كون الاختيار واقعا بين بلدين ، احدهما يكفل قيمة معينة والآخر يكفل قيمة اخرى ، فإن اختيار احد البديلين يمثل انتصارا لقيم البديل الذي تم اختياره على حساب قيم البديل الاخر ، وبعبارة اخرى فإن اختيار احد البديلين يتم في ضوء حسابات قد تؤدي الى فقدان بعض المصالح التي لا يتم فقدانها لو تم اختيار البديل الآخر ، الا ان تغليب البديل الذي تم اختياره يضمن مصالح اخرى يفترض ان تكون اكثر قيمة وتأثيرا في المصالح الوطنية [٢٦] .

هـ . اتخاذ القرار .

ويقصد به التوصل الى صيغة او اختيار بديل بين بديلين او اكثر باعتبار ان هذا البديل هو الاكثر قدرة على حل المشكلة بالشكل الذي يحقق الهدف المطلوب لما ينطوي عليه من مواصفات تتناسب مع الامكانيات المتاحة والاهداف المطلوبة ، وبالتالي فإن عملية اتخاذ القرار تعني القدرة على اختيار سلوك معين من بين نوعين او اكثر من البدائل السلوكية .

و. تنفيذ القرار.

بعد ان يتم اتخاذ القرار السياسي لمواجهة احد المشاكل تتم عملية نقله من حالته النظرية الى حالته العملية من خلال اعتماد واحدة او مجموعة من الصيغ (او الوسائل) المناسبة في ضوء معطيات الموقف ، وتؤدي هذه العملية الى تحديد السلوك السياسي لصانع القرار الذي هو تعبير عن محصلة التفاعل بين عمليتين مترابطتين هما عملية اتخاذ القرار وعملية تنفيذه وردود الافعال عليه .

وبعبارة اخرى فإن عملية تنفيذ القرار عملية معقدة تنطوي على تفاصيل كثيرة شأنها شأن عملية صنع القرار وتتطلب سلسلة من القرارات الفرعية وتسند اساسا الى الجهاز الاداري .

وتتوقف عملية تنفيذ القرار او ترجمته الى واقع ملموس على التفاعل ما بين عوامل عديدة اهمها : [٢٧]

(اولا): القدرة على اتخاذ القرار السليم المرتبطة بوجود القيادة السياسية

القادرة على حسم الموقف لصالحها من خلال قدرتها على استيعاب افضل الخيارات واختيار انسبها.

(ثانيا): توفر الوسيلة او وسائل التنفيذ الملائمة للهدف ، المتناسبة معه .

(ثالثا): الارادة والتصميم لدى صانعي القرار التي تحدد قدرتهم على نقله الى حيز الواقع ومتابعة تنفيذه ولذلك ينظر الى القرار وكأنه حلقة وصل بين الغاية والوسيلة.

ز. تقييم القرار .

يعتبر تقييم القرارات عملية ينبغي ان يقوم بها من يتبنى منهج صنع القرار في الدراسة السياسية،ويخضع التقييم على وفق "لارسون" لعدد من المحكات والمعايير:[٢٨]

(اولا) : مدى وفرة المعلومات لدى صانعي ومتخذي القرار ؟

(ثانيا) : درجة المشورة التي اعتمدت في اتخاذ القرار .

(ثالثا) : مدى اهمية القرار وتوقيته .

(رابعا): نتائج القرار والآثار المترتبة عليه ، وما اذا كان الهدف من القرار قد تحقق ، وبأية درجة .

لذا فإن عملية التقييم للقرار وقياس مدى نجاحه او فشله في تحقيق الهدف لا تنفصل عن تقييم الوسائل التي تم استخدامها في تحقيقه ، وقياس مدى النجاح الذي حققته او الفشل .

سادسا : المنهج المقارن

اتخذت العديد من الدراسات في العلوم الاجتماعية والسياسية هذا المنهج اساسا لها .. وفيما يتعلق بعلم السياسة انتشر المنهج المقارن بين الدراسات السياسية الداخلية ، وفي البداية انصب اهتمام العديد من هذه الدراسات على مقارنة المؤسسات السياسية الرسمية او غير الرسمية لبعض الدول ، ومنذ منتصف الخمسينات من القرن الماضي اعتمد الدارسون انطلاقا من هذا المنهج الرأي الذي يؤكد على ان لكل نظام سياسي بدائيا كان ام معاصرا عدد من الوظائف التي يسعى الى انجازها عبر مجموعة مختلفة من الهياكل ....

وفي ضوء ذلك ذهبت الدراسات الحديثة الى مقارنة النظم السياسية فيما بينها استنادا الى درجة التمايز بين الهياكل التي تنجز الوظائف المحددة لها وعلى نوعية الثقافة السياسية التي تحدد صيغة الهياكل (٢٩) .

لقد اختلفت الآراء حول معنى الدراسة المقارنة ، وفي ضوء دلالاتها المستخدمة ، حدد "ماكاون" خمسة تعاريف متباينة ، الاول يؤكد على ان الطريقة المقارنة هي احدى اشكال القياس ، اما الثاني فيرى انها اداة لتوضيح احد المفاهيم وخلفيته الواقعية ، اما الثالث فينظر للدراسة المقارنة بشكل مرادف لمنطق التحليل العلمي ، ويؤكد اصحاب التعريف الرابع على انها نمط معين من انماط البحث ، واخيرا تفهم الدراسة المقارنة على انها احدى الحلول التي تتصدى لمعالجة مشكلة التداخل والتفاعل الثقافي بين الدول وتحليلها (٣٠) .

ويؤكد "لابالومبارا " ، ان عملية المقارنة تعكس اساسا البحث في اوجه التشابه والاختلاف التي تتميز بها الظاهرة او مجموعة الظواهر موضوع الدراسة تمهيدا لفهمها وتفسيرها والتنبؤ بها (٣١) .

اما الاتجاه الجديد للدراسة المقارنة فينبني اولا وقبل كل شيء على المقارنة الافقية لظاهرتين او اكثر تنتميان الى صنف معين او محدد من الظواهر ذات العلاقة بالعملية السياسية او بالنظم السياسية (٣٢) .

ويرى "روسناو" في هذا الصدد ضرورة تحديد المفردات الاساسية التي تدخل ضمن عملية المقارنة ، وربط التغيرات التي تطرأ في الانماط السلوكية بالتغيرات التي تحدث في اسبابها ، وتحديد محصلة العلاقة بين هذين النوعين من المتغيرات وبمعنى آخر تثبيت النتائج الناجمة عن هذه الرابطة السببية .

وفي صدد مشابه ، يؤكد ، "روسناو" ، على ان مجرد ، رصف ظاهرة بجانب اخرى عملية تنتفي عنها القدرة على انجاز المطلوب من وراء الجهد المقارن ، اي تحديد اوجه التشابه والاختلاف ، وفضلا عن ذلك تطوير جملة من المعايير او الاسس الواضحة والانطلاق منها لتحديد الخصائص العامة للظواهر موضوع الدراسة المقارنة.

إن ايجابيات الاتجاه المقارن قد ادت الى تمتعه بقبول من لدن قطاع واسع من المختصين ، وكذلك تصاعد واضح في كثافة استخدامه . وجدوى اعتماده في احيان غير قليلة .

سابعا : منهج الاتصال

يقصد بالاتصال كل الاجراءات والفعاليات والاساليب التي على وفق ادائها يؤثر شخص ما على آخر ، وعادة تركز الدول والمؤسسات والمجتمعات في وجودها وتكاملها على الاتصالات اي تبادل الرسائل فيما بين الافراد وهذه الرسائل لا تنطلق فقط من الحديث المكتوب او الشفهي وانما ايضا من اي فعل او سلوك انساني. فالمواطنون لا بد وان يكونوا قادرين على توصيل رغباتهم ومطالبهم الى الحكومة ، وعلى الحكام ان يكونوا قادرين على توصيل قراراتهم الى المواطنين وتبريرها لهم بهدف نيل رضاهم ... لذا فإن دراسة النظم السياسية من منظور الاتصال ، هي دراسة للسلوكيات او الافعال التي تتعلق بتبادل المعلومات (الرسائل) ، او المطالب، او الرغبات ، وبمعنى آخر الافعال وردود الافعال بين الفاعلين السياسيين، وهكذا يسلط منهج الاتصال الضوء على: [٣٣]

١. القنوات التي من خلالها تتدفق المعلومات بين الفاعلين السياسيين .

٢. انواع المعلومات والرسائل .

٣. طبيعة القواعد والاجراءات التي تحكم الاتصالات داخل النظام السياسي .

٤. مدى حدة المشاعر المرتبطة برسائل معينة .

٥. انواع الاستجابات التي يمكن توقعها من الذين يتلقون الرسائل .

ويرى "كارل دويتش" الذي يعد رائدا لمنهج الاتصال في دراسة النظم السياسية، إن عملية الاتصال تمثل الجانب المحوري في اي نظام سياسي ،حيث تلقى اجهزة الاستقبال المعلومات في صورة رسائل وتتولى نقلها الى مركز القرار الذي يقوم بدوره في التعامل مع هذه المعلومات (المطالب) على وفق قيمة وما يمتلك من معلومات مؤرشفة او مخزنة، للتوصل الى القرار الذي يدفع الى الاجهزة التنفيذية التي تتخذ الافعال والاجراءات الكفيلة بتنفيذه .

لا شك ان هذه القرارات والافعال تحفز ردود افعال مختلفة تتلقاها اجهزة استقبال المعلومات لتحولها بدورها الى مركز القرار وتسمى هذه العملية بالتغذية الاسترجاعية .

يتضح ان هذا المنهج يقوم من الناحية العملياتية على فاعلية اربعة انساق تؤدي وظائف متكاملة :

١. **نسق الاستقبال :** ويمثل مجموعة الاجهزة والقنوات التي تتلقى المعلومات من البيئتين الداخلية والخارجية للنظام السياسي .
٢. **نسق الذاكرة :** ويمثل اوعية أرشفة وخزن وحفظ المعلومات الخاصة بالاوضاع الداخلية والخارجية .
٣. **نسق القيم :** ويمثل مجموعة القيم والمعايير التي تجعل صانعي القرار يفضلون قرارا على آخر لمواجهة مشكلة ما .
٤. **نسق التنفيذ :** اي الاجهزة التي تتولى تنفيذ القرار .

وبالاضافة الى اهمية هذه الانساق الاربعة وما تؤديه من وظائف فإن هناك امر آخر يرى رواد هذا المنهج بأنه لا يقل اهمية الا وهو المقدرة على التحمل ، اي قدرة النظام على استقبال ومعالجة المعلومات والرسائل الواردة ، وهذه تتوقف على عدد وانواع وحالة القنوات الاتصالية المتاحة ، وترتبط اوثق الارتباط بعدة عوامل منها درجة الدقة في جمع المعلومات والتأثيرات التي تطرأ عليها من حيث الاهمية فيما بين لحظة استقبالها ولحظة الاستجابة لها ، ومما لا شك فيه ان المعلومات المصنفة والدقيقة تساهم بدرجة اكبر في انتاج قرار دقيق وصائب وتحسن من فرص استجابة صانع القرار للتعامل مع الموقف .. وعلى العكس من ذلك فكلما كان هناك عدم دقة في جمع المعلومات او كلما ازدادت كمية التشويه ، فإن ذلك يقود الى مواجهة النظام متاعب لان استجابته (قراره) لن تكون للموقف الفعلي وانما لتصور غير دقيق ومشوه بخصوصه .. ويعزز من ادائية النظام في هذا الصدد مدى قدرته على استدعاء الخبرة السابقة وتوظيفها في اطار تحليل المعلومات الواردة اليه .

وقد طرح رواد هذا المنهج عدة مفاهيم تتعلق بالقرارات وآثارها،واهمها:[٣٤]

١. **المخرجات :** اي القرارات التي يتخذها النظام استجابة للمعلومات الواردة اليه .

٢. **فترة الابطاء :** اي الفترة الزمنية التي تقع بين استقبال المعلومات والاستجابة لها، وكلما قلت هذه الفترة ، كلما دل ذلك على زيادة كفاءة النظام ، اي قدرته على الاستجابة لمطالب البيئة .

٣. **الكسب :** بمعنى التغيير الذي يحدثه النظام في البيئة بما اتخذه ونفذه من قرارات، واذا عولجت المعلومات على الوجه السليم فمن المتوقع ان يكون التغيير كافيا لمواجهة مطالب البيئة .

٤. **التغذية العكسية :** وهي عملية تدفق المعلومات من البيئة الى النظام عن نتائج قراراته والافعال المتعلقة بتنفيذها .

ويمكن ان تكون هذه التغذية ايجابية ، وبهذه الحالة تدفع النظام الى انتهاج نفس السلوك وصولا الى الهدف ، ويمكن ان تكون التغذية سلبية وبهذه الحالة تدفع النظام الى تعديل سلوكه في الاتجاه الذي يؤدي الى بلوغ الهدف ، ويمكن ان يترتب على التغذية تغيير الهدف الاصلي ، وذلك عندما يجد النظام بأن هدفه قد تحقق فيضع هدفا جديدا ، او قد يجد ان هدفه الاصلي صعب التحقيق فيتحول عنه الى هدف آخر ...

ينطوي هذا المنهج على ميزتين تصبان في مصلحة النظام احدهما تتمثل في القدرة على التعلم ، بمعنى قدرة النظام على تصحيح او تطوير سلوكه ، وثانيهما يتمثل بالقدرة على التحول الذاتي اي قدرة النظام على ان يتغير ذاتيا في كثير من جوانبه وكثير من اهدافه او بعبارة اخرى قدرة النظام على تجديد مؤسساته وسياساته بشكل يضمن الحفاظ على تكامل واستقرار المجتمع .

هوامش الفصل الثاني

١. د. كمال المتوفي ، مصدر سبق ذكره ، ص٧٣ .

2. Geraint Barry , Political Elites ,(London: George Allen and Unwin L.td , 1971), p30-31.

٣. نقلا عن المصدر نفسه ، ص ص ٣٦-٤١ .

٤. د. كمال المتوفي ، مصدر سبق ذكره ، ص٧٥ .

٥. المصدر نفسه ، ص٧٦ .

6. Robert Dahl , Who Governs , Yale University Press , 1963.

7. Robert Dahl , The Behavoural Approach in political science , In American Political science Review Vol.55 December , 1961 , p763-772 .

٨. د. محمد نصر مهنا ، عبد الرحمن الصالحي ، مصدر سبق ذكره، ص ٤٧.

9. David Truman , The Implication of political Behaviour Research in Social Science Research Councial, Items December ,1951 , p.39.

10. Robert Holt and John Richardson , Competing Paradigms in Comparative politics , in Robert Holt and John Turner , eds , The Methodology of comparative Research (New York : The Free press , 1970) , p.37-38 .

11. Ludwing Von Bertalanffy , General System Theory in General System , No.1 . 1956 , p.3 .

12. Andrew M.Scott , The Functioning of the International System (New York : The Macmillan Company , 1967), p.27 .

13. Charles A. McClelland ,Theory and International System (New York : The Macmillan Company , 1968) , p.20.

14. William Welsh , studying politics (New Jersy : prentice-Hall Inc.,1973), p.65-67 .

١٥. نقلا عن د. كمال المتوفي ، مصدر سبق ذكره ، ص ص ٩٦-٩٧ .

١٦. المصدر نفسه ، ص١٠٢-١٠٣ .

١٧. المصدر نفسه ، ص١٠٣-١٠٤ .

18. Gabriel Almond and Bingham Powell , Comparative politics : Adevelopmental Approach , (Boston : little Brown and Co., 1966) , pp 190-213.

١٩. المصدر نفسه ١٠٧-١٠٩ .

20. Lucian Pye , Political Culture and Political Development in Lucian Pye and sidny verba, eds (N.J. , Princeton , Up 1965), p8.

وكذلك المصدر السابق ، ص١٠٩-١١٠ .

٢١. د. مازن اسماعيل الرمضاني، دراسة نظرية في السياسة الخارجية ، كلية العلوم السياسية / جامعة بغداد ، ١٩٨١ ، ص٨٧-٨٨ .

22. Richard Snyder ,A Decision Making Approach to the Study of political phenomena in Roland Young , ed. , Approaches to the stydy of politics , (Illions , Northwestern U.p. , 1958) p.19 .

23. Ibid , p.p. 67-68 .

24. Mary Kweit , and Robert Kweit , Concepts and Methods for political Analysis (New Jersy, Prentice-Hall , Inc. 1981), p.126-130.

25. Allan Larson , Comparative Political Analysis , (Chicago : Nelson Hall, 1970) p.29-32 .

٢٦. هاني الياس خضر الحديثي ، في عملية صنع القرار السياسي الخارجي ، بغداد، دار الحرية للطباعة ، ١٩٨٢ ، ص٦٤-٩٢ .

٢٧. د. مازن اسماعيل الرمضاني ، في عملية اتخاذ القرار السياسي الخارجي، مجلة العلوم القانونية والسياسية، المجلد الثاني ، العدد الثاني، دار الحرية للطباعة ، بغداد ،١٩٧٩، ص١٧٤ .

28. Allan Larson , op cit , p.32-33 .

29. Gabriel Almond and Bingham Powell , op.cit , p.203.

30. Patrick J. McGowan , Meaningful Comparison in the study of Foreign Policy : Methodolugical Discussion of Objectives , Techniques and Research Designs , in Charles W.Wekley Jr. at al.

31. Joseph Lapalombara , Politics with in Nations (Englewood Cliffs , N.J. : Prentice-Hall , Inc.,1974) p.7

٣٢. د. مازن اسماعيل الرمضاني ، دراسة نظرية في السياسة الخارجية ، مصدر سبق ذكره ، ص٨٤ .

٣٣. د. كمال المتوفي ، مصدر سبق ذكره ، ص١١٧ .

٣٤. المصدر نفسه ، ص١٢٠ .

الباب الثاني

المتغيرات المحيطة بالنظام السياسي

الفصل الثالث : المتغيرات المادية الموضوعية

الفصل الرابع : الثقافة السياسية

الفصل الخامس : المجتمع المدني

الفصل الثالث

المتغيرات المادية الموضوعية

المقدمة

المتغيرات الموضوعية ببساطة هي الموارد والامكانيات الدائمة او شبه الدائمة التي تتميز بها الدولة والتي تكون اساس قوتها الكامنة ، وتتوزع هذه المتغيرات على اربع مجموعات اساسية ذات تأثير مستمر او شبه مستمر ، هي المتغيرات الجغرافية والاقتصادية والعسكرية والتكنولوجية - العلمية[1] .

اولا : المتغير الجغرافي

تنبع اهمية هذا المتغير من الدور المستمر الذي تلعبه الجغرافيا في توجهات النظام السياسي وفي التفكير الاستراتيجي لصناع القرار وذلك لسببين ، اساسيين :

اولهما ان الواقع الجغرافي للدولة يرتب في احيان،مجموعة انماط سلوكية ثابتة نسبيا ، بعضها يتعلق باستراتيجيتها العسكرية وبعضها بحركة تجارتها الدولية . اما السبب الثاني فيترجم دور الواقع الجغرافي في تحديد الواقع الاقتصادي والسكاني والنفسي- لاحدى الدول وانعكاس ذلك على نوعية علاقاتها مع الدول الاخرى ولا سيما التي تحدها او القريبة منها جغرافيا .

١. الحجم :

لا شك ان لحجم الدول تأثيرا موضوعيا وذاتيا على نظامها السياسي ، فموضوعيا تؤثر الكمية والنوعية وما يتوفر او لا يتوفر في الدولة من مصادر بشرية او غير بشرية ، في مدى قدرة النظام على انجاز اهدافه .

واما ذاتيا فتأثير الكمية والنوعية لهذه المصادر ينعكس على ادراك صانع القرار لاهميتها واثر ذلك في حركته اللاحقة .

ويرتب اتساع الحجم جملة مزايا سكانية واقتصادية وعسكرية ، ويساعد

على ايواء اعداد كبيرة من السكان ويمنح الدولة وفرة وتنوع في المصادر الطبيعية والغذائية، والعمق الاستراتيجي الذي يسمح لها بالمناورة واعتماد استراتيجية الدفاع من العمق ، فضلا عن تسهيل عملية نشر مراكز قوتها الصناعية والاقتصادية والعسكرية على مناطق متباعدة عن بعضها تجنبا لتدميرها في حالة الاختراق العسكري الخارجي ، واضافة الى ذلك فإنه يحول دون امكانية احتلالها والسيطرة عليها .. بيد ان مجمل هذه الايجابيات قد تتحول الى سلبيات ، خصوصا في حالة غياب الامكانية الاقتصادية والعسكرية ووجود التمزق الاجتماعي والتخلخل السكاني وبالاتجاه الذي يحول دون قدرة النظام السياسي على توظيف الامكانيات المتاحة لتحقيق الفعل الهادف والمؤثر ، وعليه لا يشترط دوما ان يضفي الحجم الواسع على الدولة التي تتميز به سمة الفاعلية والتأثير الدوليين [٢] .

وكما ان لإتساع الحجم تأثيرات مختلفة النوعية كذلك هو الحال مع انكماشه، فمن ناحية يحرم النظام السياسي من بعض مفردات القدرة او من مجموعة منها ، فهو قد يحرمها ، من مصادر اولية استراتيجية ، وكثافة سكانية ، وقدرة عسكرية كمية ، أو يحرمها من كم سكاني وعسكري مؤثر في آن واحد .

٢. الموقع :

لا شك ان للموقع الجغرافي للدول تأثيرا حتميا على حركة نظمها السياسية ، وهذا ما اكدته النظريات الجيوبولتيكية التي تضمنتها على سبيل المثال لا لحصر- آراء ماكندر وهاوسهوفر ، بيد ان الذي حصل من تطورات في عوالم المعرفة والاتصالات والمواصلات وعلوم التقنية الحديثة قد قلل نسبيا من هذه الحتمية ، ودفع العديد من الجغرافيين السياسيين بالرغم من اعترافهم بأثر الموقع الجغرافي الى التأكيد على ضرورة ادراك قيمته الفعلية ادراكا مرنا يأخذ بنظر الاعتبار جملة تلك المتغيرات المؤثرة بصورة مباشرة او غير مباشرة في هذه القيمة ، انطلاقا من ان متغيرات عالم اليوم قد سحبت عن الآراء والنظريات الحتمية السابقة الكثير من مصداقيتها .

وفي ضوء موقعها على الخارطة الجغرافية تتوزع الدول ثلاثيا الى دول برية او

بحرية او برية - بحرية في آن واحد ، ولهذا التباين تأثير مختلف على حركة واداء نظمها السياسية .

٣. الجوار الجغرافي :

تتأثر حركة النظم السياسية في مدى قرب الدولة الجغرافي من غيرها ، وهو امر يمكن ان يؤدي الى تغذية نقاط الاختلاف واسباب التنافس بعنصر فعال مضاف، الامر الذي يجعل الدول المتجاورة اعداء او خصوم لبعض .

ويمكن ان يؤدي الى احتواء التنافس والحد منه على نحو يدفع للتعاون بدلا من الصراع . ويبقى العامل الحاسم في هذا الامر هو طبيعة العلاقة التي تربط بين الدولتين المتجاورتين وانعكاساتها على سلوك نظمهما السياسية كل منهما حيال الآخر ، فالعلاقة الثنائية عندما تتميز بالصراع الكامن ، يصبح القرب الجغرافي عاملا مساعدا على تبادل الصراع بين الدولتين المتجاورتين لسبب مفاده كثافة تفاعلاتهما التصارعية ، والعكس صحيح كذلك ، فالعلاقة الثنائية ، عندما تتميز بغياب التقاطع الايديولوجي والاستراتيجي يصبح الجوار الجغرافي بالضرورة عاملا دافعا نحو التعاون والتكامل .

ويعزز ما تقدم القول بأن تأثير القرب الجغرافي لا يقتصر على العلاقة بين دولتين فحسب ، وانما يشمل كذلك تلك الحالة التي مؤداها ارتباط دولة واحدة بعلاقات مختلفة المضمون مع العديد من الدول المجاورة لها في آن واحد ، فالعلاقة عندما تكون من نمط تصارعي لا تتوانى هذه الدولة عن بناء قوة عسكرية ضخمة لاغراض الردع والهجوم ، بيد ان العلاقة عندما تتسم بخصائص التعاون يصبح القرب الجغرافي عاملا دافعا نحو العلاقة الخاصة والتكامل الاقليمي [٣] .

وانطلاقا من ان العلاقات بين الدول تجمع في واقعها بين الصراع والتعاون بنسب مختلفة يتطلب الجوار الجغرافي من دول مختلفة المصالح ومتناقضة الاهداف كفاءة دبلوماسية من اجل بناء تلك الاسس وتوطيدها لضمان الحد الادنى من المصالح المشتركة لتضيق فرص الصراع وتعزيز احتمالات التعاون .

ثانيا : المتغير الاقتصادي

ينجم تأثير المتغير الاقتصادي عن تفاعل متغيرات اقتصادية فرعية متنوعة ومتعددة ولعل من بين ابرزها واهمها : مدى وفرة المصادر الطبيعية المتاحة للنظام السياسي ونوعيتها ، ومدى النمو الاقتصادي في الدولة ، ونوعية الاعتماد الاقتصادي الخارجي ، واشكالية المديونية الخارجية .

١. مدى وفرة المصادر الطبيعية :

تتباين الدول في كمية مصادرها الطبيعية ونوعيتها. وعلى مدى وفرة هذه المصادر تترتب تأثيرات مختلفة سلبية و ايجابية في خيارات النظام السياسي ، فالدول المحدودة الموارد والامكانيات تبقى نظمها تعاني من ضعف المقدرة على تحقيق اهدافها اعتمادا على الذات ، بل وتضطر بحكم الحاجة الاقتصادية الى طلب المساعدة الاقتصادية الخارجية والقبول ضمنا او صراحة بالقيود الناجمة عنها وانعكاساتها على خيارات النظام ، اما الدول التي تنطوي على وفرة في كمية ونوعية المصادر الطبيعية فهي تلك التي تستطيع في الاقل نظريا الاستفادة من مصادرها الطبيعية لاغراض ترتيب مجموعة تلك الظروف الداعمة بصيغ مختلفة لحركتها سواء في أوقات السلم والحرب [٤] .

إن ما ينبغي التأكيد عليه هنا هو ان مستوى التأثير الايجابي الناجم عن عملية الاستثمار الوطني للموارد الطبيعية يمثل احيانا قيمة اعلى من ذلك التأثير النابع من مجرد وجودها في هذه الدولة أو تلك . فالاول يرتب بعض جوانب تلك المستلزمات الاساسية الداعمة للاستقلال السياسي ، ويسهل استخدام الفائض عن الحاجة الذاتية عبر وسائل الترغيب والترهيب الاقتصادي لخلق فرص حركة وتأثير اضافية للنظام السياسي، وعليه فإن نوعية الاستثمار الوطني للمصادر الطبيعية يتأثر بمدى الارادة الوطنية او التصميم السياسي ، ومدى تفاعل ذلك مع نمو البنى العلمية والتكنولوجية والاقتصادية والاجتماعية في اطار بيئة النظام السياسي .

وخلاصة القول ان وفرة الموارد الطبيعية تخلق حالة من الرخاء الاقتصادي يمكن ان تساعد في تحقيق الاستقرار السياسي . وعلى العكس من ذلك فإن ندرة

الموارد قد تولد تصور بالسلبية واللامبالاة لدى الجماهير ومحدودية في قدرة النظام السياسي على تنفيذ البرامج التي من شأنها توفير الخدمات العامة لهم مما قد يساعد على تفشي حالات عدم الاستقرار . كذلك فإن وفرة الموارد تقود الى تنامي اقتصاد متقدم وعادة ما ترتبط الديمقراطية المستقرة بالتقدم الاقتصادي ، خاصة اذا اقترن هذا التقدم بعدالة في توزيع الدخول وتعليم ملائم ، مثل هذا الوضع خليقا بجعل اغلبية السكان حريصة على استمراره وتحصينها عال ضد الحركات المتطرفة التي تنشد تقويض دعائم النظام القائم.

٢. النمو الاقتصادي :

يجسد النمو الاقتصادي أحد الركائن الاساسية لعملية متعددة الابعاد هي عملية التحديث ، وهذه بدورها تتوقف على مجموعة عمليات ليست اقتصادية حسب ، وانما كذلك سياسية واجتماعية وثقافية (٥) .

فعلى العكس من حالة التخلف الاقتصادي الذي يؤدي الى ديمومة تبعية الدولة المتخلفة ، والحيلولة دون بنائها وتطورها ، وانعكاساته السلبية على فاعلية نظامها السياسي ، يرتب النمو الاقتصادي مجموعة نتائج على قدر كبير من الاهمية، وتمتد هذه النتائج الى عدة محاور اساسية ذات علاقة بعملية صنع السياسة واهدافها وتنفيذها وصيانة عناصر الامن القومي .

ذلك لان ابعاد النمو الاقتصادي لا تتجسد في تأثيره النفسي فقط ، بل في نوعية ادراك النظام السياسي لمكانته وهيبته الدولية ، ومن ثم في نوعية تأثيره الايجابي في سياسات الدول الاخرى ، وكذلك في دوره الذي يتمثل في قيادة الدولة لاستخدام قدرتها التقنية باتجاه استثمار اقل لمواردها المتاحة وتطويرها .

وفي ضوء شمولية تأثيرات النمو الاقتصادي أضحت الحدود بينه وبين فعاليات النظام السياسي في حالة من التداخل والتشابك ، واصبح من الاهمية بحيث لم يعد بوسع اي نظام سياسي ولاجل تطوير امكانياته - الا ويركز في جانب كبير من ادائيته على تنفيذ خطط وبرامج التنمية وتوظيف نتائجها واهدافها بما يخدم مصالح النظام ويوفر له فرص البقاء والاستمرار .

٣. درجة الاعتماد الاقتصادي الخارجي :

تعبر الاعتمادية فيما بين الدول عن فكرة مؤداها ان الدول وبسبب عدم قدرتها كليا او جزئيا على اشباع حاجاتها التكنولوجية والاقتصادية والاجتماعية المتزايدة اضحت لا تتوانى عن الدخول في تفاعلات تعاون وظيفية لهذا الغرض ، وبهذا المعنى العام تمثل الاعتمادية محصلة لذلك التفاعل بين حاجات إحدى الدول وتطلعاتها وبين امكانيات غيرها [٦] .

وتتجسد ظاهرة الاعتمادية مثلا من خلال ذلك التدفق التقني والاقتصادي والاجتماعي ومنجزات الحضارات ، بالاضافة الى البضائع والخدمات ورأس المال والمعلومات وغيرها عبر الحدود السياسية بين الدول ، وعادة ما يشار الى هذا التدفق القابل للقياس كما بمفهوم التدفق عابر القوميات .

إن اي تعريف لمفهوم التبعية عليه ان يتجاوز الفهم المبسط والشائع للتبعية على انها مجرد اعتماد واتباع خارجي ، واي تعريف شامل للمفهوم ينبغي ان يعتمد كليا على التمييز بين مصطلح (تابع Dependence) ومصطلح (تبعية Dependency) حيث ان هناك اختلافا جوهريابينهما ، فالمفهوم الاول (تابع) سائد في ادبيات العلاقات الدولية ويعني حالة متقدمة من الاعتماد الخارجي ... اما المفهوم الثاني فيعني اكثر من مجرد الاتكال الخارجي ، ويبحث في الاساس ظاهرتي التخلف والنمو ووصف وتحليل طبيعة التشوهات البنيوية الناجمة عن احتواء دولة ما في النظام السياسي العالمي ، ويولد هذا الاحتواء بنى ثقافية واجتماعية وسياسية واقتصادية محلية ذات قوانين وآليات داخلية تعمل على ترسيخ الهيمنة والاستنزاف المتواصل لفائض القيمة [٧] .

ومع ان ظاهرة الاعتمادية الدولية المتبادلة اضحت احدى خصائص عالم اليوم التي لا فكاك لاي نظام سياسي من التعامل معها ، بيد ان هذا لا يعني انها استطاعت تحويل جوهر لعبة الامم على نحو آخر مختلف ، فالاعتمادية المتبادلة لم تحل مثلا دون ديمومة التبعية والابتزاز الاقتصادي ، كما انها لم تمنع الدول من اللجوء الى تلك الاجراءات والقيود الاقتصادية ضمانا لتطورها الاقتصادي الذاتي

واستقلالها الاقتصادي والسياسي ، بمعنى آخر ان واقع التعاون التجاري والاقتصادي الدولي لا ينفي التنافس والصراع التجاري والاقتصادي .

وان جوهر ما نخلص اليه هنا هو ان الحاجة الاقتصادية تدفع في اغلب الاحيان الى التنازل السياسي ، والتبعية الاقتصادية تؤدي بالضرورة الى تبعية سياسية وبالاتجاه الذي يحول عادة دون قدرة النظام السياسي في الدولة التابعة على الحركة والاداء السياسيين والاقتصاديين المستقلين .

٤. المديونية الخارجية :

تعد مشكلة المديونية الخارجية من اعقد المشكلات التي تواجه اقتصادات الدول ، ولا سيما في ظل بروز اصطلاحات مثل (خدمات الدين ، واعادة الجدولة، وشروط التسديد المفضلة) وغيرها من الاصطلاحات للتعبير عن الآليات المعقدة لسلاح المديونية [٨] . وغالبا ما يؤدي تفاقم حدة الديون الخارجية الى ضرورة اعادة جدولتها مع الحكومات والمنظمات المالية الدولية ، وهذه من جانبها تحاول استغلال الموقف بما يحقق اهدافها ومصالحها باعتماد الوسائل التالية :

أ. تضييق امكانات الاقراض بفرض شروط مجحفة على القروض التي تقدمها ورفع اسعار الفوائد المحصلة عنها .

ب. التدخل في الشؤون الاقتصادية للدول المدينة من خلال محاولة فرض مجموعة من الاصلاحات الاقتصادية على نظمها السياسية ، كتعويم العملة الوطنية ، والغاء الرقابة على الصرف الاجنبي ، وتسهيل اتفاقيات الدفع والتجارة ، وتهيئة المناخ للاستثمارات الاجنبية مع توفير الامتيازات والضمانات لها وحرية تحويل ارباحها للخارج ، وبعبارة اخرى اضطرار الانظمة السياسية في الدول المدينة للخضوع للضغوط الخارجية الرامية الى اعادة تكييف اقتصادها مع اوضاع السوق العالمي او ما يسمى (تحرير اقتصادها) باستبعاد وسائل التنظيم والرقابة التي تستخدمها النظم للسيطرة على الاسواق وتوجيه الاقتصاد الوطني، وتصفية القطاع العام ، وتأكيد سيطرة القطاع الخاص وحريته .

إن ما يمكن ان نخلص اليه هنا هو ان المديونية الخارجية تؤدي دورا جوهريا في

استمرار تفاقم وضع التبعية الاقتصادية مع استمرار لحاق اقتصاديات الدول المدينة بديناميكية الاقتصاد الرأسمالي العالمي ، حيث تدمج القطاعات التصديرية في الاقتصاد الرأسمالي ، وتضعف الروابط والعلاقات بين تلك القطاعات (التصديرية)، والقطاعات الاخرى ، مما يؤدي الى تهميشها ، ويؤدي وقوع العجز الكبير في موازين مدفوعات الدول المدينة في المدى البعيد ... الى تآكل ظروف الاستقرار السياسي للانظمة الحاكمة، ولا يقوم الاقتراض الخارجي في هذه الحالة الا بدور العلاج الموضعي للمواقف المتأزمة .

ثالثا : المتغير العسكري

يرتبط هذا المتغير بالقدرة العسكرية للدولة ، ومدى امكانية نظامها السياسي من توظيف القوات المسلحة المتاحة كما ونوعا لضمان الامن القومي وصيانته من التهديدات القائمة والمحتملة ، ولتحقيق الاهداف والمصالح الوطنية .

وتتفاوت نوعية تأثير النظام السياسي من دولة الى اخرى ، فالدول الضعيفة عسكريا هي تلك الدول التي تنتفي عنها القدرة الذاتية على الدفاع عن كيانها ، الامر الذي قد يدفع بها الى البحث عن الحماية الخارجية والقبول بالنتائج المترتبة عن ذلك على حرية قرارها السياسي ، وعلى العكس من الدول القوية عسكريا التي يكون لتأثيرها السياسي اقليميا وعالميا ، دافع لجعلها قادرة على فرض احترامها على غيرها حتى في حالة غياب الحضور المباشر لقوتها العسكرية [٩] .

ومع ان متطلبات ضمان الامن القومي تدعو الى بناء ترسانة عسكرية ضخمة، بيد ان قيمتها الفعلية لا تكمن في كميتها حسب ، وانما كذلك في نوعيتها عموما ومدى القدرة الذاتية على استخدامها خصوصا ، فالعبرة ليست في تكديس سلاح نوعي متطور لا يمكن استخدامه بكفاءة عالية . وبمعنى مشابه يمكن القول ان قدرة القوات المسلحة على انجاز وظيفتها تتأثر سلبيا او ايجابيا بمجموعة من المتغيرات النوعية ، ومن بين هذه المتغيرات الامكانيات الاقتصادية والبشرية للدولة ، ودور قيادتها العسكرية تخطيطا وادارة ، وطبيعة الروح المعنوية السائدة في بيئة نظامها السياسي ، فضلا عن مدى اعتمادها على غيرها عسكريا لتأمين الدعم اللوجستي

وتوفير فرص المناورة العسكرية الهادفة ، وتنويع مصادر التجهيز والتسليح .

فكلما كانت الدولة اكثر اعتمادا على غيرها عسكريا كانت اكثر خضوعا بالضرورة . ويميز "الدكتور مازن الرمضاني" بين نوعين مختلفين من الاعتمادية العسكرية: اولهما الاعتمادية على السلاح المستورد . وثانيهما الاعتمادية اما على الموارد الاولية المستوردة ، واما على الدعم الاداري (اللوجستي) الخارجي .

لذا فالدول تعتمد على قدراتها العسكرية ، كاحد المتغيرات المادية المؤثرة في تعزيز قدرة النظام السياسي في اوقات السلم والحرب ، ففي اوقات السلم يتجسد تأثيرها في سلوك صانع القرار كونه باعثا على الاستقرار النسبي داخليا وعاملا للترهيب والتهديد باستخدامه بقصد التأثير في السلوك السياسي الخارجي للدول الاخرى . وانطلاقا من ذلك يتجسد تأثير المتغير العسكري من خلال كونه يمثل وسيلة وغاية في آن واحد ، ففي الوقت الذي يعتبر احد الوسائل الفاعلة التي لها دول مؤثر في دفع النظام السياسي لاختيار احد البدائل السلوكية في اوقات السلم والحرب ، فإنه غاية تتجسد في النظر الى القدرات العسكرية للدولة على انها المظهر الاساسي لقوتها ، وأحد ابرز الاسس التي يستند اليها النظام السياسي في اتخاذ القرارات (١٠) ، و يتوقف بناء القدرة العسكرية ايضا على بناء مؤسسة عسكرية ، تستوعب احدث التطورات التقنية واسباب العلم العسكري في قيادة الجيوش والتدريب والتسليح واساليب القتال ، اذ لايكفي امتلاك الجيش للسلاح فقط ، وانما ايضا كيفية استخدامه ، وهو ما يتطلب اعداد خطط عسكرية لاغراض الدفاع والردع في حالة تعرض الدولة الى ما يهدد مصالحها وامنها القومي وقدرة نظامها السياسي على اتخاذ القرار المستقل بما يخدم مصالحها الوطنية والقومية .

رابعا : المتغير التقني

وصف "الفين توفلر" ثورة تكنولوجيا المعلومات (بالموجة التطورية الثالثة) انطلاقا من كونها يمكن ان تقود الى ادخال المجتمعات الانسانية في حيز متطور قائم على محورية المعرفة والمعلومات (١١) .

ولا تقتصر ثورة المعلومات الحالية على شق التطور الهائل الذي طرأ على

تقانة المعلومات التي يلعب (الحاسوب الالكتروني) الدور الرئيس فيها، بل يقترن بها التطور المصاحب في تقانة الاتصالات ، ولذا فإن هناك من يطلق اصطلاح (المعلواتصالية) لوصف هذا التطور المعلوماتي ، بمعنى الثورة المتوازية في تكنولوجيا المعلومات والاتصالات .

وتتمثل الثورة المعلوماتية في ذلك الانفجار المعرفي الضخم المتمثل في ذلك الكم الهائل من المعرفة في اشكال تخصصات ولغات عديدة وتضاعف الانتاج الفكري في مختلف المجالات ، وظهور الحاجة الى تحقيق اقصى سيطرة ممكنة على فيض المعلومات المتدفقة واتاحته لصانعي ومتخذي القرار في اسرع وقت وبأقل جهد.

وقد زادت اهمية تكنولوجيا الاتصالات في المجتمعات الانسانية الحديثة نتيجة للاسباب التالية :

١. تحول الاقتصاد نحو العولمة من خلال تزايد عمليات ومجالات التدويل .

٢. حاجة عمليات اتخاذ القرار المتزايدة الى تنويع مصادر المعلومات .

٣. اتجاه المؤسسات نحو تقليل حركة الافراد والاستعاضة عنها بالاتصالات الهاتفية والفاكس وعقد المؤتمرات عند بعد .

ويمكن ان يرى او يفسر هذا الاتساع الدولي للانشطة المعلوماتية كجزء من ظاهرتين مترابطتين معا بشكل عال وهما ظاهرتا التخطي التجاري للحدود القومية والتخطي المعلوماتي للحدود [١٢] ، ويثير امتزاج وتداخل هاتين الظاهرتين مجموعة تساؤلات محورية تشتمل على عدد من القضايا الاساسية كالسيطرة الثقافية ، والنفاذ للمعلومات السياسية والاقتصادية والاخرى ، وتنظيم عمليات تدفق البيانات عبر الحدود والتحكم فيها والعمل على تحديد وتقرير سياسات النظم السياسية في المجالات الاقتصادية والسياسية والثقافية والاخرى ، وتنمية طاقات اهلية تستجيب لواقع العولمة والتدويل والسعي لاعادة بناء ما هو وطني (بالمعنى الثقافي والتاريخي وبأي معاني اخرى ، تحت مبررات (ضرورة تجاوز النمطية) .

وفضلا عن ذلك فإن ظاهرة التخطي المعلوماتي للحدود القومية او ظاهرة الثقافة عابرة القوميات تعكس سياسة منظمة يحل فيها بدرجات متفاوتة وفي سياقات مختلفة تنظيم الشعوب في مجموعات (افقية) محل تنظيمهم في مجموعات وطنية ، بمعنى العمل على دفع الشعوب للارتباط مع بعضها ، ببعض الاساليب

الاليكترونية تجاوزا لروابط الجوار الجغرافي او الثقافة الوطنية او القومية ، ويمكن تلمس ابرز معالم التحول الذي شهدته العلاقات بين الدول نتيجة ولوج عصر الثورة التقنية في ميادين الاتصالات والمعلومات بما يلي :

١ . اعادة تعريف اهم عنصرين محددين لاي فعل الا وهما الزمان والمكان مما قد يوجد بيئة قرار جديدة تفرض على صانعي القرار والنظم السياسية التكيف معها.

٢ . بروز نوع جديد من الدبلوماسية يطلق عليه دبلوماسية الاقمار الصناعية او دبلوماسية الاعلام الاليكتروني .

٣ . حدوث توحيد متزايد للعالم بوصفه مكانا للاتصال والتبادل بين البشر والثقافات حيث يلتقي الناس بصورة متزايدة في حياتهم اليومية بثقافات أخرى ويكتشفون قيما متغايرة ويتعرفون على انسانية متعددة الوجوه ، وقد اصبح قرار سياسي او اقتصادي في بلد ما يمكن ان يؤثر فعلا على حياة ملايين البشر في اماكن بعيدة كما ان الاحداث السياسية والتطورات في جزء من العالم سوف تؤثر بطريقة مباشرة او غير مباشرة على العملية السياسية في مجتمعات اخرى بعيدة .

٤ . بينما تسهم الثورة في تكنولوجيا المعلومات والاتصالات في احداث قدر عال من التوحيد والمركزة على النطاق العالمي ووفق ما تقتضيه مصلحة دول المركز ، فهي تسبب او (تحرض) من ناحية اخرى على مزيد من التفكك واللامركزية على النطاق المحلي والداخلي لدى دول الاطراف ولصالح دول المركز .

٥ . بينما كان في امكان الدول التحدث عن السيادة الاعلامية وعن التحكم شبه الكامل او شبه المطلق في عملية تدفق المعلومات الى داخلها والعمل على تشكيل عقول ابناء شعبها وضمان ولائهم التام لصالحها ، فقد اصبح الآن ومع تعاظم فرص الاتصال عن طريق شبكات المعلومات والاتصالات من شبه المستحيل السيطرة التامة على نوع وكم المعلومات التي تصل الى عقول المواطنين .

هوامش الفصل الثالث

١. د. مازن اسماعيل الرمضاني ، السياسة الخارجية - دراسة نظرية ، مصدر سبق ذكره، ص١٤٩ .

٢. المصدر نفسه ، ص١٥١-١٥٦ .

٣. المصدر نفسه ، ص١٦٤ .

4. Norman D. Palmer . Howard C. Perkins , International Relation , 3rd , ed , Boston : Houhtion Mifflen Company , 1969, p.15.

5. John Spanier , Games Nations Play , 6th edition , (Washington, D.C , Congressional , Quarterly , Inc ., 1987), p.455.

٦. د. مازن اسماعيل الرمضاني ، المصدر السابق ، ص٣٢٤-٣٢٥ .

٧. د. عبد الخالق عبد الله ، التبعية والتبعية الثقافية ، مناقشة نظرية ، مجلة المستقبل العربي ، العدد ٨٣ (بيروت م.د.و.ع ، ١٩٨٨) ، ص١٩.

٨. جمال قنان ، نظام عالمي جديد ام سيطرة استعمارية جديدة ، مجلة المستقبل العربي العدد ١٨٠ ، (بيروت م.د.و.ع ، ١٩٩٤) ، ص٨٣ .

٩. د. مازن اسماعيل الرمضاني ، مصدر سبق ذكره ، ص١٨٨ .

١٠. د. هاني الياس الحديثي ، مصدر سبق ذكره ، ص١٨-١٩ .

11. Alvin and Heid Toffler , War and Anti- War Making Sense of todays global Chaos , Little Brawin , 1993 .

12. Geoffrey Reeves , Communication and the Third World , London , Rout ledge , 1993 , p.1-2.

الفصل الرابع

الثقافة السياسية

المقدمة

أدرك علماء السياسة في وقت مبكر من هذا التاريخ ان الاطر التحليلية البنائية او الهيكلية لا تمكن وحدها من تقديم رؤية شمولية للنظم السياسية ، فدعو الى ضرورة اخذ البيئة الثقافية بعين الاعتبار عند دراسة السياسة والحكم في اي مجتمع متأثرين في ذلك بمفاهيم وتصورات ورؤى علم النفس الاجتماعي(١) ، ويذكر "غابريل الموند" في هذا الصدد ان اي نظام سياسي يعيش في ظل ثقافة سياسية معينة اي نسق من القيم والاتجاهات والمعتقدات السياسية (٢) .

اولا : مفهوم الثقافة السياسية

ظل مفهوم الثقافة السياسية موضع جدل ونقاش شديد بين علماء السياسة ، وهو ايضا من اكثر المفاهيم المختلف عليها بين علماء الانثروبولوجيا وعلم الاجتماع السياسي وعلم النفس ، وفي هذا الصدد يذكر "سيدني فيربا" قائلا (نحن نعرف ان علماء الانثروبولوجيا يستخدمون عبارة ثقافة بطرق مختلفة ، واننا عندما ندخلها قاموس علم الاجتماع السياسي ، فأننا نجازف بأن نجلب اليه كل جوانب الغموض فيها ، ولكن نجلب كذلك مزاياها) (٣) .

وإذا كان مفهوم الثقافة السياسية حديث النشأة فإن جذوره البعيدة تمتد الى فلاسفة الاغريق الذين كانوا يطرحون مفهوم الفضيلة المدنية بمعنى التمسك بالقيم ، ويعود الفضل في ظهور المفهوم بالدرجة الاولى الى المدرسة السلوكية التي بذلت جهدا كبيرا لصياغته وتطويره بهدف تفسير جوانب كثيرة من النظم السياسية ، وبخاصة "غابريل الموند وسيدني فيربا ولوسيان باي" (٤) .

وقد حاول "غابريل الموند" استجزاء (الثقافة السياسية) باعتبارها تتعلق

بالظواهر السياسية فقط وعدها مستقلة اي ثقافة خالصة بوسعها ان تعزل التوجهات السياسية للافراد .

أما " لوسيان باي " فقد بنى مفهوم الثقافة السياسية على انه التاريخ الجمعي للنظام السياسي ولتاريخ حياة الافراد الذين يكونوه فهو مجموعة الاتجاهات والمعتقدات والمشاعر التي تعطي نظاما ومعنى للعملية السياسية. وافرد "سيدني فيربا" مكانا متميزا للمعتقدات السياسية والرموز التعبيرية والقيم التي تحدد الوضع الذي يحدث التصرف السياسي في اطاره والتي تنظم التفاعلات بين الحكام والمحكومين ، والتي يكون لها بنية ودور عند اجراء عملية التحديث السياسي .

اما "موريس ديفرجية" فقد رأى ان الثقافة السياسية هي جزء من الثقافة السائدة في مجتمع معين ، وانها بمجموع عناصرها تكون تركيبا منظما وينطوي على طبيعة سياسية [٥] .

وتطور مفهوم الثقافة السياسية ، بصورة واضحة ، في اطار الدراسات التنموية، بوصفه احد العناصر الاساسية لتميز مراحل التنمية ، بانتقال النظم السياسية من المرحلة التقليدية الى الحديثة ، أي بالانتقال نحو نمط ثقافي يتسم بالعقلانية والعلمانية ، ويعكس مستوى متقدم من الوحدة الاجتماعية وازدهار القيم الديمقراطة ويمكن تعريف الثقافة السياسية بطريقتين على مستوى الفرد ، ومستوى النظام وكما يأتي :[٦]

١. على مستوى الفرد :

فعلى صعيد الانسان الذي يشكل بؤرة الثقافة السياسية ، تشكل الثقافة السياسية في الوقت نفسه ، الطريقة او المنهجية التي تنظم تفكير الانسان لتساعد على تقويم الدوافع والاتجاهات المكونة للبيئة الخارجية ، اي الموضوعية والتي تسهم في تكوين الرموز والقواعد والمؤسسات المكونة للنظام السياسي ، فتتحول الثقافة السياسية الى عنصر لدمج الفرد ، او تحقيق تفاعل الفرد مع النظام السياسي، لانها تنظم معتقدات وافكار الانسان تجاه البنى والمؤسسات في مجال القبول والتوافق او على صعيد رفض ومعارضة النظام ، فالثقافة السياسية تدل بوجه محدد على

التوجهات السياسية للافراد ازاء النظام السياسي واجزائه وفعالياته المختلفة ، وتدل كذلك على الاتجاهات ازاء النشاط الذي يقوم به الفرد في النظام السياسي . بمعنى ان دراسة الثقافة السياسية تشير الى البعد البسيكولوجي في حياة الفرد المدنية ، وهي معيار معرفة بماذا يشعر الفرد ، وكيف يفكر بالرموز ، والمؤسسات ، والقواعد التي تكون النظام السياسي في مجتمعه ، وكيف يستجيب لها من ناحية ، وما هي الروابط بينه وبين المقومات الاساسية لنظامه السياسي من ناحية اخرى ، وكيف تؤثر هذه الروابط على سلوكه (٧) .

٢. على مستوى النظام السياسي :

بمعنى موقف الجماهير في مجتمع معين من النظام السياسي القائم فيه ، والعناصر الاساسية التي تتكون منها ، وهو ما يعني كيفية تقييم اوسع الجماهير من المواطنين لمؤسساتهم السياسية الرسمية ، والشعبية ، اي ان الثقافة السياسية هنا تؤخذ على محمل كونها وسائل اندماج وتلاحم بين الافراد ضمن النظام قائمة على اساس التوجهات الثقافية السياسية المتماثلة والمتناسقة والملائمة بالنسبة الى المؤسسات السياسية ، فالثقافة السياسية هنا تؤخذ على انها تدل على تلك التوجهات السياسية الجماهيرية عبر النظام السياسي مأخوذا بكليته .

وفي ضوء مجمل ما تقدم فإن التطور المفهومي حول الثقافة السياسية يشير الى ان بؤرة الدراسات حولها لا تتعلق بالبنية السياسية الشكلية منها وغير الشكلية ، وكذلك الحكومات والاحزاب وجماعات الضغط وغيرها ، او بالنمط الراهن للسلوك السياسي في مجتمع معين ، بقدر تعلقها بما يعتقده الشعب ازاء تلك البنى والمؤسسات . وهذه المعتقدات ذات طبيعة مختلفة ، فقد تكون تأملية حول حالة الحياة السياسية او قيما متعلقة باهداف مرجوة بالحياة السياسية ، او مواقف ازاء حالة محسوسة للنظام (٨) . كما ويلاحظ ان الثقافة السياسية تنطوي على مجموعة من القيم ، المعتقدات ، والعواطف السياسية المسيطرة في امة وفي وقت معين ، حيث ان التصورات تنبعث منها ، وانها تتحكم في الاتجاهات وتنظيم صيغ التزام الافراد ، فهي اذن عنصر كبير في العمل السياسي اذ تنظم التبادل السياسي وتهيمن على نماذج

المساهمة والاتصال في الحياة العامة ، كما تعني ايضا واجبات الاشخاص الذين يمثلون الدولة .

ثانيا : خصائص الثقافة السياسية : (٩)

١. يتسم جوهر الثقافة السياسية على وفق انماط القيم والاتجاهات والسلوكيات والمعارف السياسية لافراد المجتمع .
٢. الثقافة السياسية ثقافة فرعية او جزء من الثقافة العامة للمجتمع ، وعلى الرغم من انها مستقلة ، بدرجة ما ، عن النظام الثقافي العام الا انها تتأثر به .
٣. تتسم الثقافة السياسية بكونها نتاج لتاريخ المجتمع من ناحية ولخبرات افراده المكتسبة عن طريق عمليات التنشئة من ناحية اخرى .
٤. لا تعرف الثقافة السياسية لاي مجتمع ثباتا مطلقا بمعنى انها تتعرض للتغير ، ويتوقف حجم ومعدل التغيير على عدة عوامل من بينها ، مدى ومعدل التغيير في الابنية الاقتصادية والاجتماعية والسياسية ، درجة اهتمام النخبة الحاكمة بقضية التغيير الثقافي وحجم التخصيصات التي يمكن توظيفها لاحداثه ومدى رسوخ قيم ثقافية معينة في نفوس الافراد .
٥. لا يعني القول بوجود ثقافة سياسية للمجتمع تماثل عناصرها بالنسبة لسائر افراده، اذ ان هناك دوما هامشا للاختلاف الثقافي تفرضه عوامل معينة كالاصل العنصري والديانة ومحل الاقامة والمهنة والمستوى الاقتصادي والحالة التعليمية، وعملية التنشئة الاجتماعية .

ثالثا : مقومات الثقافة السياسية

تتكون الثقافة السياسية بحسب "غابريل الموند" و"سدني فيربا" من عناصر ادراكية وعناصر عاطفية وعناصر تقييمية وتؤلف هذه العناصر بمجملها انظومات الاتجاهات السياسية الخاصة بكل مجموعة من الافراد بمعنى ان الثقافة السياسية هي في وقت واحد كل ما نعرف ، وكل ما نشعر ، وكل ما نعتقد بشأن السياسة ... اي ان العناصر الادراكية تفيد كل ما نعرف او نعتقد اننا نعرفه عن المؤسسات والاحزاب ورجال السياسة ، اما العناصر العاطفية فتتكون من عواطف ومشاعر

الافراد ازاء مؤسسات النظام السياسي او صانعي القرارات ، والتي تتراوح ما بين الانجذاب اوالاشمئزاز ، والتعاطف او التطور والاعجاب او الاحتقار ، وهذه العواطف تقف فيما وراء الحكم العقلاني الذي يتخذه الفرد ، اما العناصر التقيمية فتتألف من القيم ، والمعتقدات ، والمباديء والمثل العليا ، والايديولوجيات التي تؤثر لا ريب على السلوك السياسي [١٠].

والايديولوجية عبارة عن نسق فكري متكامل يمثل مرشدا او دليلا للعمل السياسي ، انه يطرح رؤية للتاريخ ويعطي الحياة معنى وهدف ويبرر الممارسات الاجتماعية والاقتصادية ويضفي الشرعية على النظام السياسي ، وهذه الادوار تؤديها كافة الايديولوجيات : الليبرالية ، الشيوعية ، القومية ، الفاشية .

وقد يكون هدف الايديولوجية تغيير الوضع القائم او الحفاظ عليه ، ويمكن ان تلعب الايديولوجية كلا الدورين في أوقات مختلفة .

وهناك اتجاه في التحليل يقصر الثقافة السياسية فقط على التوجهات نحو المؤسسات السياسية الوطنية، والتي تكون اداة لصياغة النظام ذلك أن هذه المعتقدات والمواقف تحكم السلوك المدني وتساعد على صيانة نظام الحكم كما انها بالنسبة للكثيرين تعين الواقع السياسي ، وفضلا عن ذلك تعبر الثقافة السياسية عن نفسها في التفكير اليومي للناس وفي نشاطهم وهم يمارسون اعمالهم في الحياة المدنية ، تماما كما تعبر عن معتقداتهم ومشاعرهم في الجوانب الاخرى - السياسية ، لذا فإن معتقدات ومشاعر كثيرة ينطوي عليها تعبير الثقافة السياسية ، الذي يمثل في هذا المجال اختزال مفهومي للمشاعر والافكار ، والسلوكيات التي يمكن ملاحظتها من خلال مراقبة الناس وهم يعيشون حياتهم اليومية المدنية [١١] .

رابعا : الثقافة السياسية وايديولوجية النظام السياسي

عندما يتبنى النظام السياسي ايديولوجية معينة ، يتوجه الى الجماهير من خلال مفاهيمه وافكاره وقيمه الايديولوجية .

ويقوم لذلك بالترويج لمبادئه والتأثير على اكبر عدد ممكن من الافراد وكسبهم

وجعلهم يتبنونها، وهو ما يهدف الى دفعهم للتفاعل الايجابي مع النظام ومساندته، الامر الذي يسهل فعالية عمل النظام السياسي ويساعد على استمراره ، غير ان الايديولوجية في التحليل النهائي هي احد ادوات سيطرة النظام السياسي ، والثقافة السياسية التي تنبعث عنها حاملة طبيعتها وسماتها التي تواجه ثقافات سياسية مضادة، هذه الثقافات التي قد تنبعث عن قوى اخرى خارج السلطة او ايديولوجيات مغايرة او منافسة لايديولوجية النظام السياسي ، او عن هيئات اجتماعية مختلفة تتمسك بثقافات فرعية، فكيف يمكن احكام سيطرة النظام السياسي عبر الصراعات الثقافية وخلالها ؟ يذهب الدكتور صادق الاسود في هذا الصدد الى القول بامكانية تصور احتمالين بهذا الشأن [١٢] اولهما ان تستخدم القوى السياسية المحركة للنظام جهاز الدولة ، بفرضها ثقافة وطنية بصورة رسمية ، بمعنى انها قد تلجأ الى الاجبار والقسر عند مخالفة العناصر للنظام،وتعزز ذلك في اغلب الاحيان بالتنشئة الاجتماعية السياسية تحت شعارات بناء المواطن ، أما الاحتمال الثاني فهو اللجوء الى استخدام وسائل اخرى غير الدولة وذلك يشتمل على مجموع الهيئات الخاصة التي تتوافق مع وظيفة الهيمنة التي تمارسها الجماعة الاجتماعية المسيطرة على كل مجتمع ، او بعبارة اخرى الهيآت التي تسعى الى ترويج قيم ومباديء وافكار القوة السياسية التي تحرك السلطة ، ونشرها في الاوساط المختلفة بواسطة وسائل الاعلام المختلفة والنوادي والهيئات والمنظمات الشعبية وغيرها ، واذا كان عنصر الاجبار بارزا في الاحتمال الاول ، فإن عنصر الاقناع هو المتحكم في الاحتمال الثاني ولا ريب ان العمل على المستويين يسير وكأنهما مترابطان بصورة وثيقة .

خامسا : تنوع الثقافات السياسية

تعد الثقافة السياسية نتاج تأريخ النظام السياسي كما أنها نتاج الافراد الذين يعيشون في ظل ذلك النظام وعليه فإن الثقافة السياسية متأصلة في الوقائع العامة وكذلك في التجربة الشخصية لهؤلاء الافراد ، ولمعرفة طبيعة تنوع الثقافات السياسية في مجتمع واحد ينبغي دراسة التطور التاريخي للمجتمع بكليته ، وكذلك تجارب حياة الافراد الذين يجسدون ثقافة المجتمع ، ومن خلال الدراسة التاريخية

لتطور المؤسسات والقيم التي تكون الثقافة السياسية ، وكذلك في دراسة عملية التنشئة الاجتماعية السياسية التي من خلالها يلج الافراد في الثقافة يمكن معرفة انماط الثقافات والعلاقة بين المؤسسات وافراد المجتمع ... لذا يقسم "غابريل الموند وسدني فيربا" بناء على درجة تطور المجتمعات كما عرفها ماكس فيبر في تقسيمه المعروف ، الثقافة السياسية الى الانواع الثلاثة التالية:(١٣)

١. الثقافة التقليدية :

وتوجد في المجتمعات القديمة والضئيلة التطور وفيها تكون توجهات المواطن نحو المواقع السياسية ضعيفة بسبب ضعف الوعي السياسي ، وضآلة تطور عناصر التلاحم والاندماج ، وكذلك عدم رغبة المواطنين في الارتباط وعبر اي طريقة ايجابية بالمؤسسات السياسية الوطنية ، والواقع ان الثقافة التقليدية ليست الا وضعا لثقافات سياسية محلية قائمة على اساس القرية والاسرة والجماعة الاثنية والمنطقة وغير ذلك .

٢. ثقافة الخضوع :

يكون في ضلها المواطن واعيا على نحو قوي بالنظام السياسي وما يصدر عنه من اعمال ، ولكن ليس له الا شعور ضئيل التطور بالمؤسسات التي تأخذ على عاتقها تحقيق المطالب الاجتماعية وكذلك شعور مجرد بفعاليته السياسية شخصيا ، وتكون المؤسسات في مثل هذه الثقافة ضئيلة الاستجابة لحاجات الافراد .

ويذكر "موريس ديفرجيه" (في ثقافة الخضوع يعترف اعضاء النظام بوجوده ، ولكنهم يظلون سلبيين تجاهه فهو خارجي نوعما بالنسبة اليهم وهم ينتظرون من جانبه ان يقدم لهم خدمات ويخشون عقوباته ، ولكنهم لا يفكرون بأنهم يستطيعون تغيير عمليات النظام على نحو ملموس) .

٣. ثقافة المساهمة :

يكون المواطن فيها على مستوى عال من الوعي بالامور السياسية ويقوم بدور فعال فيها ، ومن ثم يؤثر في النظام السياسي بطرق مختلفة كالمساهمة في

الانتخابات او المظاهرات او تقديم الاحتجاجات فضلا عن ممارسة نشاط سياسي من خلال عضوية حزب سياسي او جماعة ضغط .

وتجدر الاشارة الى ان الانواع الثلاثة المذكورة من الثقافة السياسية ، كما يرى "الموند وفيربا" تنسجم مع بنى سياسية معينة فالنوع الاول من الثقافات المذكورة يتلائم مع بنية تقليدية لا ممركزة ، وتتلائم ثقافة الخضوع مع بنية سلطوية ممركزة ، واخيرا تتلائم ثقافة المساهمة مع بنية سياسية ديمقراطية ، ومن ثم فإن التلائم ما بين نوع الثقافة وبين البنية هو الذي يضمن استقرار النظام السياسي ، والا فإن عدم الانسجام بين البنية وبين الثقافة يعرض سير عمل النظام السياسي الى الخطر .

ومن المفيد الاشارة اليه هو ان انواع الثقافات الثلاث المذكورة لا توجد بصورة خالصة ، وانما متداخلة فيما بينها بمعنى ان الثقافة الجديدة لا تزيح الثقافة القديمة كليا لتحل محلها وكل ثقافة سياسية تنطوي على عناصر من الثقافات الثلاثة تتوزع حسب المستويات الثقافية والحضارية للسكان .

سادسا : تأثيرات الثقافة السياسية على النظام السياسي

لا شك ان اي نظام سياسي تلازمه ثقافة سياسية معينة تغذيه وتعبر عن فلسفته وتحافظ عليه ، فالحكم الفردي على سبيل المثال توائمه ثقافة سياسية تتمحور عناصرها في الخوف من السلطة والاذعان لها ، وضعف الميل الى المشاركة وفتور الايمان بكرامة وذاتية الانسان وعدم السماح للمعارضة ومصادرة حقها في التعبير عن نفسها .

وعلى خلاف ذلك فإن الحكم الديمقراطي ينطوي على ثقافة لسياسة تعكس الايمان بقيم وقناعات بأن للفرد حريات لا يمكن للحاكم ان ينال منها مع الاستعداد للدفاع عنها فيما لو استهدفتها مؤسسات السلطة او هددت باستهدافها ، والامر بمجمله هنا يتطلب قدرا من الثقة السياسية المتبادلة بين القوى السياسية والتي ترتبط بالثقة الاجتماعية، كذلك لا بد من الاستعداد لقبول الرأي الآخر والاتجاه المخالف، اضافة الى التزام متأصل باحترام قواعد اللعبة السياسية او قواعد التنافس السياسي [١٤] .

ومثلما يتأثر تجنيد القيادات السياسية بالثقافة السياسية السائدة ، تؤثر الاخيرة كذلك على علاقة الافراد بالعملية السياسية ، فبعض المجتمعات تتميز بقوة الشعور بالولاء القومي والمواطنة المسؤولة ومشاركة الافراد بالحياة العامة وفي بعض المجتمعات وفي اطار بعض الانظمة السياسية يتسم الافراد باللامبالاة والاغتراب وعدم الشعور بالمسؤولية وقد يشك الافراد في السلطة السياسية ويعتبرونها مجرد اداة لتحقيق مصالح القائمين عليها ليس الا .

وفضلا عن ما تقدم ، يعتمد الاستقرار السياسي والانسجام الاجتماعي جزئيا على الثقافة السياسية ، فالتجانس الثقافي والتوافق بين ثقافة النخبة والجماهير يعززان من الاستقرار ويدعمانه ، اما التباين الثقافي والاختلاف بين عقلية الصفوة وعقلية الجماهير يعكس بدرجة او بأخرى مصدر تهديد لاستقرار النظام السياسي .

ان الثقافة السياسية بهذا المعنى تؤثر بلا ريب في الحياة السياسية بصورة عامة وعلى النظام السياسي القائم بصورة خاصة ، ولكن القوى السياسية لا تقف مكتوفة اليدين بازاء انتظار رد الفعل لدى الجماهير الواسعة ، فالعفوية والتلقائية غير مقبولة من قبل هذه الاحوال ، ولذلك فالقوى السياسية المختلفة بما فيها قوى النظام السياسي تعمل على تحريك وصياغة مواقف الجماهير انطلاقا من المعطيات الثقافية السائدة في المجتمع ومدى تأثيرها في سلوك الافراد والجماعات وعلى مستوى آخر ان القوى السياسية بما فيها قوى النظام السياسي تعمل على تحريك وصياغة مواقف الجماهير انطلاقا من المعطيات الثقافية السائدة في المجتمع ومدى تأثيرها في سلوك الافراد والجماعات وعلى مستوى آخر ان القوى السياسية المختلفة تسعى الى تصعيد الوعي لدى جماهيرها اولا ثم بلورته بشكل آراء ومواقف تنسجم مع اتجاهاتها واهدافها السياسية ، ومن هذه الناحية يأتي ارتباط الثقافة السياسية بالتنشئة السياسية .

هوامش الفصل الرابع

١. د. كمال المتوفي ، مصدر سبق ذكره ، ص١٤٩ .

2. G. Almond Comparative Political System , Journal of Politics, No.18 , 1956 , p.395 .

3. Gabriel Almond and Sydney Verba , Civic Culture , Princeton University , Press 1 , 1963 .

٤. لمزيد من التفصيل انظر : د. صادق الاسود ، مصدر سبق ذكره ، ص٣٢١ وما بعدها .

5. Maurice Duverger , Sociologie de la Politique, p.121

٦. د. غازي فيصل ، التنمية السياسية في بلدان العالم الثالث ، مديرية دار الكتب للطباعة والنشر ، بغداد ، ١٩٩٣ ، ص١٥١ .

7. Walter A. Rosenbaum , Political Culture , London , Thomas Nelson, 1975 , p.4 .

نقلا عن د. صادق الاسود ، مصدر سبق ذكره ، ص٣٢٦ .

٨. د. صادق الاسود ، المصدر نفسه ، ص٣٢٧ .

٩. د. كمال المتوفي ، ص ص ١٥٠-١٥١ .

١٠. د. صادق الاسود ، مصدر سبق ذكره ، ٣٣٠-٣٣٤ .

11. Walter A. . Rosenbaum, op.cit, p.8 .

12. Ronald Pennok , Democratic Political Theory (New Jersey , Princeton U.P , 1979) , p. 239-253 .

١٣. د. صادق الاسود ، مصدر سبق ذكره ، ص٣٣٧-٣٣٨ .

14. Maurice Duverger, op.cit , p.123 .

الفصل الخامس

المجتمع المدني

المقدمة

استخدمت عبارة المجتمع المدني للوهلة الاولى للدلالة على المجتمعات التي تجاوزت حالة الطبيعة (الفطرية) الى الحالة المدنية التي تتمثل بوجود هيئة سياسية قائمة على اتفاق تعاقدي وبهذا المعنى فإن المجتمع المدني هو المجتمع المنظم تنظيما سياسيا، وقد مثل لدى "هيغل" ذلك الحيز الاجتماعي والاخلاقي الواقع بين العائلة والدولة وهذا يعني ان تشكيل المجتمع المدني يتم بعد بناء الدولة ، وهو ما يميز المجتمع الحديث عن المجتمعات السابقة ، ونظر له "انطونيو غرامشي" باعتباره جزءا من البنية الفوقية : وهذه البنية بحسب تقديره تنقسم بدورها الى مجتمع مدني ومجتمع سياسي ، وظيفة الاول الهيمنة عن طريق الثقافة والايديولوجيا ، وظيفة الثاني (الدولة او النظام السياسي) السيطرة او الاكراه . أما "الكسي- توكفيل" فقد اثار في كتابه (الديمقرطية في امريكا) الى تلك السلسلة اللامتناهية من الجمعيات والنوادي التي ينضم اليها المواطنون بكل عفوية ، وربط ضمان الحرية السياسية بالقوانين والعادات ، اي الوضعية الاخلاقية والفكرية للشعب ، وما أنفك يعيد مقولة مفادها: لا بد للمجتمع من عين فاحصة ومستقلة هذه العين الفاحصة ليست سوى مجموعة متعددة من الجمعيات المدنية الدائمة اليقظة القائمة على التنظيم الذاتي ، وهي الضرورة اللازمة لتقوية الثورة الديمقراطية [1] .

اولا : مفهوم المجتمع المدني

تواجه عملية السعي لتأصيل المفهوم نظريا عدة اشكاليات لعل ابرزها :

1. ضعف التأصيل النظري للمفهوم ، على الرغم من شيوع استخدامه ، ومثل هذا الامر الذي قد يؤدي الى الانتقائية في نقل المفهوم ، والتميز في

استخدامه، والمبالغة في قيمته .

٢. الاختلاف في تكييف طبيعة المفهوم ، بمعنى انعدام التحديد الدقيق وعدم ثبات المعنى ، والتبدل السريع للمضمون النظري للمصطلح تبعا لتبدل التجارب النظرية ، أو تباين العقائد والافكار .

وفي اطار السعي لادراك المفهوم ينبغي تحريره من اختلاطات ثلاثة :

الاختلاط الاول: هو الذي يجعل من المجتمع رصيدا لقيم الحرية والتحرر ويضعه في موضع النقيض مع السلطة والدولة .

الاختلاط الثاني: نابع من مطابقة مفهوم المجتمع المدني مع مفهوم الشأن الخاص المتعلق بالفرد وحياته الشخصية مقابل الشأن العام والدولة التي تهتم بالامور الوطنية .

الاختلاط الثالث: نابع من محاولة لوضع المجتمع المدني في مقابل المجتمع الاهلي ، ومصدر هذه المحاولة توظيف هذا المفهوم توظيفا سياسيا في وجه التيارات او الحركات التي ينظر اليها كتيارات او حركات حاملة للقيم التقليدية . وفي هذه الحالة يكون المجتمع المدني مطابقا للتنظيمات والبنى الحديثة من حزبية ونقابية وتنظيمات نسائية ، ويستخدم في هذا السياق كآلة حرب ضد بنى المجتمع القديمة الدينية او القبلية او الجهوية .

وقد عكست هذه الاشكاليات والاختلاطات ونتائجها نفسها في استخدامات متعددة للمفهوم ، فالبعض يستخدمه وما يرتبط به من مؤسسات اجتماعية خاصة كمقابل للدولة وما يرتبط بها من مؤسسات اجتماعية عامة ، والبعض يستخدمه كمقابل للدين بحيث يجب فصل الدين عن الدولة ، اي اعلان مباديء العلمنة كأحد المدخلات لبناء المجتمع المدني ، وفريق ثالث يقيم تميزا بين المجتمع المدني والمجتمع الكلي باعتبار الاول يتكون من الاحزاب السياسية والمواطن والمجموعات والقوى الهيكلية مثل الطبقات والقوى الظرفية وجماعات المصالح والقوى الضاغطة .. وهو نتاج خصوصي يرتبط بآليات اقتصادية وسياسية تتميز بالحرية وهو أساسا

فضاء مواطنة وحريات ، وهناك من يستخدم المدني مقابل العسكري ، وهناك بالاضافة الى ما سبق ذكره مجموعة من القيم والعناصر والمشكلات الثقافية والاقتصادية والاجتماعية التي تحمل صفة (المدني) مثل الثقافة المدنية والقانون المدني والحقوق والحريات وتلك العناصر تعتبر اكثر ارتباطا بظاهرة المجتمع المدني .

وهناك اتجاه في التحليل يرى أن المجتمع المدني يمثل نمط من التنظيم الاجتماعي يتعلق بعلاقات الافراد فيما بينهم لا بوصفهم مواطنين او اعضاء في وطن ، اي لا من حيث خلق رابطة وطنية شاملة (الامة-الدولة) ولكن من حيث هم منتجون لحياتهم المادية وعقائدهم وافكارهم ومقدساتهم ورموزهم ... وبهذا المعنى يطلق اسم مدني على التنظيمات والبنى وبالتالي على التضامنات النابعة عنها، التي تختص بانتاج حياة البشر-الاقتصادية والاخلاقية والاسرية والتي لا تخضع لتنظيم رسمي شامل وعام من قبل السلطة المركزية [٢] .

فالتنظيم المدني ككل تنظيم بشري ينطوي على عناصر سلطة داخلية تتضمن استخدام وسيلتي القمع والاقناع في سبيل ضبط نشاط الافراد المنخرطين فيه وسلوكهم ويتميز نشاط السلطة في التنظيمات المدنية بأنه اكثر مرونة وتعددية ويرتبط بعوامل عديدة متبدلة وقابلة للتأقلم بشكل افضل مع الظروف والاوضاع المتبدلة في الزمان والمكان ، ولذلك لا يمكن الاستغناء عنها في حين يشكل الثبات والتجريد والعمومية وعدم التمييز في التطبيق شرطا تعريفيا من شروط السلطة السياسية ، وفي ضوء ذلك يمكن تحديد ذلك المستوى من التنظيم الاجتماعي الذي يطلق عليه المجتمع المدني في العصر-الحديث ، فالجمعيات والنقابات والتكوينات العشائرية والطائفية والقبلية والعائلية والاخلاق والعادات والتقاليد كلها ميدان المجتمع المدني ... وهدف السياسة ومبرر وجودها هو ان تساعده على تجاوز تشتته وتناقضاته ، ليس بفرض نماذج جاهزة عليه وانما بفهم عميق لاشكالياته وتطوير ذهنياته وافساح المجال امامه للاختيار وفق ما تمليه عليه مصلحته ورؤيته الاجتماعية .

وذهب اتجاه آخر الى طرح المفهوم في شكل مجموعة قيود تحد من سلطة الدولة ومجموعة ضوابط تكبح تدخل اجهزتها الادارية والامنية وتقوم ضد نفوذها الممتد الى مجالات متعددة ، انه لا يتمايز مع الدولة فحسب ، بل يواجهها ويجابهها

ويعارضها، وقد تصل معارضته الى حد التناقض التناحري في ظروف معينة وفي حالات محدودة، وهذا يعني ان تنامي دور المجتمع المدني لا ينطلق من كونه يعبر عن مؤسسات تنشأ في هذا المجتمع او ذاك ، او كأفكار يتم العمل على اعادة انتاجها وتعميمها بل كرؤية تتعلق بمشروع للتحديث .

ويذهب فريق آخر الى تحديد المفهوم بدلالة عناصره ، ويرى انه ينطوي على العناصر التالية :

العنصر الاول: فكرة (الطوعية) باعتبارها احدى الافكار التي تشير الى مجموعة من الظواهر المهمة في تكوين التشكيلات الاجتماعية المختلفة .

العنصر الثاني: فكرة المؤسسية ، وما تشير اليه من فكرة المؤسسات الوسيطة التي تشير بدورها الى ضرورة توظيفها في سياق العلاقة السياسية والعلاقة الاجتماعية .

العنصر الثالث: يتعلق بالغاية والدور ، هذه التكوينات يجب ان تتسم بالاستقلال عن السلطة السياسية ، الى جانب الجمعية ، فالعمل الجماعي يعد اقوى تأثيرا واكثر فاعلية من العمل الفردي .

يتضح من جملة ما تقدم ان مفهوم المجتمع المدني قد حظي بالعديد من التحديدات والتعريفات المتباينة جوهرا ومضمونا والتعريف المشترك الذي يمكن ان نستخلصه هو ان المجتمع المدني يمثل نمطا من التنظيم الاجتماعي والسياسي والثقافي خارج قليلا او كثيرا عن سلطة الدولة ، وتمثل هذه التنظيمات في مختلف مستوياتها وسائط تعبير ومعارضة بالنسبة الى المجتمع تجاه كل سلطة قائمة ... فهو اذن مجمل البنى والتنظيمات والمؤسسات التي تمثل مرتكز الحياة الرمزية والاجتماعية والسياسية والاقتصادية التي لا تخضع مباشرة لهيمنة السلطة ، انه هامش يضيق ويتسع حسب السياق ، ينتج فيه الفرد ذاته وتضامناته ومقدساته وابداعاته فثمة دائما هوامش من الحصانة الفردية والجماعية ومسافات تفصل بين المستوى الاجتماعي والمستوى السياسي ، ان هذه الهوامش هي التي يمكن تسميتها مجتمعا مدنيا .

ثانيا : سمات وخصائص المجتمع المدني

١. سمات المجتمع المدني :[٣]

أ. ان المجتمع المدني رابطة اختيارية يدخلها الافراد طوعية ، ولا تقوم عضويتها على الاجبار ، اي ينضم اليها الافراد بمحض ارادتهم الحرة، وايمانا منهم بأنها قادرة على حماية مصالحهم و التعبير عنها .

ب. يشمل المجتمع المدني العديد من المكونات من بينها ، المؤسسات الانتاجية والطبقات الاجتماعية والمؤسسات الدينية والتعليمية والاتحادات المهنية والنقابات العمالية والروابط والاحزاب السياسية والنوادي الثقافية والاجتماعية وعقائد سياسية مختلفة .

ج. الدولة او النظام السياسي لازمان لاستقرار المجتمع المدني وتمتعه بوحدته وادائه لوظائفه .

د. ليس من الضروري ان يكون النظام السياسي القائم في ظل وجود مجتمع مدني فاعل ، نظام ديمقراطي ، ولكنه في معظم الحالات نظام غير مطلق السلطة ويخضع في اداء مهامه لقواعد عقلانية ، سواء وضع هذه القواعد برلمان تنتخبه اغلبية المواطنين ، او تولدت عبر تطور تاريخي طويل، واشرف على تطبيقها طبقة من الاداريين ذوي المعرفة والخبرة .

هـ للمجتمع المدني امتدادات خارج حدوده ، تتمثل في توسيع بعض عناصره ، او انتقال تأثيره الى غيره من المجتمعات ، سواء كانت هذه العناصر هي المؤسسات الانتاجية ، او الطبقات الاجتماعية ، او الاتحادات المهنية والنقابات العمالية او حتى الايديولوجيات التي بلورتها جماعات اجتماعية معينة في ذلك المجتمع ومثقفوها .

و. تتمتع مؤسسات المجتمع المدني (من حيث المبدأ) باستقلالية نسبية من النواحي المالية والادارية والتنظيمية عن النظام السياسي ، ومن هذا المنطلق فإنها تجسد معنى قدرة افراد المجتمع على تنظيم نشاطهم بعيدا عن تدخله .

٢. خصائص المجتمع المدني :

ذهب "هنتنغتون" للقول بأن المؤسسات والتنظيمات تختلف في ما بينها ، تقدما وتخلفا وفاعلية ، ويتوقف ذلك احيانا على معيار اساسي يتمثل في درجة مأسستها ، ان درجة مأسسة اي نسق سياسي تتحدد في ضوء أربعة معايير يمكن استخدامها للحكم على مدى التطور الذي بلغته مؤسسة او منظمة ما ، وهي القدرة على التكيف في مقابل الجمود ، والاستقلال في مقابل التبعية والخضوع ، والتعقد في مقابل الضعف التنظيمي، والتجانس في مقابل الانقسام (٤) .

أ. القدرة على التكيف.

بمعنى قدرة المؤسسة على التكيف مع التطورات في البيئة التي تعمل من خلالها، اذ كلما كانت المؤسسة قادرة على التكيف ، كانت اكثر فاعلية ، لأن الجمود يؤدي الى تضاؤل اهميتها ، وربما القضاء عليها ، وثمة انواع للتكيف هي :

(اولا) : التكيف الزمني : ويقصد به القدرة على الاستمرار لفترة طويلة من الزمن اذ كلما طال وجود المؤسسة السياسية ازدادت درجة مأسستها .

(ثانيا): التكيف الجيلي : ويقصد به قدرة المؤسسة على الاستمرار مع تعاقب اجيال من الزعماء على قيادتها ، فكلما ازدادت درجة تغلب المؤسسة على مشكلة الخلافة سلميا ازدادت درجة مأسستها ، وهو ما يفضي الى مرونة المؤسسة في مواجهة متطلبات التطور الاجتماعي والاقتصادي ، فسرعة التحول الاجتماعي تعود الى ظهور اجيال متعاقبة من النخب ذات الخبرات التنظيمية المختلفة ولها معاييرها الخاصة للانجاز وقيمها المتميزة.

(ثالثا): التكيف الوظيفي : ويقصد به قدرة المؤسسة على اجراء تعديلات في انشطتها للتكيف مع الظروف المستجدة ، بما يبعدها عن ان تكون مجرد اداة لتحقيق اغراض معينة .

ب. الاستقلال .

بمعنى ان لا تكون المؤسسة خاضعة لغيرها من المؤسسات او الجماعات او الافراد او تابعة لها بحيث يسهل السيطرة عليها ، وتوجيه نشاطها الوجهة التي تتفق

مع رؤية المسيطر . وتعتمد درجة الاستقلال هذه على عدة معايير منها طبيعة نشأة مؤسسات المجتمع المدني ومدى بعدها عن تدخل النظام السياسي ، وكذلك مدى تمتعها بالاستقلال المالي وبعد مصادر تمويلها عن مؤسسات النظام السياسي ، وكذلك مدى ودرجة الاستقلال الاداري والتنظيمي الذي تتمتع به في ادارة شؤونها الداخلية طبقا إلى اللوائح والقوانين الداخلية وبعيدا عن تدخل النظام السياسي .

ج. التعقد .

بمعنى تعدد المستويات الرأسية والافقية داخل المؤسسة او تعدد هيئاتها التنظيمية من ناحية ، ووجود مستويات تراتبية داخلها وانتشارها الجغرافي على اوسع نطاق ممكن داخل المجتمع الذي تمارس نشاطها من خلاله من ناحية اخرى . وكلما ازداد عدد الوحدات الفرعية وتنوعها ازدادت قدرة المؤسسة على ضمان ولاءات اعضائها والحفاظ عليها ، كما ان المؤسسة التي يكون لها اهداف عديدة تكون اكثر قدرة على تكييف نفسها حين تفتقد اي هدف من اهدافها بشكل افضل من المؤسسة التي يكون لها هدف واحد .

د. التجانس .

بمعنى عدم وجود صراعات داخل المؤسسة تؤثر في ممارستها لنشاطها ، وكلما كان مرد الانقسامات بين الاجنحة والقيادات داخل المؤسسة وكانت طريقة حل الصراع سلمية كان هذا دليلا على تطور المؤسسة ... بمعنى ان المجتمع المدني لا يتسم بالضرورة بالتجانس بل قد يكون ساحة للتنافس والاختلاف بين القوى والجماعات ذات المصالح المتناقضة والرؤى المختلفة ، وكلما تزايدت انماط العلاقات القائمة على اسس التعاون والتنافس على حساب العلاقات القائمة على اساس الصراع بين قوى المجتمع المدني وفئاته اعتبر ذلك مؤشرا على حيوية هذا المجتمع بالمعنى الايجابي والعكس صحيح .

ثالثا : المؤسسات التقليدية للمجتمع المدني

عرف معجم "روبير" المؤسسة بأنها مجموعة الاشكال او البنى الاساسية لتنظيم اجتماعي كما قررها القانون او العادات في هيئة اجتماعية ، وتعرف بأنها

مجموعة علاقات اجتماعية منظمة لاحتواء وتنظيم جهود الافراد من اجل تحقيق الاهداف المشتركة ، ذلك ان تنوع الحاجات في المجتمع يؤدي الى قيام مؤسسات متنوعة ومتعددة ، كما ان كيفية اشباع هذه الحاجات تنبثق عنها مؤسسات من الطبيعة نفسها . ومن الباحثين من يطلق على المؤسسات الاجتماعية والنظم عبارة (تكوينات اجتماعية) وهي تعني في تحليل المضمون ، مجموعة بشرية تجمعها روابط خاصة ، تضفي عليها قدرا معينا من التضامن الداخلي بين افرادها ، وتجعلهم مهيئين للسلوك الجماعي طبقا لهذه الروابط وهذا التضامن سعيا وراء تحقيق مصالح خاصة بهذه المجموعة او مصالح عامة تهم مختلف فئات المجتمع ، وهذه التكوينات قد تشكل استنادا الى اسس موروثة ، مثل معايير (الاسرة والعشيرة والقبيلة) ومعايير (السلالة والعنصر) . وقد تستند الى معايير دينية (المذهب والطائفة والطريقة) واخيرا قد تتشكل استنادا الى معايير انجازية حديثة ترتبط بالقدرات والمهارات والتعليم والمهنة والدخل ، والموقع من العملية الانتاجية التي تقوم على اساس التخصص وترشيد الادارة [٥] .

ويعد الارث الاجتماعي المفروض على الفرد اساس التكوينات التقليدية ولا يمكن تغييره ، والعلاقات المسيطرة فيها هي علاقات القرابة والاهل والمحلة والمذهب والطائفة والعشيرة والقرية... انها علاقات طبيعية ، عضوية ، جمعية ، قسرية ، تراتبية ، هرمية ، علاقات مرتكزة بوجه عام على روابط الدم ، وفي هذه الحالة فإن نوعا من الاعتمادية المفرطة ينشأ لدى الفرد الذي تتم تنشئته بلا استقلالية فيجد نفسه معتمدا في تفكيره وشعوره وسلوكه على مرجعية الجماعة خوفا من الخطأ وطلبا للأمان .

ويذهب بعض الباحثين العد المؤسسات التقليدية من مؤسسات المجتمع المدني، على اساس انها نهضت وما تزال تنهض بأدوار لصالح الفرد والبلد ، وهي محور الحياة السياسية والاجتماعية ويعد الولاء لها احد المحددات للسلوك السياسي للفرد ، كما انها واحدة من اهم مصادر التجنيد النخبوي على المستوى المركزي والمحلي .

ومن الامور التي تؤخذ بنظر الاعتبار عند الحديث عن المجتمع المدني العربي

على سبيل المثال تعايش رموز المجتمع المدني التقليدي ومكوناته مع مكونات المجتمع الحديث ورموزه ، اضافة الى المظاهر والعلاقات الناتجة عن الاعتبارات الدينية التي يلعب بعضها دورا مهما في الحياة السياسية .

رابعا : المؤسسات الحديثة

يتميز اي نظام سياسي حديث سواء كان ديمقراطيا او شموليا بالضرورة بوجود العديد من المؤسسات ، فالتنظيمات شرط اساسي للتقدم ، ذلك ان التنظيم يمثل القناة التي تتجمع فيها آراء الافراد وتفضيلاتهم وجهودهم لتحقيق الغايات المشتركة ، وبحسب "هنتنغتون" ان تحقيق الاستقرار السياسي يقترن بأيجاد مؤسسات سياسية، تنظم المشاركة السياسية ، وتمنع انتشار العنف والفساد بتوسيع المساهمة الشعبية في وضع السياسات العامة وفي اختيار الاشخاص للمناصب الرسمية وتوفير آليات المشاركة للنظام السياسي ، والقدرة على معالجة الازمات والانقسامات والتوترات في المجتمع ، والاستجابة للمطالب الشعبية عبر الديمقراطية ، وعدالة توزيع المهمات لضمان المساواة.

وتشمل المؤسسات الحديثة حيزا واسعا من الهياكل والبنى ، كالجمعيات والنقابات والاحزاب والاندية والاتحادات والتعاونيات ومراكز البحث والجامعات ، وكل ما هو غير حكومي ، وما هو غير عائلي او ارثي (من الوراثة) والتي يولد فيها الفرد او يرثها وتكون عضويته فيها اجبارية كالقبيلة والعشيرة ، كما انه لا يشتمل على التنظيمات التي تقوم على الدين او الطائفة او العرق .

١. الاحزاب السياسية:

إن اي نظام سياسي ، ماهو الا انعكاس للنظام الحزبي السائد فيه ، بعبارة اخرى، تلخص الاحزاب السياسية اكثر من اي شيء آخر مقومات الحياة السياسية كافة، فمن خلال دراسة الظاهرة الحزبية يطلع الباحث على التركيب الاجتماعي والاقتصادي للمجتمع والعلاقات بين القوى الاجتماعية والايديولوجيات السائدة في المجتمع واساليب العمل السياسي والحزبي وكيفية اداء الوظائف المختلفة للنظام السياسي ... فالنظم السياسية الحديثة تظل غالبا نظما حزبية ، سواء كانت ليبرالية ام

سلطوية ، ام شمولية، تعددية ام احادية [٦] .

وبتطور المؤسسات الديمقراطية وآلياتها اصبحت الاحزاب السياسية من بين المنظمات الرئيسية لتنمية الرأي العام والتعبير عنه في القضايا الرئيسية ، ومن ثم لا ديمقراطية من دون احزاب سياسية ، ولا حرية سياسية من دون احزاب .

٢. جماعات المصالح:

إن المجتمع المدني المتطور لا يقتصر العمل العام فيه على الاحزاب السياسية ، وانما يشاركها في ذلك ومن منطلقات غير حزبية تنظيمات المجتمع المدني كافة بما فيها النقابات والاتحادات ومنظمات حقوق الانسان ، وتجمعات اساتذة الجامعة ، او ما يطلق عليه بوجه اعم جماعات المصالح وهذه الجماعات تسعى الى التأثير على السياسة العامة بطريقتها وتلعب دورا هاما ومؤثرا في الحياة السياسية ، ذلك ان الفرد المهتم سياسيا يميل الى المشاركة في النشاط الجماعي الذي تزاوله جماعات المصلحة بهدف التأثير على عملية صنع السياسات والقرارات الحكومية ، من ناحية ، وصياغة المطالب والتعبير عن الاتجاهات السياسية ، فجماعة المصالح قد تضغط من اجل الحصول على مكاسب مادية لاعضائها ، وقد تعارض سياسة او قرارا ما إذا رأت فيه ما يضر بمصالح اعضائها وقد تعبر عن رأي قطاع من الرأي العام حيال القضايا العامة ، وقد تقوم بعمل دعاية لسياسات معينة .

وتجدر الاشارة الى انه لا تتكون جماعات المصلحة لمجرد اعلام او اخبار صانعي القرار بمطالبها وانما ايضا لتحقيق هذه المطالب ، لذا فهي تبحث عن قنوات خاصة لنقل المطالب وعن اساليب خاصة لاقناع صانعي القرار بان هذه المطالب تستحق الاهتمام والاستجابة ، ويتوقف تأثير جماعة المصلحة داخل النظام السياسي على عدة عوامل اهمها الخصائص الذاتية للجماعة من حيث حجم العضوية ومدى تماسك الجماعة وحجم مواردها وفاعلية اعضائها ، ومدى تجانس توجهات الجماعة مع الثقافة السياسية السائدة في المجتمع ، ودرجة استقلال الجماعة عن الحكومة والقوى السياسية الاخرى وما اذا كان لها ارتباط بأحد الاحزاب ذات الوزن السياسي مما يعزز من وزنها ودورها وتأثيرها على النظام السياسي ويوفر لها

فرص النفاذ الى عملية صنع السياسة العامة او فرصة عرض مطالبها ووجهات نظرها على من يتخذون القرارات او ينفذونها .

خامسا : العلاقة بين النظام السياسي والمجتمع المدني

في كثير من الاحيان تطرح اشكالية المجتمع المدني من خلال بعض الاشارات المتمثلة في : القدرة على التنظيم ، كثافة التأطير (الجمعوي) ، قدرة مكونات المجتمع المدني على المبادرة ، مجتمع يقوم بمهام الدولة ، نشأة مجالات مستقلة عن الدولة ، تأكيد قدرات المجتمع ازاء الدولة او النظام السياسي ، فالبعض يستخدم المفهوم وما يرتبط به من مؤسسات اجتماعية عامة ، اي ان هذه الاشارات تقوم على افتراض مؤداه الانفصال بين المجتمع والدولة وان هناك مساحة مستقلة لكل منها تسمح لاحدهما بالتوسع والتقدم وللآخر بالانسحاب او التقهقر .

وقد نسب " انطونيو غرامشي" على سبيل المثال الى مؤسسات المجتمع المدني دورا بالغ الاهمية في اكتساب الوعي بالوحدة لدى طبقات المجتمع وفي تمكين طبقة متسيدة اقتصاديا من تحويل سيطرتها على مجتمعها الى هيمنة مقبولة من افراده كافة، وان هذه الهيمنة تبدأ في الانهيار عندما تنجح الطبقات الخاضعة في تطوير مؤسسات المجتمع المدني الخاصة بها وتوجهها تحت قيادة مثقفيها الفاعلين الى بلورة هيمنتها المضادة التي يعد ظهور بوادرها علامة تحول ثوري قادم في هذا المجتمع .

ان هذا التصور قد يؤدي الى تجاهل واقع ان مجتمعا مدنيا ذا مضمون فعلي لا يمكن ان يستمد ارضيته وقوته الا من دولة صلبة وقوية ، وان درجة الخطورة المحتملة لمجتمع اقوى من دولته لا تقل عن خطورة دولة اقوى من مجتمعها .

والى جانب تصور "غرامشي" يبرز تصور آخر يرى بأن بناء المجتمع المدني وتدعيمه يتم طبقا لعملية اصلاحية تدريجية يغلب عليها الطابع السلمي بمعنى ان احياء المجتمع المدني وتنشيط ادواره قد تتم دون ان يعني ذلك الاطاحة بالنظم السياسية القائمة، وانما من خلال العديد من الاصلاحات التي تستهدف تحسين طرق الحكم واساليب الادارة وترشيد عملية صنع القرارات والسياسيات واقامة التوازن بين الدولة والمجتمع بحيث تتحدد واجبات الدولة او النظام السياسي فيها

وحقوقه ، وواجبات المجتمع وحقوقه على نحو افضل ، وهذا التصور هو اقرب الى الواقع ولا سيما في الوطن العربي وعلى الاقل في الاجلين القصير والمتوسط خاصة وان بعض النخب القطرية الحاكمة بدأت تعي حقيقة الاشكاليات التي تواجه نظمها السياسية ومجتمعاتها على حد سواء . وهناك من يذهب الى ابعد من ذلك ويؤكد ان الدولة والمجتمع المدني ليسا امرين مستقلين أحدهما عن الآخر ، ولكنهما مترابطان كليا . بمعنى ان لكل دولة ولكل نظام سياسي المجتمع المدني الذي يتماشى معه ، ومن غير الممكن فهم مصير المجتمع المدني وتأثير العوامل الداخلية والخارجية فيه دون فهم تطور الدولة والنظام السياسي وعلاقته بالمجتمع .

ومع ذلك لا زال الاستعمال الشائع لمفهوم المجتمع المدني في الوطن العربي يطرح في شكل مجموعة قيود تحد من سلطة الدولة ومجموعة كوابح تكبح تدخل أجهزتها الادارية والامنية ، وهذا يعني ان تنامي دور المجتمع المدني لا ينطلق فقط من كونه يعبر عن مؤسسات تنشأ في هذا المجتمع او ذاك ، او كأفكار يتم العمل على اعادة انتاجها وتعميمها ، بل كرؤية فكرية تتعلق بمشروع للتحديث [(٧)] .

وكلما تنامت وقويت مؤسسات المجتمع المدني قلت قدرة الدولة على ممارسة التسلط ضد المواطنين ، فهذه المؤسسات تقوم بدور الرقيب على سياسات الدولة وعلاقاتها بمواطنيها وبدور الوسيط بين الدولة والمواطنين بحيث لا يتعاملوا مع الدولة كأفراد عزل بل كمواطنين ينتمون الى جماعات او مؤسسات اكبر توفر لهم قدرا من الحماية ، ولعل الامر بمجمله يتطلب اعادة بناء مضامين الثقافة السياسية بالشكل الذي يكرس قيم المشاركة والولاء والانتماء ، وتأثير قوى ومؤسسات المجتمع المدني في السياسات والقرارات التي تتخذها الدول عبر المجالس النيابية ومجالس الشوري ، ووسائل الاعلام ، وجماعات الضغط والمصالح المنظمة ، واعمال الاحتجاج الجماعي السلمي من مظاهرات واضرابات واعتصامات ... الى غير ذلك من ممارسات منظمة او غير منظمة .

هوامش الفصل الخامس

١. د.احمد شكر الصبيحي ، مستقبل المجتمع المدني في الوطن العربي ، ط١ ، بيروت م د و ع، ٢٠٠٠، ص٢٣-٢٤ .

٢. د. برهان غليون ، بناء المجتمع المدني العربي ، في كتاب المجتمع المدني في الوطن العربي ودوره في تحقيق الديمقراطية ، بيروت م د و ع ، ١٩٩٢ ، ص٧٣٦-٧٣٧ .

٣. د. احمد شكر الصبيحي ، مصدر سبق ذكره ، ص٢٤-٢٥ .

4. Samuel P. Huntington , Political Development and political Decay , World Politics , Vol. 17 , No.3 , April, 1985, pp394-401.

٥. انظر سعد الدين ابراهيم وآخرون مستقبل المجتع والدولة في الوطن العربي ، سلسلة دراسات الوطن العربي ، ط٢ عمان منتدى الفكر العربي ، ١٩٩٨ ، ص٢٣١ وكذلك د. احمد شكر الصبيحي، مصدر سبق ذكره ، ص٧٩-٨١.

٦. اسامة الغزالي حرب ، الاحزاب السياسية في العالم الثالث ، سلسلة عالم المعرفة ، ١١٧ (الكويت ، المجلس الوطني للثقافة والفنون والآداب ، ١٩٨٧) ، ص٥ .

٧. د. ثامر كامل محمد ، التحولات العالمية ومستقبل الدولة في الوطن العربي ، مركز المستقبل للدراسات الاستراتيجية ، عمان ، ٢٠٠٠ ، ص٣١٥-٣٢٣ .

الباب الثالث

أداء النظام السياسي

الفصل السادس : التنشئة السياسية

الفصل السابع : التنمية السياسية

الفصل الثامن : صنع وتنفيذ السياسة العامة

التنشئة السياسية

اولا: بواعث التنشئة السياسية

يتوقف تماسك كل مجتمع انساني على فهم افراده لقيمه وقواعده المشتركة اي على كل ما تنطوي عليه فكرة الثقافة في الواقع، وهذا الفهم المشترك لا يكتسبه الشخص عند ولادته ولكن يحصل عليه خلال مراحل حياته المختلفة، والعملية التي بها يكتسب التعلم الاجتماعي يطلق عليها (التنشئة الاجتماعية)، وتتضمن الوسائل التي يكتسب بواسطتها الافراد المعرفة والمهارات وقواعد التصرف التي تؤهلهم للمساهمة كاعضاء فاعلين نوعما في نشاطات الجماعات المتنوعة والمجتمع الشامل[1] .اما التنشئة السياسية فتنطوي هي الاخرى على اهمية خاصة لا سيما في عملية ربط الانسان باهداف النظام السياسي وتفاعله مع قرارات السلطة السياسية، والمشاركة في صياغة السياسة العامة، وقد اتسع الاهتمام بالتنشئة السياسية بعد ازدياد الدول المستقلة التي تحاول بناء نظام فكري واقتصادي خاص بكل دولة، يحقق تفاعل المواطنين مع النظام السياسي، لذا فقد بذلت العديد من الدول جهودا مضنية على صعيد تغيير القيم وبناء المؤسسات وعقلنة السلطة السياسية وترشيد اداء النظم السياسية وذلك بهدف الحد من تأثيرات اشكالية الوحدة الوطنية او عدم الاندماج القومي والتي تتجسد نتيجة تباين اللغات والايديولوجيات والاعراف والاديان في اطار الدولة الواحدة، لذا تظهر التنشئة السياسية كاداة فاعلة لتحقيق الاندماج القومي من خلال خلق قيم مشتركة، وتنظيم الاتجاهات السياسية وبمعنى اخر خلق شعور عام قوي بالهوية القومية.

وفضلا عن اهمية عملية التنشئة السياسية في معالجة مظاهر وازمات عدم الاندماج القومي، فان دول العالم في سعيها الى القيام بعمليات تحديثية اقتصادية واجتماعية وسياسية واعتمادها التنمية التي تتضمن في بعدها السياسي بجانب تطوير

الابنية السياسية وتحقيق نوع من التمايز البنائي والتخصص الوظيفي، احلال نسق من القيم السياسية الحديثة محل منظومة القيم التقليدية ، فان التنشئة المخططة والمدروسة والمستمرة تعد سبيلا لا غنى عنه لاحداث التطوير الثقافي والارتقاء بالذهنيات وبما يواكب توجهات النظام السياسي.

ويمكن القول بايجاز ان التنشئة السياسية منظورا اليها من ناحية الفرد، هي ما يتعلمه الفرد، ومتى يتعلمه ، وكيف يتعلمه ، والاثار الشخصية التي تترتب عليه نتيجة لهذه العملية واستنادا لذلك يمكن فهم التنشئة السياسية على النحو التالي:[٢]

١. التنشئة السياسية باعتبارها مثاقفة:

ان الانثروبولوجيين غالبا ما يستخدمون تعبير المثاقفة للدلالة على التنشئة الاجتماعية السياسية، اذ يرون ان المشكلة الاساسية للحياة الاجتماعية هي المحافظة على الانماط الثقافية المتميزة ونشرها خلال الاجيال ، وهذا المنظور للتنشئة الاجتماعية السياسية (او المثاقفة) ينظر الى اكتساب الثقافة وتشربها على انها عملية اوتوماتيكية تقريبا بها يكتسب الفرد الثقافة بمجرد التعرض اليها بمرور الوقت .

٢.التنشئة السياسية كوسيلة للمحافظة على النظام السياسي:

لعل من الطروحات القديمة في الفكر اليوناني القديم (لدى افلاطون على الاخص) هي فكرة المحافظة على النظام اساسا من خلال السيطرة على الوسائل التي تفرق بين افراد المجتمع ، حيث يمكن السيطرة على دوافع الانسان ، والفكرة المستخلصة من هذا التقليد في الفكر هي ان التنشئة السياسية تمثل عملية بها يجري امرار الدوافع في اتجاهات مقبولة اجتماعيا وسياسيا ، بمعنى تحويل الدوافع الخاصة والشخصية التي يمكن ان تاخذ اشكالا اخرى الى الميدان العام ، فقد يعنى علم النفس السياسي بالاجابة على سؤال كيف يستخدم الفرد بصورة واعية ، واكثر احتمالا بصورة لا واعية ، ارتباطه السياسي او اي ارتباط اخر لمواجهة دوافع شخصية معينة او التخفيف عن توترات شخصية لديه .

٣. التنشئة السياسية كتدريب على اداء الادوار :

ان وجهة النظر هذه تشدد على الموضوع الاجتماعي في التنشئة السياسية ،

وتعده انجاز ملاءمة الافراد مع البنية القاعدية للمجتمع ، فالتنشئة السياسية بمقتضى ذلك هي عملية تدريب الطفل على المساهمة في المجتمع ، ومنطلق وجهة النظر هذه هي ان بقاء البنية الاجتماعية السياسية قائما يتطلب ايجاد اشخاص لاداء الادوار المؤسسة التي تكون النظام السياسي ، فعملية التنشئة السياسية هي انعكاس لعملية التنشئة الاجتماعية وهي ما يقوم به النظام السياسي لضمان بقاءه وديمومته ولترصين المجتمع .

ثانيا : مفهوم التنشئة السياسية

لقد تعددت تعريفات مفهوم التنشئة السياسية بقدر تعدد من تناولوه بالدراسة، وانطلاقا من حقيقة ان التنشئة السياسية تمثل العملية التي يتعرف بها الفرد على النظام السياسي والتي تقرر مداركه للسياسة وردود افعاله ازاء الظاهرة السياسية ، فيمكن التمييز بين اتجاهين رئيسين بصدد تعريف المفهوم :

الاتجاه الاول ، وهو الاكثر شيوعا ، نظر الى التنشئة السياسية كعملية يتم بمقتضاها تلقين المرء مجموعة القيم والمعايير السياسية المستقرة في ضمير المجتمع بما يضمن بقاءها واستمرارها عبر الزمن ، وانسجاما مع ذلك يعرف "هربرت هايمان" التنشئة السياسية بانها (عملية تعلم الفرد لمعايير اجتماعية عن طريق مؤسسات المجتمع المختلفة ، والتي تسهم في زيادة قدرته على ان يتعايش معها سلوكيا) [٣]، وبصورة اكثر تفصيلا هي عملية التلقين الرسمي وغير الرسمي المخطط وغير المخطط للمعارف والقيم والسلوكيات السياسية وخصائص الشخصية ذات الدلالة السياسية وذلك في كل مرحلة من مراحل الحياة وعن طريق المؤسسات المختلفة في المجتمع [٤] ، فهي بوجه عام عملية نقل المجتمع لثقافته السياسية من جيل الى جيل .

اما الاتجاه الاخر فيرى ان التنشئة السياسية هي عملية يكتسب من خلالها المرء تدريجيا هويته الشخصية التي تسمح له بالتعبير عن ذاته وقضاء مطالبه بالطريقة التي يجدها مناسبة له . فالتركيز هنا لا ينصب على الاستمرارية والتوافق ولكن على التغير والاختلاف . ان هذا الاتجاه ينظر الى التنشئة السياسية كميكانزم لتعديل الثقافة السياسية السائدة في المجتمع او لخلق ثقافة سياسية جديدة تراها النخبة

الحاكمة ضرورية للعبور بالمجتمع من حالة الى حالة اكثر تقدما ، ويحدد عناصر مفهوم التنشئة السياسية استنادا لما تضمنه اي من الاتجاهين المفسرين للمفهوم وكما يلي : [٥]

١. التنشئة السياسية تمثل عملية تلقين لقيم واتجاهات سياسية ، ولقيم واتجاهات ذات دلالة سياسية .
٢. التنشئة السياسية هي عملية مستمرة يتعرض لها الانسان طيلة حياته منذ الطفولة وتستمر معه.
٣. تلعب التنشئة السياسية ادوار رئيسية ثلاثة : هي نقل الثقافة السياسية عبر الاجيال، خلق الثقافة السياسية ، ثم تغيير الثقافة السياسية .

يتضح مما تقدم ان تعبير التنشئة السياسية يمثل رابطة مهمة بين النظم الاجتماعية والنظام السياسي ، بيد ان هذه الرابطة قد تختلف من نظام الى نظام اخر ومن وجهة نظر سياسية الى اخرى ، وتعتبر التنشئة السياسية هامة للغاية لانها تهدف الى تاهيل الافراد واكسابهم اتجاهات وقيم سياسية وتؤدي بهم الى الانخراط بدرجات مختلفة في النظام السياسي القائم وفي المساهمة السياسية ، وبمعنى اخر تحقيق اندماج الافراد وبالتالي اشتراكهم في فعاليات النظام السياسي وفي صنع السياسة العامة . وهي بالنتيجة لا تقتصر على نقل الثقافة بين الاجيال بل اكتساب الثقافة والقيم في اطار عملية احلال قيم جديدة بدلا من القيم التقليدية ، وهذا ما يؤثر في السلوك السياسي للافراد ، ويوسع من دائرة المشاركة في صنع القرار .

ثالثا: وظائف التنشئة السياسية

١. بلورة قيم العمل الجماعي والمسؤولية المشتركة :

بمعنى بناء الجماعة السياسية ، التي يعرفها "كارل دويتش" بانها (مجموعة من الافراد الذين تعلموا الاتصال فيما بينهم من اجل فهم مشترك افضل وابعد من مجرد تبادل السلع والخدمات)[٦] فالتربية والتعليم ، يعدان ادوات اساسية لتنظيم الولاء للسلطة والطاعة لارادة الجماعة السياسية والايمان باهدافها المشتركة ، فالتنشئة هنا هي التي تمنع الجماعة من التفكك وتجنبها مخاطر التجزئة .

٢. توسيع المشاركة السياسية :

تتوقف مشاركة المرء في الحياة السياسية جزئيا على طبيعة وحجم ونوع المؤثرات السياسية التي يتعرض لها ، غير ان مجرد التعرض للمؤثر او المنبه السياسي لا يكفي وحده لدفع الفرد الى المشاركة السياسية ، وانما ايضا لابد ان يتوفر لديه قدر معقول من الاهتمام السياسي ، وهو ما يتوقف على نوعية خبرات تنشئته المبكرة، فالتنشئة السياسية تقوم بتعميق روح الاقدام والمبادأة والعمل الجماعي في بنية الانسان من خلال بناء المؤسسات وتطوير قنوات للتعبير السياسي ، وتنمية دوافع الفرد للمشاركة في الحياة السياسية ووضع مناهج تقلل من ظاهرة الاتجاهات الانعزالية او السلبية في الحياة السياسية .

وهكذا فان المعارف والقيم والاتجاهات التي تتجمع لدى الفرد نتيجة لعملية التنشئة المبكرة تسهم في تطوير استجابته لمختلف المؤثرات السياسية وبالتالي تؤثر على مدى مشاركته في الحياة السياسية فالشخص الذي ينشأ في بيئة قوامها التحاور والمشاركة في اتخاذ القرارات يكون اكثر ميلا للمشاركة السياسية من الشخص الذي يخضع لتنشئة اجتماعية سلطوية [٦] ذلك لان السلوك السياسي امتداد للسلوك الاجتماعي وكلما كان المرء مشاركا على الصعيد الاجتماعي كلما كان احتمال مشاركته في الانشطة السياسية اكبر والعكس بالعكس .

٣.بناء نمط مشترك من التفكير:

نظرا لان شاغلي المراكز السياسية ينحدرون غالبا من ثقافات فرعية مختلفة فتصبح التنشئة السياسية الفعالة عملية حيوية لنشر القيم والاتجاهات ولتزويدهم بالمعارف والمهارات السياسية وهو ما يقود الى بناء نمط مشترك من التفكير ويؤدي الى تنظيم الجهود وتحقيق التماثل في الامكانيات لضمان قدر ملائم من الانسجام في حركة الدولة ومؤسساتها ، ومع ذلك فان القيم والاتجاهات التي اكتسبها الفرد من معايشته للجماعات الاولية قد تظل تزاول تاثيرها عليه حتى بعد تقليده لاي منصب سياسي ويعتمد ذلك على تاثير خبرات التنشئة المبكرة ، فاذا ما بقيت تاثيرات التنشئة التقليدية على شاغلي المناصب انعكس ذلك بشكل سلبي على اداء اعضاء

الابنية السياسية والادارية وعلى اداء النظام السياسي ككل الامر الذي يتطلب ضرورة تعزيز البرامج التدريبية والتثقيفية لتقليل اثار التنشئة الاولية على السلوك السياسي لشاغلي المواقع القيادية.

٤. تأمين الاستقرار السياسي:

يشير الاستقرار السياسي الى قدرة النظام السياسي على ان يحفظ ذاته عبر الزمن اي ان يظل في حالة تكامل كما اسلفنا عند التطرق الى نظرية تحليل النظم، وهو ما لا يتأتى الا اذا اضطلعت ابنيته المختلفة بوظائفها على خير وجه ومن بينها وظيفة التنشئة السياسية ، ويتوقف ذلك على قدرة التنشئة على تعميق احترام قواعد الدستور والقوانين النافذة والنظام العام لدى افراد المجتمع وزيادة حماسهم للمشاركة في حياة الاحزاب السياسية وتطوير فعاليتها في اطار اليات النظام وهذا ما يدعم من الاستقرار السياسي.

ويرى "ديفيد ايستون" ان للتنشئة السياسية بعدان يعبران عن كونهما يمثلان وظيفة ضرورية لاستمرار النظام:

البعد الاول هو البعد العامودي أو الرأسي ويتحدد مضمونه في ان الجيل القائم ينقل ثقافته الى الجيل اللاحق.

البعد الثاني وهو البعد الأفقي ويتحدد مضمونه في وجود اتساق بين قيم واتجاهات وسلوكيات افراد الجيل السائد بما يضمن للبناء السياسي قدر مناسب من التلاحم والترابط.

رابعا: مراحل وادوات التنشئة السياسية [٧]

١. مراحل التنشئة السياسية:

التنشئة كما اسلفنا عملية مستمرة تبدأ منذ الطفولة وتستمر الى المراحل الاحقة عبر المراهقة والنضج وان جوهر السلوك السياسي للفرد يتحدد في مرحلة النضج اعتمادا على خبرات التنشئة التي يكتسبها الفرد في مرحلتي الطفولة والمراهقة، لذا فان مراحل التنشئة السياسية هي مرحلة الطفولة ، مرحلة المراهقة، مرحلة النضج:

أ. مرحلة الطفولة.

لا شك يؤلف الاطفال نسبة مهمة من المجتمع السياسي، وهم يكتسبون نظم المعرفة والقيم والمعتقدات السياسية السائدة في هذا المجتمع والتي قد تؤثر في سلوكهم السياسي في مرحلة النضج وهي المرحلة التي تقتضي- مساهمة المواطنين بادوار في اطار العملية السياسية. ولكي يتسنى للنظام السياسي الاستمرار عبر الزمن وان يؤقلم ذاته للظروف المتغيرة لا محيد عن الاهتمام بالتربية السياسية للنشيء الجديد.

ب. مرحلة المراهقة.

تتميز مرحلة المراهقة ببروز متغيرات في حياة المرء لعل ابرزها يتمثل في:

(اولا): تطور القدرات الادراكية: مثل القدرة على تبرير الخيارات السياسية والقدرة على فهم أسباب ونتائج المشكلات الاجتماعية والقدرة على ادراك اثار حلها.

(ثانيا): نمو الاحساس بروح الجماعة: بمعنى الانتقال من دائرة (الانا الضيقة) الى (الدائرة الاجتماعية الاوسع) اي استيعابه لهيكل وعمل النظام الاجتماعي الكلي واقتناعه بان التصرف الجماعي سبيل لحل المشكلات السياسية.

(ثالثا): تبلور الاطر الفكرية: بمعنى تحول المشاعر الى افكار وان كانت الافكار في هذه المرحلة متقطعة وغير ثابتة ولا تتصف بالوضوح الكافي وغير متبلورة في صورة مبادئ عامة ويمكن ان تكون متناقضة مع بعضها البعض.

وفضلا عن ذلك فان المرء خلال هذه المرحلة يبدأ تحمل بعض مهمات المواطنة مثل الاشتراك في التصويت وممارسة بعض الادوار القيادية في البيئة المدرسية او الاجتماعية، واداء الخدمة العسكرية، ومن ناحية اخرى يتعلم الفرد اثناءها قيما وافكارا سياسية جديدة قد يتناقض بعضها مع قيم الاسرة.

ج. مرحلة النضج.

السلوك السياسي للمواطن يتحدد في هذه المرحلة من خلال ما تراكم لديه من معارف وقيم واتجاهات اثناء مرحلتي الطفولة والمراهقة، وكذلك من خلال القيم والمعارف التي يكتسبها اثناء مرحلة النضج، وقد تكون التنشئة في مرحلة النضج

استمرارا للتنشئة في مرحلتي الطفولة والمراهقة وهو ما يؤدي الى تعزيز القيم والاتجاهات المبكرة، وفي احيان اخرى قد يعايش المواطن ابنية جديدة تلقنه مفاهيم واتجاهات تختلف مع انماط التنشئة الاولية بالشكل الذي يقود الى احداث تغيرات جوهرية في السلوك السياسي ، فعلى سبيل المثال يخضع النائب في البرلمان لعملية تنشئة بعد انتخابه ويتحدد سلوكه التشريعي بمعارفه واتجاهاته السابقة على انتخابه ثم بالخبرات التي يكتسبها من عمله داخل البرلمان.

٢.ادوات التنشئة السياسية:

أ. الاسرة .

وهي واحدة من ابرز مؤسسات التنشئة السياسية، ويبدأ الفرد في داخلها اكتساب الاتجاهات والمعتقدات السائدة في المجتمع،فهي تعكس نظاما للقيم يستوعبه الطفل ويختزنه في ذاكرته، والاسرة اول نمط للسلطة يعايشه الفرد لذا فان المعتقدات والاتجاهات التي يكتسبها الطفل داخل الاسرة لا ترجع فقط الى التلقين المستمر للمعارف السياسية او الاجتماعية وانما ايضا الى الاسلوب الذي تنتهجه في تربيته.

ب. المدرسة.

لا شك ان النظم السياسية على اختلافها تعترف باهمية الدور التربوي للمدرسة، وما تؤديه من دور هام في عملية التنشئة السياسية، سواء عبر التثقيف السياسي من ناحية او عبر طبيعة النظام المدرسي من ناحية اخرى ، ويتم التثقيف السياسي بواسطة مواد معينة كالتاريخ والتربية الوطنية وهو ما يقود الى تعريف الفرد بانجازات حكومة بلده وزرع مشاعر الحب والولاء الوطني او تعميق احساس الطالب بالفخر والانتماء القوميين. وبقدر تعلق الامر بطبيعة النظام المدرسي، فان المدرسة وحدة اجتماعية يساعد جوها بدرجة كبيرة في تشكيل احساس التلميذ بالفاعلية الشخصية وفي تحديد نظرته تجاه البناء الاجتماعي القائم.

وتجدر الاشارة الى ان المدرسة يمكن ان تبلغ اقصى درجات الفاعلية في التنشئة السياسية اذا كان ثمة تطابق بين ما تقوله وما تترجمه من افعال ، وبوجه عام تعتبر المدارس من ابرز الابنية التي يعول عليها النظام السياسي للاضطلاع بمهمة تعديل قيم واتجاهات الافراد كي تصبح ملائمة للتغير السياسي والاجتماعي المطلوب.

ج. وسائل الاعلام.

تتولى هذه الوسائل (الصحف- الراديو- التلفزيون) اداء دور مهم في عملية التنشئة ، فهي تزود المواطنين بالمعلومات السياسية وتشارك في تكوين وترسيخ القيم السياسية لديهم. وفي بعض المجتمعات المتقدمة تتولى هذه الوسائل نقل المعلومات عن قرارات وسياسات النخبة الحاكمة الى الجماهير ونقل المعلومات عن مطالب وردود فعل الجماهير الى النخبة، وهذا التدفق المستمر للمعلومات صعودا ونزولا من شانه العمل على توكيد قيم الثقافة السياسية السائدة. وربط المجتمع المحلي بالمجتمع القومي، وتوعية المواطن بالقضايا القومية بل والعالمية ونقل القيم الجديدة الى الجماهير وتقديم النماذج السلوكية المدعمة لها، غير ان معرفة المرء بالقيم والمعايير والافكار السياسية الجديدة لا تستتبع بالضرورة تحوله الى الاخذ بها والتخلي عن نقيضها اذ ترتبط هذه العملية بعدة متغيرات من بينها مدى استقرار الثقافة التقليدية في نفسه وخصائص شخصيته والاطار الاجتماعي السائد.

خامسا: اتجاهات التنشئة السياسية (٨)

للبحث في اتجاهات التنشئة السياسية يمكن دراسة: كيف؟ ومتى؟ ولماذا؟ يطور الناس افكارهم ومعتقداتهم السياسية وهذا ما يقود الى فهم الاسس التي تستند اليها الانماط المختلفة للتيارات السياسية في المجتمع اولا ومن ثم تحليل خصائص النظم السياسية ثانيا، فالجانب الاول يتعلق بالبحث في طبيعة الاتجاهات والانماط السلوكية والسياسات لدى الافراد، واسباب اندماجهم او انعزالهم عن المشاركة السياسية، ودوافع قبولهم او رفضهم للايديولوجيات السياسية، اي كيفية نمو الالتزامات الايديولوجية المختلفة اي ان نفهم كيف ومتى ينتمي الانسان لهذا الحزب او ذاك، وما التاثيرات التي تقوم المؤسسات المختلفة (الاسرة، المدرسة، وسائل الاعلام ، الاحزاب) بها والتي تسهم في تكوين الاتجاهات السياسية وبلورة الوعي، ويعتقد"هيربرت هايمان" ان دراسة السلوك السياسي والتباين في الاتجاهات السياسية تمكن من فهم اسباب التعديلات والتغيرات التي تطرأ على افكار او سلوك الاشخاص او الجماعات من خلال صيرورة تطورهم، وهذا ما يدفعنا الى فهم

عملية تنشئة الافراد وما يرتبط بها من عوامل اجتماعية وسياسية وبيئية تـؤثر في بناء الشخصية القومية، فالدراسات السايكولوجية المتعلقة بالتحليل النفسي توفر امكانية فهم دوافع السلوك السياسي وخصائص التنشئة السياسية .

اما الجانب الثـاني مـن البحـث في اتجاهـات التنشـئة السياسـية فيتعلـق بتحليـل خصائص النظم السياسية والياتها ، فبعد ظهور الدولة الحديثة في عصرنا الـراهن واتسـاع الاهتمام بالتنمية الاقتصادية والسياسية وبعوامل التغيـير والاسـتقرار ، واسـباب التكامـل والتفكك القومي تركز جانب من الاهتمام البحثي الاكاديمي حـول الكشـف عـن العلاقـة بين التنشئة السياسية وطبيعة النظام السياسي ، وكان من ابرزها اعمال " دافيد ايسـتون" لتحليل اليات النظام وكذلك المدرسة الوظيفية اذ برزت التنشـئة السياسـية اداة لتطـوير ودعم النظـام السياسي لانهـا الاداة المهمـة في تنميـة القـيم السياسـية الملائمـة لاسـتمرار واستقرار النظام . وعدها "غابريل الموند" واحدة من وظائف النظـام السـياسي لاعتقـاده بـان جميـع الـنظم تسـعى لتحقيـق بنيـة ثقافيـة قابلـة للاسـتمرار والتطـور ، فالتنشـئة السياسـيـة هــي عمليــة اكتســاب ، اي انهــا تفاعليــة بــين الفــرد وبــين الاتجاهــات والايديولوجيات السياسية والمؤسسات والمنظمات من خلال مراحل نموه الحياتي والانساني وهي تتباين بتباين المراحل ، ففـي مرحلـة الطفولـة تـرتبط بالقـدرات العقليـة ، فتنمـو لتطوير ذات سياسية تميل للتطرف احيانا في مرحلـة الشـباب ، ثـم تتحـول نحـو الاتجـاه المعتـدل في مرحلـة النضـج ، والواقـع ان الانسـان في مرحلـة النضـج يكـون قـد اكتسـب مستوى معينا من الوعي يمكنه من مراجعة المعارف والقيم والمواقف التي اكتسبها خلال مراحل حياته المختلفة ، وفي ضوء هذه المراجعة يمكنه تقويض عدد مـن القـيم والافكـار السياسية او تغييرها باحلال قيم جديدة وهذا ما قد يؤدي الى تغيير في السلوك السـياسي للافراد.

هوامش الفصل السادس

١. د. صادق الاسود مصدر سبق ذكره، ص٣٤٧.

٢. المصدر نفسه، ص -٢٤٨-٢٤٩.

3. Herbert Hyman Political Socialization, (New York, Free Press, of Glencos, 1959), p25.

4. Fred Greenstein, Political Socialization, International Encyclopedia of the Social Sciences, 1968, Vol 14, p. 551.

٥. د. كمال المتوفي، مصدر سبق ذكره، ص٣٢٥.

6. Sidney Verba, Small groups and Political Behavior, A study of leadership (N.J. Pernceton U.P.1961) ,p.35-36.

٧. د. كمال المتوفي، مصدر سبق ذكره، ص٣٣٠-٣٣٨.

٨. د. غازي فيصل ، مصدر سبق ذكره ، ص١٦١-١٦٢.

التنمية السياسية

اولا: ظهور دراسات التنمية السياسية

لقد تبلور التخطيط لاعداد سلسلة دراسات التنمية السياسية في منتصف القرن الماضي ، وذلك من واقع الاقتناع بان التنمية ولاسيما في العالم الثالث لا تتطلب فقط سياسات اقتصادية ولكنها تتطلب ايضا وجود مؤسسات سياسية قادرة على تعبئة وتنمية الموارد البشرية والمادية ، حيث ان المتغيرات السياسية لها نفس اهمية المتغيرات الاقتصادية ، وقد كان الافتراض الاساسي وراء ذلك هو انه لا يمكن تحقيق التنمية الاقتصادية في غياب التنمية السياسية . ركزت هذه السلسلة من الدراسات على :[1]

١. العلاقة بين وسائل الاتصال والتنمية السياسية ودور وسائل الاعلام في تغيير وتعديل الاتجاهات ، ودور المثقفين في العمليات التحديثية . ونظر لذلك "لوسيان باي " عام ١٩٦٣ .

٢. دور البيروقراطية في التحديث والتنمية ، والتوترات بين عمليتي التبقرط والتحول الديمقراطي او الدمقرطة ، ودور الديمقراطية في التنمية السياسية ، ونظر لذلك " جوزيف لابلومبارا" ، عام ١٩٦٣.

٣. الدراسة المقارنة لحالتين من حالات التنمية تاريخيا ومؤسسيا وثقافيا وفي بلدين مختلفين ، ونظر لذلك كل من " روبرت وارد" و" دانكورت روستو" ،عام ١٩٦٤.

٤. التعليم باعتباره العملية الرئيسة في التحديث ، وذلك بفحص اهمية التعليم في التنمية الاقتصادية والسياسية في انواع متباينة من المجتمعات التي تتبع استراتيجيات تعليمية وتنموية مختلفة، ونظر لذلك "جيمس كولمان" عام ١٩٦٥.

٥. العلاقة بين الثقافة السياسية والتنمية السياسية ، ونظر لذلك كل من "لوسيان باي" و"سيدني فيربا " عام ١٩٦٥.

٦. الاحزاب السياسية والنظم الحزبية وجماعات المصالح ودور وتاثير الجماعات السياسية في عملية التنمية السياسية ، ونظر لذلك الاتجاه كل من "لابلومبارا" و"مايرون وينر" عام ١٩٦٦.

٧. الازمات وتعاقبها في التنمية السياسية ، ونظر لذلك كل من بايندر ، كولمان ، لابلومبارا، لوسيان باي ، فيربا ، وينر ، عام ١٩٧١ ، وقد اكدت هذه المجموعة على ان الانماط التنموية يمكن تفسيرها من خلال الطريقة التي واجهت بها الامم والمجتمعات مشاكل بناء الامة وبناء الدولة وكيفية حلها واكدت ان العلاقة بين الشكل الذي اتخذته هذه المشاكل والتحديات وكيفية تسلسل وتعاقب حدوث هذه الازمات ، سيقيد ويؤثر على ، ان لم يحدد ، التنمية البنيوية والثقافية للنظم السياسية ، وحددت مشاكل وازمات التنمية في خمس ازمات وهي الهوية القومية والشرعية والمشاركة والتغلغل والتوزيع.

٨. تناول فكرة وموضوع التنمية السياسية من منظور تاريخي امبيريقي وركز على ان بناء الدولة هو نتاج للجهود التاريخية لمواجهة ومعالجة سلسلة من المشاكل الحاسمة والرئيسة مثل الدفاع ضد العدوان الخارجي والحفاظ على النظام الداخلي، وتوفير الامن الغذائي ، ولقد نشات عملية بناء جهاز الدولة عن طريق التجنيد وتدريب الموظفين المدنيين والعسكريين وتنظيمهم في منظمات بيروقراطية في اطار الجهود المبذولة لمواجهة هذه المشاكل المتعلقة بالدفاع والنظام الداخلي واستخراج الموارد والدخول والتحكم بالانفاق ، ولقد ساعدت الطريقة التي تمت بها مواجهة هذه المشاكل ومعالجتها على تفسير الاختلافات بين المؤسسات السياسية بين الدول وبينت في نفس الوقت ان عملية بناء الدولة تميل لان تكون عملية عامة تتطلب تركيز القدرات الاستخراجية والتنظيمية والتوزيعية ، الامر الذي يتطلب وجود سلطة وقوة قسرية لاستخراج الموارد وتنظيم السلوك مما تطلب بالتالي وجود افراد وموظفين مؤهلين ومدربين الى جانب وجود منظمات بيروقراطية ، وقد نظر لذلك "تشارلز تيلي" عام ١٩٧٥.

٩. اختيار فرضية " الازمة والتعاقب" استنادا الى التجربة التاريخية لبعض البلدان المتقدمة باعتبار ان الاطار النظري حول الازمة والتعاقب مفيد في وصف الانماط التاريخية للتنمية ، وقد نظر لذلك "ريموند جرو" عام ١٩٧٨.

وفي منتصف الستينات من القرن الماضي بدا الهجوم على ابحاث ودراسات التنمية السياسية ، وتم اتهامها بربط التيار الرئيس في العلوم الاجتماعية والسياسية المقارنة بالامبريالية الامريكية والاستعمار الجديد ، ووصفت بانها ادبيات "وضعية" غير انسانية ، وبانها ادبيات للحرب الباردة وانها متمركزة عرقيا واسقاطية وسلبية وخطية وانها الوصف الفكري للراسمالية والامبريالية .

ولقد تباينت المواقف السياسية للمتقدمين ما بين اليساريين المعتدلين امثال "مارك كيسلمان " ، والماركسيين امثال "سوازن بودينهايمرجوناس" ومنظري التبعية امثال " فرناندو كارديسو" " واندريا جندرفرانك " وغيرهما .

فبينما وصف "مارك كيسلمان" دراسات التنمية السياسية بانها منشغلة ومهمومة بالنظام العام وبانها تروج لنمط امريكي متمركز عرقيا للنمو الاقتصادي والدمقرطة واختفاء الايديولوجيا في العالم الثالث ، يرى " كارديسو" ان كل نظريات التحديث قد افترضت ان المسار الذي سلكته النظم السياسية والاجتماعية والاقتصادية لاوربا الغربية والولايات المتحدة ينبيء بمستقبل البلدان المتخلفة ، وان عملية التنمية تعني استكمال بل وحتى اعادة انتاج المراحل المختلفة التي ميزت التحول الاجتماعي لهذه البلدان .

وقد قدمت "سوزان بود ينهايمرجوناس" نقدا اكثر شمولا وعمومية عام ١٩٧٠ تحدثت فيه عن " ايديولوجية التنمية " التي هيمنت على ادبيات السياسية المقارنة وعلى النظرة السوسيولوجية وعلى علم السياسية السلوكي ولقد اتهمت ادبيات التنمية السياسية بارتكابها لاربع خطايا ابستمولوجية (معرفية) ادت الى اربعة اخطاء نظرية ، وتشمل الخطايا الابستمولوجية ما يلي :

١. الاعتقاد بامكانية وجود علم موضوعي متحرر من الايديولوجيا .

٢. الاعتقاد بتراكم المعرفة .

٣. الاعتقاد بوجود قوانين عامة وعالمية للعلم الاجتماعي .

٤. الاعتقاد بان هذه التصورات حول العلم الاجتماعي يمكن نقلها وتصديرها لبلدان العالم الثالث .

ولقد ادت هذه الخطايا الابستمولوجية الى اربعة اخطاء نظرية وهي :

١. الاعتقاد بالتنمية المتدرجة .

٢. الاعتقاد بامكانية التغير المستقر المنظم.

٣. الاعتقاد بانتشار التنمية من الغرب الى مناطق العالم الثالث .

٤. الاعتقاد بانحسار الايديولوجية الثورية وانتشار التفكير العلمي البراغماتي.

وقد وصف "رونالد شيلكوت" و "جويل ابديلشتاين" النمط الانتشاري في الادبيات الامريكية بانه يضع تصورا لعملية تؤدي الى حدوث التقدم من خلال انتشار الحداثة الى المناطق المتاخرة التقليدية ، ومن خلال انتشار التقنية وراس المال ، فان هذه المناطق ستتطور حتما من دول تقليدية الى دول حديثة ، واتهم "صموئيل وارتورو فالينزويلا " ادبيات التنمية بانها تتبنى وجهة النظر التي ترى انه خلال عملية التحديث ستشهد جميع المجتمعات بصفة عامة تغيرات متشابهة وان تاريخ الدول المتقدمة حاليا يمكن اعتباره مصدرا لوضع تصورات عامة ومفيدة . ولقد اكدت "جويل ميجدال" في مقالتها الموسومة (الوضع الراهن لدراسات التنمية السياسية) عام ١٩٨٣ على ان ادبيات التنمية في العقود السابقة كانت سطحية ومبسطة ومتمركزة عرقيا ، ووصف "توني سمث" عام ١٩٨٥ الاطار الفكري التنموي لمفهوم التغيير بانه تصور "خطي" ومتمركز عرقيا بمعنى انه يعكس مسارا وخطا متصلا غير مرن نسبيا للتنمية تميل فيه الاشكال الاجتماعية والسياسية للتنمية الى الالتقاء والاندماج ، وان مسار التنمية الغربي يمكن استخدامه كنموذج لتسليط الضوء على التحولات التي تحدث في الجنوب .

وعلى الرغم من هذه الانتقادات فان ما يهمنا في الامر هو ان الادبيات الفكرية حول موضوع التنمية السياسية يمكن ان تحتل اطارا نظريا ليس بالضرورة مناسبا لاحد اليات النظام السياسي التي يمكن ان تعبر عن طبيعة اداء هذا النظام

ومستوى ذلك الاداء والنتائج المترتبة عليه ولاسيما المتعلقة ببقاء النظام وديمومته واستمراره.

ثانيا : مفهوم التنمية السياسية

انطلاقا من اهتمام كل فروع العلوم الاجتماعية بالتقسيم الثنائي للحداثة والتقليد وبعملية التحديث ، اخذ علماء السياسة على عاتقهم القيام بدراسات وابحاث بشكل جدي في اطار ما يعرف بالتحديث السياسي او التنمية السياسية، وقد توصلت جل هذه الدراسات الى ان المجتمع الحديث يتميز بالتراكم الضخم للمعرفة حول بيئة الانسان ، وبانتشار هذه المعرفة في المجتمع ، ويرى كل من "روبرت وارد، دانكورت روستو" ان المجتمع السياسي الحديث يتضمن مجموعة خصائص يفترض انها غير موجودة في المجتمع السياسي التقليدي ، وهذه الخصائص هي : (٢)

١. نظام من التمايز والتخصص الوظيفي العالي للمنظمات الحكومية
٢. درجة عالية من الاندماج والتكامل في البنية الحكومية .
٣. سيطرة الاجراءات العقلانية والعلمانية على عملية اتخاذ القرارات السياسية .
٤. اتساع حجم ومدى وكفاءة القرارات السياسية والادارية .
٥. انتشار وفعالية الاحساس الشعبي بالانتماء للتاريخ والارض والهوية القومية للدول.
٦. اتساع درجة الاهتمام والمشاركة الشعبية في النظام السياسي ولكن ليس بالضرورة المشاركة في عملية اتخاذ القرار ذاتها .
٧. توزيع الادوار السياسية استنادا الى الكفاءة والانجاز وليس على اساس الوضع الاجتماعي او الطبقي للفرد .
٨. استناد الاجراءات القضائية والتنظيمية على اسس قانونية وغير شخصية .

وبصفة عامة فان المجتمع السياسي الحديث ، يتميز بوجود سلطة عقلانية وبنى متمايزة ومشاركة جماهيرية ، وبالقدرة على تحقيق عدد كبير ومتسع من الاهداف والغايات .

ويرى كل من " غابريل الموند" و "بنكام باول" ان التنمية السياسية تمثل استجابة النظام السياسي للتغيرات في البيئة المجتمعة والدولية ، وبالذات استجابة النظام لتحديات بناء الدولة وبناء الامة والمشاركة والتوزيع ، ولقد قاما بتحديد وفهم التنمية السياسية في اطار التحديث السياسي ، حيث تتمثل معايير التنمية السياسية في التمايز البنيوي واستقلالية النظم الفرعية وعلمانية الثقافة.

وقد وضع "لوسيان باي" قائمة شاملة تضمنت تعريفات مختلفة ومركزة لمفهوم التنمية السياسية ، انطوت على عشرة تعريفات رئيسية هي : [٣]

١. التنمية السياسية هي المتطلب السياسي للتنمية الاقتصادية .

٢. التنمية السياسية هي السياسة كما تمتاز بها المجتمعات الصناعية .

٣. التنمية السياسية هي التحديث السياسي ولا تنفصم عنه .

٤. التنمية السياسية هي اداء وادارة الدولة القومية . بمعنى قبول شكل واحد من النظام السياسي والممارسة السياسية .

٥. التنمية السياسية هي التنمية الادارية والقانونية .

٦. التنمية السياسية هي التعبئة السياسية للجماهير لدفعها الى مزيد من المشاركة السياسية .

٧. التنمية السياسية هي بناء الديمقراطية بمعنى قدرة النظام السياسي على بناء المؤسسات الديمقراطية وتدعيم الممارسة السياسية الديمقراطية .

٨. التنمية السياسية هي تحقيق الاستقرار السياسي والاجتماعي والتغير الاجتماعي المخطط والمنظم.

٩. التنمية السياسية هي التعبئة والقوة بمعنى انها تستهدف خلق نظام سياسي فعال وله من القوة ما يمكنه من تعبئة الموارد لتحقيق التنمية .

١٠. التنمية السياسية هي جانب من جوانب عملية التغيير الاجتماعي المتعددة الابعاد ، اذ لا يمكن ان تتحقق دون حدوث تغيرات في كافة عناصر الثقافة .

ولاجل الاستقرار على تعريف محدد قام "لوسيان باي" بتلخيص الافكار الرئيسية المشتركة بين هذه التعريفات ، واعتبر ان التنمية السياسية تتضمن (الاتجاه

نحو مزيد من المساواة بين الافراد في علاقاتهم بالنظام السياسي ، وتزايد قدرة النظام السياسي في علاقته بالبيئة المحيطة ، وتعزيز تمايز وتخصص المؤسسات والبنى داخل النظام السياسي)، ووجد ان المساواة تعكس الحد الذي تتاح فيه الفرصة لافراد الوحدة السياسية كي يشكلوا سياستها وان ينتفعوا بثمار عملهم ، اما القدرة او الطاقة ، فانها تعكس قدرة النظام – سياسيا واداريا - على تبني اهداف ما وتنفيذها .لذا فان "باي" يرى بان هذه الابعاد الثلاثة تمثل جوهر ومركز عملية التنمية وفي صدد مشابه اكتشف "صموئيل هنتنغتون" وجود اربعة مفاهيم مشتركة ومتكررة بين التعريفات المختلفة للتنمية السياسية وهي (العقلانية، والاندماج والتكامل القومي، والديمقراطية، والتعبئة اوالمشاركة) . واكد على ان التنمية السياسية القائمة على نظام المؤسسات يمكن ان تتمتع بمستوى عالي من التكيف ، والتعقد ، والتماسك .

وبمعنى اخر فالتنمية السياسية هي جزء من التنمية الشاملة وهي تلك العملية التي يحدث بمقتضاها تغير في القيم والاتجاهات السياسية،والنظم والبناءات،وتدعيم ثقافة سياسية جديدة بحيث يؤدي ذلك الى مزيد من التكامل للنسق السياسي [٤] .

وخلال السعي نحو فهم ودراسة التنمية السياسية واجه علماء السياسية ثلاث قضايا رئيسية: [٥]

١. القضية الاولى تنطوي على التساؤل حول طبيعة العلاقة بين التنمية السياسية والتحديث السياسي ، وقد ساد الاعتقاد بان المفهومين متطابقان ، وان التنمية السياسية هي مظهر من مظاهر التحديث بصفة عامة ، حتى جاء الاعتراض الوحيد لهذا الاتجاه عبر الدعوة التي قدمها "صموئيل هنتنغتون" عام ١٩٦٥ والرامية الى ضرورة التمييز بين التنمية السياسية والتحديث بدعوى ان الربط بين الاثنين يؤدي الى الحد من امكانية تطبيق مفهوم التنمية السياسية زمنيا ومكانيا وذلك لانه قد تم ربطها بمرحلة معينة من التطور التاريخي بحيث لا يمكن الحديث عن التنمية السياسية في مرحلة ما قبل الحداثة .

٢. القضية الثانية تتعلق بالتساؤل حول ما اذا كانت التنمية السياسية مفهوما احاديا او مفهوما مركبا ومتشابكا ونظرا لان عدد كبير من العلماء كانت

لديهم افكار متعددة ومتباينة حول ما هية وطبيعة التنمية السياسية لذلك كان هناك ميل واتجاه لاعتبارها مفهوما مركبا ومتشابكا ، وقد حاول بعض العلماء تفسير وتبرير ذلك من خلال التأكيد على خاصية التعدد الوظيفي التي تتميز بها السياسية وهو ما يعني عدم امكانية استعمال مقياس واحد لقياس التنمية السياسية ولهذا فقد اقترحوا عدة معايير لقياسها ، وقد قدم "غابريل الموند" موصوفة ثنائية ووضع التمايز البنيوي وعلمانية الثقافة على احد محوريها ، بينما وضع متغير استقلالية النظم الفرعية على المحور الاخر واستطاع في ضوء ذلك ان يميز بين عدة نظم سياسية .

ومن ناحية اخرى اذا تم اعتبار التنمية السياسية مفهوما احاديا ، فان الميل سيكون اما نحو تعريفها تعريفا ضيقا كما فعل " هنتنغتون" حين ربطها بالمأسسة فقط، وسلبها بالتالي من المضامين المرتبطة بها،او نحو تعريفها تعريفا عاما كما فعل "ديامنت" مما ادى الى اخفاء مفهوم مركب ومتشابك تحت عنوان احادي .

٣. القضية الثالثة وتتعلق بالتساؤل حول ما اذا كانت التنمية السياسية مفهوما وصفيا او مفهوما غائيا ، فاذا تم اعتبار التنمية السياسية مفهوما وصفيا ، فان ذلك يفترض انها تشير الى عملية واحدة او مجموعة من العمليات التي يمكن تحديدها من خلال خصائصها الذاتية ، اما اذا كانت التنمية السياسية مفهوما غائيا فان هذا يعني تصورها كحركة نحو هدف محدد ، وبالتالي يتم تعريفها من خلال اتجاهها وليس من خلال محتوياتها . ولا يشكل تعريف التنمية السياسية او تحديد مفهومها من خلال اهداف معينة اية صعوبات اذا كانت لدينا معايير واضحة ومؤشرات صحيحة .

لذا فقد خلص علماء السياسة والاجتماع السياسي الى ان مفهوم التنمية السياسية يتضمن عدة ابعاد تتركز بشكل اساسي في ثلاثة هي : [٦]

البعد الاول : خلق روح المساواة والاتجاهات المدعمة لمبدا المساواة ، وطالما تحققت هذه المساواة فانها سوف تؤدي بالتالي الى مزيد من المشاركة في صنع القرار السياسي والى مزيد من الديمقراطية ، كما انها سوف تؤدي على المستوى

الاجتماعي العام الى خضوع كل الافراد في المجتمع لنفس القواعد والقوانين دون وجود اي استثناءات وفي هذه الحالة فان التوافد الى احتلال المناصب السياسية يخضع لمعايير الانجاز ولا يخضع باي حال من الاحوال للخصائص المتوارثة التي تسود في المجتمع التقليدي .

البعد الثاني : الاقتدار السياسي ، بمعنى خلق النظام السياسي القادر على ان يخرج قرارات سياسية فعالة من ناحية،وعلى ان يؤثر تاثيرا فعالا في الاقتصاد والمجتمع من ناحية اخرى، ويتطلب الاقتدار السياسي وجود حكومة منجزة تعمل في ظروف تهيء لها تحقيق الانجاز المناط بها ، فالاقتدار السياسي يعني الانجاز والفعالية .

البعد الثالث : تباين وتخصص النظم السياسية ، اي ان يكون للمؤسسات السياسية وظائف واضحة ومحددة وان يكون هناك تقسيم عمل داخل الجهاز الحكومي ، بحيث لا تطغى وزارة من الوزارات على تخصصات وزارة اخرى ، وان تكون الادوار السياسية متخصصة ، ولهذا يحقق النسق السياسي تباينا واستقلالا نسبيا عن الانساق الاخرى كما تحقق في داخله تباينا واستقلالا بين مكوناته الرئيسية ولا يعني ذلك ان النظام السياسي يكون مفتتا من الداخل او منعزلا عن البناء الكلي للمجتمع وفي بناء النسق السياسي بخاصة .

ان هذه الابعاد تفضي- الى مدى واسع من الاهداف تسعى عملية التنمية الى تحقيقها والوصول اليها ، ومن بين هذه الاهداف على سبيل المثال ، الاندماج والتكامل القومي ، وفعالية الحكومة وتغلغلها في المجتمع ، وتنمية القدرات العسكرية للمحافظة على امن النظام واستمراره ، وتحقيق التنمية الاقتصادية بمعنى تحقيق زيادة في متوسط نمو المخرجات لكل فرد من السكان ، او زيادة في نصيب الفرد من الناتج القومي الاجمالي بما يؤدي الى التقليل من نسبة السكان الذين يعيشون تحت مستوى معين من الرفاهية المادية والتقليل من التفاوت في الدخل والثروة بين جماعات السكان وبمعنى اخر السعي للعدالة وتعزيز شروط قيام الديمقراطية وتطورها في ظل المحافظة على النظام العام والاستقرار .

وعلى الرغم من تكامل اهداف التنمية الاقتصادية والتنمية السياسية فان دراسات التنمية في علم الاقتصاد وعلم السياسة قد عكست اتجاهين متضادين ،

ففي علم الاقتصاد حدث التحول من التجميع (اي خلق الثروة) الى التوزيع ، اما في علم السياسية فلقد كان التحول عكسيا ، من مشكلة توزيع القوة من اجل تحقيق الديمقراطية الى مشكلة تجميع القوة من اجل تحقيق النظام والاستقرار السياسي سواء كان ديمقراطيا ام غير ذلك. ثم أن العودة الى التركيز على الديمقراطية خلال العقدين الأخيرين قد تزامنت مع تغير تركيز علم اقتصاد التنمية من التخطيط الى اقتصاد السوق ، مع ما يعنيه ذلك ضمنيا من قبول للتوزيع غير العادل للدخل الذي قد ينتج عن عمليات قوى السوق [٧].

ثالثا: مداخل دراسة التنمية السياسية [٨]

١. المدخل النظامي الوظيفي :

في واقع الامر ، توجد علاقة وثيقة وتشابه كبير بين المدخل النظامي والمدخل البنيوي الوظيفي فيما يتعلق بتحليلهما للتنمية السياسية ، ولا يمكن استخدام المدخل الوظيفي دون الرجوع الى مفهوم النظام السياسي ، ومن الرواد الذين اعتمدوا هذا المدخل في تحليلهم لظاهرة التنمية السياسية كل من (ايستون، الموند ، أبتر، وبايندر).

وتتمثل مزايا هذا المدخل في عمومية المفاهيم المستخدمة في التحليل ولكن هذا المدخل يمثل اطار مفاهيمي في الاساس ، ولا يؤدي بالضرورة الى ايجاد فرضيات امبيريقية (تعميمات متوسطة المدى) وتخلو الدراسات التي تطبق هذا المدخل من كثير من البيانات والوقائع . وعلى الرغم من انه من الممكن استعمال مفهوم النظام في اطار دينامي (حركي) فان معظم دراسات التنمية السياسية التي استعملت هذا المدخل لم توظف العناصر الدينامية للمدخل . ومع ذلك فان دراسة "أبتر" حول السياسة والتحديث التي جاءت في اطار هذا المدخل كانت من اكثر الدراسات نجاحا في التركيز على الاهتمامات الدينامية من خلال الاهتمام بمعدل واشكال ومصادر التغيير . وبينما تعرض هذا المدخل لنقد شديد في مجال علم الاجتماع نظرا لمحدوديته وعدم قدرته على دراسة ظاهرة التغيير فان علماء السياسة لم يترددوا في استخدمه لدراسة التغير السياسي .

وقد اشارت العديد من الانتقادات الى مشكلة اخرى مرتبطة باستخدام هذا المدخل من دراسة التغير وهي مشكلة التعامل مع مفهوم التوازن وفي الاصل فان هذا المدخل يتصور عملية التوازن على انها حالة سكون واستقرار ، فمفهوم التوازن يفترض مسبقا وجود نظام مكون من مجموعة من المتغيرات المترابطة وظيفيا والتغير في احد هذه المتغيرات يؤدي الى تغيرات في المتغيرات الاخرى .

بمعنى ان مفهوم التوازن يتعامل مع التغير على انه حالة خارجية شاذة وانه ناتج عن حالات التوتر في النظام ، والتي تؤدي الى وجود حركات تعويضية لتخفيف حالات التوتر، وبالتالي العودة للوضع الاصلي ، فالتغير بحسب هذا المدخل هو امر غير طبيعي اما الاستقرار وحالة السكون فهي الوضع الطبيعي للنظام..

٢. مدخل العملية الاجتماعية :

هذا المدخل لا ينطلق في دراسته للتنمية السياسية من مفاهيم النظام الاجتماعي او النظام السياسي ، وانما يركز على بعض العمليات الاجتماعية ، ويركز على العملية وليس على النظام ، وتوجهاته سلوكية وامبيريقية بصورة اكثر من المدخل النظامي - الوظيفي ، وعادة ما يؤدي الى تراكم وتجميع عدد كبير من البيانات الكمية حول هذه العمليات الاجتماعية ، وتتم بعد ذلك محاولة ربطها بالتغيير السياسي ، ففي الوقت الذي يحاول فيه المدخل النظامي - الوظيفي تحديد وظائف النظام السياسي ، فان مدخل العملية الاجتماعية يحاول الربط بين العمليات ، وقد يحاول الانتقال من الربط الى السببية من خلال استعمال ادوات التحليل الاحصائي المختلفة في هذا المجال . ومن ابرز رواد هذا المدخل "ليرنر، دويتش، هدسون" وبينما ينطلق رواد وباحثوا المدخل النظامي - الوظيفي من مفهوم النظام السياسي ، ثم يميزون بين النماذج المختلفة للنظم السياسية في محاولة لتبين نتائج ومضامين هذه الاختلافات اي الاهتمام اساسا بربط نمط معين من الفعل بالنظام ككل من اجل ايضاح وظيفة هذا الفعل في النظام ، اما مدخل العملية الاجتماعية فيحاول ربط نمط وفعل عملية أخرى .

وتتمثل الميزة الرئيسية لمدخل العملية الاجتماعية في محاولات ايجاد علاقات

بين التغيرات في مجموعة من المتغيرات وبين التغيرات في مجموعة اخرى ، بمعنى ان المدخل يركز وبشكل اساسي ومباشر على ظاهرة التغير . ويواجه هذا المدخل في تعامله مع ظاهرة التغير بعض القيود ويتركز جوهرها في ان المتغيرات المستقلة في اطار هذا المدخل تتعلق احيانا بمستويات التنمية وليس بمعدلات التنمية ، ونظرا لان المدخل امبيريقي فان استعمال المتغيرات يتحدد بمدى توافر البيانات . اما الاشكالية الثانية فتتعلق بعملية الربط بين المتغيرات الاجتماعية والاقتصادية والديمقراطية المستقلة وبين المتغيرات السياسية التابعة وتتمحور المشكلة حول الناحية المنهاجية والمرتبطة بالعلاقات السببية بين التغير الاجتماعي او الاقتصادي وبين التغيرات السياسية والتي هي عادة نتاج لفعل وارادة الانسان .

٣. مدخل التاريخ المقارن :

لا يبدا هذا المدخل بنموذج نظري او بالتركيز على العلاقة بين متغيرين او أكثر، بل ينطلق من مقارنة تطور مجتمعين او اكثر، ففي الوقت الذي يركز فيه المدخل النظامي - الوظيفي على مفهوم "النظام" ، ومدخل العملية الاجتماعية على مفهوم "المجتمع" الا ان هذا المدخل لا يهتم بتاريخ مجتمع واحد بل يهتم بالمقارنة بين مجتمعين او اكثر، فالمدخل النظامي الوظيفي يضع الاطار المفاهيمي، ومدخل العملية الاجتماعية يربط بين المتغيرات ، بينما يقارن مدخل التاريخ المقارن بين المجتمعات .

ابرز الرواد الذين استخدموا هذا المدخل في تحليل ظاهرة التنمية السياسية هم كل من (روستو، بلاك ، مور، ايزنستاوت) ومعظم دراساته هي دراسات امبيريقية ولكنها ليست كمية بالضرورة ، وهو مهتم اساسا (بالمؤسسات والثقافة والقيادة) ويصنف انماط التنمية السياسية عن طريق افتراض وجود مراحل معينة يجب ان تمر بها كل المجتمعات او عن طريق وجود قنوات متمايزة قد تمر من خلالها مختلف المجتمعات ... فينطلق "بلاك" على سبيل المثال من تحديد اربعة اطوار للتحديث تمر بها جميع المجتمعات: التحدي المبدئي للحداثة ، وتعزيز القيادة التحديثية والتحول الاجتماعي والاقتصادي من مجتمع ريفي زراعي الى مجتمع حضري صناعي ، واندماج المجتمع ويشمل ذلك اعادة ترتيب البنية الاجتماعية بشكل جذري ، ومن

خلال ذلك قام بتحديد خمسة معايير للتمييز بين المجتمعات في كيفية تطورها خلال هذه الاطوار [٩] وفي اطار مختلف نوعا ، يرى "روستو" ان هناك ثلاثة متطلبات اساسية للتحديث السياسي "فالهوية مهمة للامة " ، "والسلطة للدولة "، "والمساواة للحداثة " اما الاختلافات الجوهرية بين المجتمعات في هذا الاطار فتتعلق بكيفية مواجهتها لهذه المشاكل . وهل كان ذلك في نفس الوقت والفترة الزمنية ام في فترات متعاقبة ، واذا كانت قد واجهتها في فترات متعاقبة فكيف كان ترتيب هذا التعاقب.

واقترح "روستو" ان التعاقب الامثل في مواجهة المشاكل ، والاكثر نجاحا في التقليل من اضرار ومعاناة التحديث هو مواجهة مشكلة الهوية ثم السلطة ثم المساواة بهذا الترتيب [١٠].

لقد ساهمت المداخل الثلاثة السابقة مساهمة مهمة في تحليل التنمية السياسية، بيد انها من منظور نظرية التغير السياسي تشوبها جميعا ثمة عيوب ، فالمدخل النظامي - الوظيفي ضعيف من جانب التغير ، ومدخل العملية الاجتماعية ضعيف من الجانب السياسي ، ومدخل التاريخ المقارن ضعيف في الجانب النظري - ولكن من خلال الربط بين عناصر القوة في هذه المداخل الثلاثة ربما يمكن التغلب على عيوب كل مدخل منها.

٤. مدخل تغير المكونات :

ينطلق هذا المدخل من فرضية ان النظام السياسي يتكون من مجموعة من المكونات المتغيرة ، بعضها يتغير بمعدل سريع، بينما يتغير البعض الاخر بمعدلات بطيئة ، ويتساءل حول انواع التغير في احد المكونات التي تميل الى الارتباط بتغييرات مشابهة او بغياب التغيير في المكونات الاخرى ؟ والنتائج والعواقب المترتبة على تركيبات مختلفة من تغير المكونات على النظام ككل ؟ لذا فان تحليل التغير السياسي او التنمية السياسية انطلاقا من هذا المدخل تتضمن:

أ. التركيز على المكونات الاساسية للنظام السياسي .

ب. تحليل معدل ونطاق واتجاه التغير في هذه المكونات .

ج. تحليل العلاقات بين التغيير في احد المكونات والتغيير في المكونات الاخرى .

ويمكن افتراض احتواء النظام السياسي على عدة مكونات منها على سبيل المثال المكونات الخمسة الاتية :(١١)

أ. **الثقافة :** اي القيم والاتجاهات والتوجهات والاساطير والمعتقدات الوثيقة الصلة بالحياة السياسية والسائدة في المجتمع .

ب. **البنية :** اي التنظيمات الرسمية التي تتم عن طريقها عملية صنع القرارات السلطوية الالزامية في المجتمع مثل الاحزاب ، والمؤسسات التشريعية والتنفيذية والادارات البيروقراطية المختلفة .

ج. **المجتمع المدني :** اي التكوينات الاجتماعية والاقتصادية ، الرسمية وشبه الرسمية، التي تشارك في السياسة وتقدم طلبات للبنى السياسية .

د. **القيادة :** اي الافراد في المؤسسات السياسية وفي الجماعات الاخرى والذين يمارسون نفوذا او تاثيرا اكثر من غيرهم في تخصيص القيم واتخاذ القرارات السلطوية .

هـ. **السياسات العامة :** اي انماط النشاط الحكومي والمخطط بقصد التاثير على توزيع المنافع والمزايا والعقوبات في المجتمع .

ويفترض هذا المدخل ان هذه المكونات تتغير باستمرار في اي نظام سياسي وان معدل ونطاق واتجاه التغيير في المكونات يختلف بشكل كبير داخل النظام الواحد وبين النظم المختلفة ، وان كل مكون يتكون من مجموعة من العناصر ، فالثقافة السياسية مثلا تتضمن مجموعة من الثقافات الفرعية ، والبنى السياسية قد تحتوي على اشكال مختلفة من المؤسسات والاجراءات ، وعليه فان تحليل التغير السياسي يمكن ان يكون موجها نحو التغيرات البسيطة في قوة المكونات وعناصرها في النظام السياسي ، ولكن الاهم من ذلك هو تحليل العلاقة بين التغيرات في قوة المكونات وعناصرها وبين التغيرات في محتواها ، فالمشاكل المتكررة في السياسة تمثل احيانا عملية مقايضة بين القوة والمحتوى ، فالى اي مدى يؤدي التغير في قوة الايديولوجيا السياسية مقاسة خاصة بعدد الاشخاص المؤمنين بها ، وبحدة وقوة هذا الايمان) الى تغيرات في محتوى هذه الايديولوجيا ؟ وتحت اي ظروف تؤدي التغيرات السريعة

في قوة القادة السياسين الى ضرورة احداث تغيرات في اهدافهم واغراضهم ؟ وتحت اي ظروف يمكن تعزيز قوة القادة دون احداث اي تغيرات جوهرية في اهدافهم ؟

وفي معظم المجتمعات لا ياتي تعزيز الايديولوجيا او المأسسة او الجماعة او القائد او السياسة العامة الا على حساب بعض التعديلات في محتواها ، وعليه فلابد من وضع مجموعة كبيرة من الافتراضات حتى يمكن تحديد عملية المقايضة بين قوة ومحتوى المكونات المختلفة في اوقات ومواقف مختلفة . ويمكن تحليل التغير السياسي او التنمية السياسية استنادا لهذا المدخل على ثلاثة مستويات :

المستوى الاول : يمكن مقارنة معدل ونطاق واتجاه التغير في احد المكونات بمعدل ونطاق واتجاه التغير في المكونات الاخرى، وهذا النوع من المقارنة يسلط الضوء على انماط الاستقرار وعدم الاستقرار في النظام السياسي ، وعلى مدى اعتماد التغيرات في احد المكونات على وجود او عدم وجود تغيرات في المكونات الاخرى فقد يتم اعتبار ان ثقافة ومؤسسات النظام السياسي مثلا هي اكثر اهمية من المجتمع المدني والقيادات والسياسيات العامة ، وبالتالي قد يعرف الاستقرار بانه مجموعة معينة من العلاقات التي تتغير فيها المكونات تدريجيا وبحيث تكون معدلات التغير في الثقافة والمؤسسات ابطأ من التغيرات في المكونات الاخرى ، اما الركود السياسي فهو الوضع الذي لايوجد فيه اي تغيير،او يوجد تغيير ضئيل جدا في الثقافة السياسية والمؤسسات السياسية بينما توجد تغيرات سريعة في القيادة والسياسيات العامة اما عدم الاستقرار السياسي ، فهو الوضع الذي تتغير فيه الثقافة والمؤسسات السياسية بدرجة اسرع من تغير القيادات والسياسات العامة ، وتصبح الثورة السياسية هي حالة التغير السريع والمتزامن في جميع مكونات النظام السياسي الجمة .

المستوى الثاني : ويتضمن المقارنة بين التغيرات في قوة ومحتوى عنصر معين من عناصر احد مكونات النظام السياسي وبين تغيرات قوة ومحتوى العناصر الاخرى في نفس المكون مثل تحليل بروز وسقوط الايديولوجيات والمعتقدات ، والمؤسسات والجماعات والقيادات والسياسة العامة ، ومقارنتها بالتغيرات في محتوى هذه العناصر والمرتبطة بتغير علاقات القوة بها .

المستوى الثالث : ويتضمن التركيز على العلاقة بين التغيرات في القوة والتغيرات في المحتوى لاي عنصر من العناصر ، وذلك من اجل تحديد المعادلات التي تبني ما تتطلبه القوة من تكاليف في الاهداف والمصالح والقيم .

٥. مدخل تغير الازمة :

لقد راى "الموند" ان المداخل النظرية الاولى في السياسة المقارنة وفي التنمية السياسية يمكن تصنيفها على اساس بعدين : الاول ينطوي على تساؤل الى اي مدى تتضمن هذه المداخل نماذج توازنية او نماذج تطورية ؟ والثاني ينطوي على تساؤل الى اي مدى تكون فيه هذه المداخل مستندة على الحتمية او الخيار ؟ وباستعمال مدخل مختلف نوعا ، ركز "الموند" على ما يعرف بتغير الازمة ، وقدم اطارا عاما لتحليل الديناميات السياسية ، وذلك من خلال تصور ان التغير من حالة الى اخرى يمر بخمس مراحل :

أ. في المرحلة الاولى يمكن افتراض حالة توازن سابقة ، ويمكن افتراض ان التغير يبدا من خلال تاثر التوازن الموجود ببعض متغيرات البيئة الداخلية غير السياسية او البيئة الدولية للنظام السياسي.

ب. في المرحلة الثانية : تقود التطورات الى تغيرات في بنية المطالب السياسية وفي بنية توزيع الموارد السياسية .

ج. في المرحلة الثالثة : تصبح المتغيرات السياسية والمتمثلة في البنية المتغيرة للمطالب السياسية وفي البنية المتغيرة لتوزيع الموارد السياسية هي المتغير المستقل، وتقوم القيادة السياسية باستغلال هذه المتغيرات لخلق ائتلافات سياسية جديدة او سياسات عامة جديدة.

د. في المرحلة الرابعة : تؤدي هذه الائتلافات السياسية والسياسات العامة الى خلق تغيرات ثقافية وبنيوية .

هـ في المرحلة الخامسة : ينشأ توازن جديد

رابعا : اليات التنمية السياسية

١. التعبئة الاجتماعية - السياسية :

يتوافر التحديث على عنصرين ، الاول : تراجع المجتمع القديم ، والثاني : بناء المجتمع الحديث ، واعد "كارل دويتش" اطارا نظريا لتحليل عملية التعبئة الاجتماعية - السياسية ، ودراسة اثارها من خلال تحديد نسبة السكان المتاثرين بالتحديث ، او نسبة الذين غيروا طبيعة عملهم ، او اشكال إقامتهم، او الذين تعلموا القراءة والكتابة ، اذ يمكن قياس هذه التغيرات والتوصل لنتائج كمية واحصاءات في ضوء تقديراتها وما تمثله من حقائق يمكن تحديد درجة التعبئة الاجتماعية - السياسية والتنبؤ بدرجة التوتر وعدم الاستقرار السياسي ويمكن تحليل جوهر عملية التعبئة الاجتماعية - السياسية من خلال تحليل:[١٢]

أ. **طبيعتها :** تهدف عملية التعبئة الاجتماعية الانتقال الى مجتمع الحداثة ، وهو ما يعني الانتقال من المجتمع المقيد بسلطة النخبة وبانعدام التخصص وتادية وظائف محددة ، الى مجتمع ، تتعدد فيه المهمات السياسية ، وتظهر المجموعات السياسية المتباينة ، وتتسع درجة المشاركة السياسية .

ب. **مصدرها :** بمعنى تحديد العنصر الدافع للتغير ، الذي قد يكون داخليا او خارجيا او كليهما،مع التاكيد بان التحديث يفترض ان ينبثق ابتداء من المجتمع، لان التغير لا ياتي من الخارج بل هو نتيجة تفاعل مجموعة من العوامل.

ج. **ديناميكية انتشارها :** غالبا ماتبدا عملية الوعي الاجتماعي - السياسي لدى فئات محددة ثم تتسع في تاثيرها في البنية الفوقية ، ثم تنتقل للبنية التحتية ، وتنتشر بنفس الطريقة من العاصمة الى المحافظات والقرى، فيقوم الاتصال وتتطور اداوته المادية بقسط بالغ الاهمية في نشر الافكار المؤثرة في التغيير الاجتماعي - السياسي للتاثير في بنية الوعي الانساني وتطوره .

د. **سلوكها :** احيانا تاخذ التعبئة بطريقة التنمية التدريجية ، او تعتمد الثورة اداة لاحداث التغيير السريع ، واعادة توزيع القوى السياسية والاقتصادية في المجتمع، وهذا يتطلب تغير المعتقدات والقيم وبناء علاقات اقتصادية واجتماعية

جديدة ، نتيجة التطور في البنية الايديولوجية ، والاحزاب ، وبناء قيادات سياسية وعسكرية وجهاز اداري مدني وتوسيع التعلم والثقافة السياسية .

ان التحول السياسي لا يمثل بالضرورة نتاجا مباشرا وفوريا للتغيرات الاقتصادية والاجتماعية بل هو نتاج تدريجي يتولد عن سلسلة من عمليات التحول الاجتماعي في اطار التنمية القومية المؤدية الى تحقيق الاندماج لشعب معين ، على صعيد نظام سياسي محدد يتحكم به مركز حكومي، وبمعنى ان الاندماج لن يكون حقيقيا اذا لم يرتبط بالتنمية الاقتصادية والتكنولوجية بغية توفير الحد الادنى بين عناصر ومؤسسات ومنظمات المجتمع المدني والمجتمع السياسي ، لذا فالتقدم في تطوير ادوات الاتصال الاجتماعي ، يمثل الدليل المهم والمميز للتعبئة الاجتماعية التي تهدف الى اذابة كل فرد في بنية عامة اجتماعية وسياسية .

ويرى "كارل دويتش" وجود ثمة ترابط جوهري بين مختلف الادلة المتعلقة بقياس التعبئة ، كما ان الطلبات او المدخلات الموجهة للنظام السياسي ، المتعلقة بالمشاركة السياسية ، ووسائل الاعلام ومدى التجاوب معها ، ونسبة الامية تشكل خطورة على توازن النظام اذا ما نمت بصورة اسرع من قدرة النظام على الاستجابة لهذه الطلبات والعمل على رفع مستوى الدخل والمشاركة في توزيع الوظائف ، ان عدم الاستقرار ، يؤدي الى اثارة ازمات النمو الاقتصادي ، وظهور الصعوبات والتوترات التي تعطل وظيفة النظام وتؤثر في التنمية الاجتماعية ، بمعنى ان القدرة على قياس التعبئة تمكن من تحديد مستوى التنمية التي استطاع النظام السياسي الوصول اليها .

ويمكن رصد وتحليل عدد من الاثار السياسية للتعبئة الاجتماعية - السياسية وكما يلي :

أ. تؤدي التعبئة الى بروز مجموعات جديدة تبحث عن منفذ للمشاركة السياسية، لان نمو الوعي السياسي ، يؤدي الى تطور كمي في عدد المنظمات والاحزاب المشاركة في العملية السياسية ، كما تظهر فئة من الناخبين الجدد ، تسعى للتاثير في اتجاهات ونتائج الانتخابات العامة ، ذلك لان التنشئة السياسية والتعبئة تخلق وعيا جديدا ينعكس على العلاقات بين البنى الفوقية والبنى التحتية .

ب. تؤثر التعبئة في طبيعة المطالب : وذلك بفعل اتساع حجم المشاركة السياسية وظهور قوى سياسية جديدة ، اي حدوث تغيير في محتوى مدخلات النظام السياسي، مرتبط بظهور حاجات اقتصادية واجتماعية جديدة ترافق ظهور الاحزاب والنقابات وجماعات المصالح ، وتظهر الازمة عند انعدام التوازن بين المدخلات وبين قدرات المؤسسات ومواردها المتاحة، وهذا ما قد يولد ثلاثة انماط من الازمات:

النمط الاول: يحدث نتيجة تناقض المطالب ، اي التناقض بين عملية التنمية الاقتصادية والعمل على تحقيق المساواة والعدالة الاجتماعية ، لان التنمية والتحديث تخلقان تفاوتا طبقيا ، وتناقضا في طبيعة المدخلات.

النمط الثاني : ويتعلق بتهديد التوازن الاجتماعي الذي يعكس ندرة الموارد واتساع المشاكل ، وعدم قدرة النظام على تلبية المطالب ، وقيامه باللجوء الى وضع حلول مؤقتة من دون التوصل لحلول جذرية .

النمط الثالث: ينجم عن ما يمكن تسميته بازمة الهوية القومية وذلك بفعل التباين الايديولوجي، او التناقض بين الرموز والقيم في المجتمع الواحد مما يدفع الى الحفاظ على الولاءات التقليدية بصورة تتناقض مع اليات التحديث والتنمية السياسية.

ان هذه الانماط من الازمات يمكن ان تدفع السلطة الى اعادة النظر في السياسات العامة وفي طبيعة بنية المؤسسات لتطويرها بما يتلائم مع حجم النمو الاجتماعي والتطور السياسي والتنمية الاقتصادية او بناء مؤسسات جديدة مضافة قادرة على مواجهة الظروف المستحدثة[١٣].

لذا فالتحديث ممكن من خلال تصفية التقليدية عبر مجموعة اجراءات في اطار التعبئة، باثارة روح ايجابية وعقلانية تؤمن بالقانون والنظام ثم قيادة الافراد وتوجيههم للتطبع بخصائص سلوكية ذات طابع شمولي عام مبني على تصفية الولاء للفرق والجماعات والعوائل وبناء ولاء للمجتمع الموحد ، لخدمة المصلحة العامة ولبلورة هوية موحدة للمجتمع. ويمكن القول ان التنفيذ العملي للتعبئة الاجتماعية- السياسية في اطار ما ورد اعلاه يشكل القاعدة الاساسية للاجراءات المتعلقة بالتنمية في اي مجتمع.

والحل الجوهري للتنمية الاجتماعية والسياسية يكمن في بناء الديمقراطية، وان التحول التاريخي في المجتمعات يتحقق في تاسيس اهداف جديدة انطلاقا من التجارب والازمات القائمة والسابقة، وبعد هذا التحول يتداخل صانع القرار الذي يقود بلده بالتخطيط الاجتماعي ، غير المبني على اساس الاكراه، بل على اساس نظام عقلاني يوفر تعاقب السلطة الوظيفية. ان ما يمكن استنباطه هو ان للازمة تاثيرا محركا وفعالا فبأمكانها ان تحتل موقع التغذية الراجعة Feed Back لتحقيق التوازن في النظام السياسي.

٢. بناء المؤسسات (المأسسة):

تعد عملية المأسسة حجر الزاوية لمجموعة الاجراءات الخاصة بالتنمية السياسية، وهي احد اهم اليات النظام السياسي في اداء وظائفه المتنوعة وهي احد مرتكزات تطوره ، فالنظام السياسي المبني على المؤسسات المستقرة والملائمة للمجتمع، ذات التراكيب المعقدة والتي تتمتع بالاستقلالية الذاتية والتمايز وفي اطار من التوافق ، هو ذلك النظام الضامن لحد مناسب من القدرة على الاستجابة لمطالب بيئته .

وبينما عد " هينتنغتون" المأسسة القاعدة الوحيدة للتنمية السياسية ، لانها تنظم الصراع من حيث اشكاله ، وطبيعته ، وطرق السيطرة عليه ، فقد اعتقد "صاموئيل آيزنستات" بأن التنمية تفترض وجود هيمنة للتغير تستمد قوتها من خلال بنى مؤسسة قادرة على اعطاء شكل ملائم للتغير، وارتبطت التنمية السياسية حسب تصوره بوجود عاملين الاول : ظهور الاهداف السياسية المتميزة والمنفصلة عن القيم التقليدية في النظام الاجتماعي ، الثاني : بلورة عناصر مادية تعكس هذا التطور وتمكن من تحقيق اهداف التحديث اي ظهور المؤسسات السياسية الرئيسية المعتمدة على البيروقراطية المدنية ، لادارة الشؤون العامة للمجتمع وتنظيم العلاقة بين الحكومة المركزية والقوى الاجتماعية والعمل على تحقيق التوازن بين القوى المختلفة داخل المجتمع ويخلص "ايزنستات" الى ثلاثة استنتاجات حول دور المؤسسات كالية من اليات النظام السياسي وهي : [١٤]

أ. يواجه النظام السياسي عند خروجه من المرحلة التقليدية عددا من ازمات الصراع، لذا نجد ضرورة العمل على حلها .

ب. يقتضي العمل على تحويل المطالب الى سياسات جديدة ظهور مؤسسات سياسية جديدة تستطيع مواجهة الاثار الناتجة عن التحديث.

ج. يؤدي التحديث الى ظهور طبقات وجماعات وفئات جديدة ، لذا تعمل المؤسسات على تنظيم واستيعاب المشاركة في العملية السياسية بهدف التأثير في صنع القرار. فالمؤسسات اذن ضرورية لترشيد اداء النظام ولحماية المجتمع ، ويفترض "صاموئيل هنتنغتون" بانها تجنب المجتمع العودة الى حالة التجزئة وتعمل على احتواء الازمات المختلفة ، وتضمن تنمية سياسية متسقة ترسي دعائم المصلحة العامة وتوفر الفرص لانضاج القرارات الحكومية والعمل على تنفيذها اذا ما تمتعت بالدعم الذي تقدمه المؤسسات المعقدة والقوية وبمعنى اخر يربط "هنتنغتون" بين التنمية السياسية والعمل على تقوية الدولة من خلال علاقة تبادلية تفاعلية .

يضاف الى ما تقدم فان المأسسة تبدو ضرورية في حالة التعبئة الاجتماعية ، ذلك لان النظام السياسي ليس بوسعه استيعاب التغيير السياسي للفئات الجديدة من السكان اذا لم يمتلك القدرة على بناء المؤسسات التي تستطيع تنظيم المد الشعبي الجديد ودمجه بصورة دائمة ومستقرة في اطار الدوائر الوظيفية المختلفة في المجتمع ، كما ان جميع اشكال التحديث الاقتصادي والاجتماعي تتطلب بصورة عامة العمل في اطار بناء مؤسسات تعكس انتقال المجتمع نحو التحديث ، وهذا يفترض : اعادة توزيع للمهمات الاجتماعية، وظهور السلطة العقلانية ذات الطبيعة المركزية والعامة، واعتماد التباين بين البنى السياسية على اساس توسيع المشاركة السياسية، وهذا ما يضمن تكون اشكال جديدة من المنظمات المؤثرة في اتجاهات المجتمع ، وبما يساعد على تحقيق الاستقرار [(١٥)] . وتشتمل وظائف المؤسسات ايضا على التنسيق بين الفاعلين الاجتماعيين وتنظيم التبادل بين مصادر الافراد وتحديد الاهداف الاجتماعية المشتركة ، ويمكن تحقيق هذه الوظائف المؤسسية بصورة واقعية عبر ابدال المؤسسات التقليدية بمؤسسات حديثة تتسم بالمرونة مع تحديد قواعد جديدة للحياة السياسية

والمباشرة ببناء مؤسسات ادارية والعمل على تطوير القوانين العامة[١٦].

ان ما يمكن استنتاجه هو ان التنمية السياسية تستند على بناء المؤسسات،والعمل على حل مشاكل التنسيق بين وظائف المؤسسات لضمان زيادة قدرة النظام السياسي على تحقيق الاهداف ، ويؤكد "صاموئيل هنتنغتون" في هذا الصدد على ما يلي:

أ. اهمية اخضاع بناء وعمل المؤسسات للتخطيط لتجنب ما يطلق عليه (انعدام التوازن المؤسسي) سواء التوازن المكاني او التوازن الوظيفي .

ب. ضرورة ان يتسم النظام السياسي المبني على المؤسسات بقدرة عالية على التكيف بمعنى القدرة على مواجهة التحول وصيانة البقاء والتجدد حسب العصور التاريخية المختلفة .

ج. ضرورة ان يتسم بنيان النظام المؤسسي بالتعقيد ، اي عدم خضوع وظائفه السياسية لمؤسسة واحدة .

د. تستند اقامة نظام المؤسسات على قدر من الاستقلالية الذاتية للبنى السياسية ، استقلالية الدولة بالقياس للقوى الاجتماعية والاقتصادية، كذلك استقلالية الاحزاب السياسية عن اصولها الطبقية والاجتماعية اذ تتحول الى قوة للدفاع عن مختلف الطبقات والفئات ، لذا يفترض ان يكون بناء النظام السياسي باستمرار على اساس: الاستقلالية والحياد ، وان يضم الجهاز الاداري عناصر كفاءة تعمل لخدمة المصلحة العامة ..

وخلاصة الامر ان بناء المؤسسات يتصل بطبيعة توجهات النظام السياسي او ايديولوجية النظام وكذلك بخصائص الثقافة السياسية للمجتمع ، فاذا كانت ذات اصول ديمقراطية يمكن بناء مؤسسات تضمن التحديث والتنمية السياسية، وعلى العكس ، اذا كانت البنية الفلسفية غير ديمقراطية فبالامكان بناء مؤسسات تعمل على تطوير قدرات الانضباط الاجتماعي ومركزية التوجيه السياسي ، والتعبئة الايديولوجية ، لكنها لا تضمن المشاركة الحقيقية في صنع القرار ، لان مجرد وجود المؤسسات لا يعني بالضرورة وجود النظام الديمقراطي لان الديمقراطية تعكس فلسفة ، وتؤسس بنية ذات اليات للتعددية السياسية .

وغالبا ما تواجه التنمية السياسية في العالم الثالث اشكالية اتساع المطالب عند بدء التنمية بدرجة لا تتلائم مع قدرات المؤسسات السياسية الامر الذي قد يفضي الى عجز النظام السياسي او الياته الدستورية والاقتصادية عن تلبية مجموعة المطالب المستجدة وهذا ما يطرح امكانية ظهور ثلاثة بدائل:

أ. اقامة سلطة الزعيم الروحي ، او القيادة الملهمة ، او الكاريزمية ، التي تنظم عملية التعبئة الاجتماعية وتمهد لبناء المؤسسات .

ب. سعي السلطة السياسية الى التقليل من سرعة التعبئة والتغير الاجتماعي .

ج. يلجا النظام الى بناء مؤسسات جديدة لاستيعاب اثار التعبئة الاجتماعية وهو ما يتطلب اولا التخطيط والوقت لكي تكتسب هذه المؤسسات شرعية سياسية في اطار النظام ، وثانيا ان بناء المؤسسات قد لا ينطلق من فراغ بل يمكن ان يكون بديلا او تطويرا لعدد من المؤسسات القائمة الامر الذي يقتضي السيطرة على ما يمكن ان ينجم من ازمة في العلاقة بين ما هو قديم وما هو عصري ووضع ذلك في الحسبان عند اقامة المؤسسات للتوفيق بين خصائص البنى التقليدية والبنى الحديثة .

٣.توظيف القدرات:

يعكس النظام السياسي بحسب "ديفيد ايستون" مجموعة من التفاعلات التي تحدث في المجتمع ويقوم النظام بوظيفة توزيع الموارد وصياغة القرارات الملزمة التي تمثل المصلحة العامة او الذاتية كما تجسد شرعية النظام لذا فان تحليل وتوظيف قدرات النظام السياسي باعتباره مجموعة بنى متميزة عن البنى الاقتصادية والاجتماعية ، يتطلب وضع اطار نظري لدراسة القدرات ، مدخلات ، مخرجات ، والتغذية الراجعة التي تضمن للنظام درجة من الكفاية لمواجهة المشكلات وتحقيق التوازن والاستقرار[١٧] ويضم النظام السياسي :

أ. **المدخلات:** وتتضمن التنشئة والتنظيم السياسي ، والتعبير عن المصالح ، وتجميع وتنسيق وتمثيل المصالح ، والاتصال السياسي اي تنظيم وتدقيق المعلومات وتبادلها بين وحدات النظام السياسي .

ب. **المخرجات:** وهي القرارات والسياسات التي تعكس مدى استجابة النظام للمدخلات، وتضم : صنع القاعدة القانونية والسياسية وتشترك فيها السلطات التنفيذية والتشريعية والقضائية عبر التنسيق بين رئيس الدولة ومجلس الوزراء والحكم بموجب القاعدة القانونية .

ج. **التغذية الراجعة :** وتتعلق كما اسلفنا بالترابط بين المدخلات والمخرجات من خلال تحليل اثار او انعكاسات القرارات السياسية والاقتصادية للنظام في طبيعة استقرار وبناء النظام .

ويرى "تالكوت بارسونز" ان اي جزء من المجتمع يمكن فهمه في سياق المجموع الذي يجسد النظام ، الذي يعكس في تكوينه مجموعة من المتغيرات المتداخلة والمتساندة وظيفيا ، ويتوقف استقراراه وديمومته على تلبية مطالب المجتمع من خلال المؤسسات القائمة ويحدد "بارسونز" الاليات الوظيفية "بالتكيف وتحقيق الهدف ، والحفاظ على النمط والتكامل .

ان ما يمكن استخلاصه في ضوء ما تقدم هو ان تحليل القدرات ودرجة توظيفها يوفر الامكانية لبناء نظرية في التنمية السياسية ، تربط بين اداء النظام السياسي في اطار بيئته الداخلية والخارجية المتصلة بالخصائص الثقافية والفكرية المتميزة للنظام وبين طبيعة البنى السياسية للنظام وتبنى عملية قياس التنمية على تحليل القدرات اي دراسة نتائج التفاعلات بين المدخلات والمخرجات في النظام ، ولدى رؤية خلل معين في هذه العلاقة ، يتم البحث في امكانية تطوير قدراته المحدودة لكي تساهم في تنمية وزيادة قابلية النظام على استيعاب ومواجهة التغيير ووضع حلول للازمات والمشاكل فالتنمية السياسية هي باختصار قدرة النظام على النمو ، ويتوفر ذلك عندما يكون النظام قادرا على استيعاب المتغيرات ، والتكيف مع التحولات الاجتماعية عبر تحديث قدرات النظام لمواجهة الظروف المستجدة باستمرار ، فالتنمية السياسية في الوقت الذي تمثل تحليل لعناصر التطور السياسي ، تمثل بمفهومها العام وما تنطوي عليه من تعبئة ومأسسة وتوظيف للقدرات جوهر اداء النظام السياسي.

هوامش الفصل السابع

١. انظر محمد زاهي بشير المغيربي، التنمية السياسية والسياسة المقارنة، منشورات جامعة قار يونس، بنغازي، ١٩٩٨، ص٣٣-٤٠.

٢. المصدر نفسه، ص ١٥٥-١٥٦.

٣. احمد زايد، الدولة في العالم الثالث - الرؤية السوسيولوجية ، دار الثقافة للنشر والتوزيع، القاهرة ، ١٩٨٥، ص٣٨-٤٢.

٤. محمد على محمد، اصول الاجتماع السياسي ، الجزء ٢ ، القوة والدولة، دار المعرفة الجامعية، الاسكندرية، ١٩٨٥، ص٣١٧.

٥. محمد زاهي بشير المغيربي، مصدر سبق ذكره، ص١٧٢-١٧٤.

٦. احمد زايد، مصدر سبق ذكره، ص٤٢-٤٣.

٧. محمد زاهي بشير المغيربي، مصدر سبق ذكره، ص ٢٤٢-٢٤٤.

٨. المصدر نفسه ، ص١٧٥-١٩٩.

9. Black. C.E., The Dynamics of Modernization, (NewYork : Harper and Row. 1966).

10. W.W. Rostow, The Stages of Economic Crowth, Cambridge: Cambridge University Press, 1960.

١١. محمد زاهي بشير المغيربي، ص ١٩٤-١٩٥.

12. Karl Deutsch, Nationalism and Social Communication; New York, Chapman and Hall, 1953, p.100.

نقلا عن د. غازي فيصل، التنمية السياسة في بلدان العالم الثالث، مديرية دار الكتب للطباعة والنشر، ١٩٩٣، ص١٠١ وما بعدها.

١٣. المصدر نفسه، ص١٠٤-١٠٥.

14. Samuel Eisenstadt, Modernization: Protest and changes, Englewood Cliffs Prentice Hall, 1966, p.147-155.

١٥. د. غازي فيصل، مصدر سبق ذكره، ص ١١٠- ١١١.

16. Samuel Eisenstadt , Tradition Change and Modernity, New York J. Wiley, 1973, pp. 40-41.

17. David Easton, A Frame work For Political Analysis New Jersey, Prentice- Hall , 1965, p. 57.

الفصل الثامن

صنع وتنفيذ السياسة العامة

المقدمة

تتميز السياسية العامة التي يقررها وينفذها النظام السياسي بالتنوع والشمول والتغلغل الذي يمس كافة جوانب الحياة في المجتمع .

وصنع السياسيات الحكومية او العامة لحل مشاكل المجتمع هي عملية سياسية في المقام الاول ، وتتميز بالصعوبة والتعقيد وتختلف طبيعة واجراءات صنع السياسية العامة من دولة الى اخرى تبعاً للنظام السياسي ودور الاجهزة الحكومية وغير الحكومية في كل منها ، وبمعنى اقرب للوضوح يمكن القول ان السياسة العامة هي نتاج تفاعل ديناميكي معقد يتم في اطار نظام فكري بيئي سياسي محدد تشترك فيه عناصر معينة رسمية وغير رسمية يحددها النظام السياسي واهم هذه العناصر هي : دستور الحكم في الدولة الايديولوجية او الفلسفة السياسية للسلطة الحاكمة ، السلطة التشريعية ، السلطة التنفيذية ، السلطة القضائية ، الاحزاب السياسية ، جماعات النفع العام والخاص، الصحافة والراي العام ، الامكانات والموارد المتاحة، وطبيعة الظروف العامة للبلد.

يفيد ما تقدم ان صنع السياسة العامة ليس عملية سهلة باي حال من الاحوال بل هي عملية على درجة من الصعوبة والتعقيد. فهي عملية حركية بالغة الحساسية والتعقيد وتشتمل على العديد من المتغيرات والمؤثرات وعوامل الضغط التي يؤدي تداخلها وتفاعلها المستمران الى انتاج سلسلة من ردود الفعل التي تنصرف بدورها الى كل جوانب العمل داخل النظام السياسي [1].

وتنطوي هذه العملية اي صنع السياسة العامة على عدة خصائص ، وتمر بمراحل متعددة تختلف في طبيعتها وحدتها وتعقيدها من دولة الى اخرى وفقا لعوامل

كثيرة اهمها النظام السياسي ونظام الحكم في كل منها [٣] وفي النظم البسيطة تتمثل المؤسسة المعنية بتخطيط وصنع القرارات في مجموعة من الذكور البالغين او كبار السن الذين يجتمعون على هيئة مجلس يتخذ القرارات في ضوء معايير وعادات وتقاليد المجتمع ، وفي النظم الملكية ضمت ابنية صنع السياسيات الملوك واعوانهم ، وتميزت الامبراطوريات بوجود بناء متخصص في اعداد هذه السياسات وشهد القرن التاسع عشر ظهور الاحزاب وازدياد دور الجماهير في الحياة السياسية ، وهذان العاملان مهدا لظهور نمط صنع السياسات عن طريق الوزارة والبرلمان . وبمعنى اوضح ان النظام السياسي في كل دولة هو الذي يحدد كيفية رسم السياسة العامة وبالتالي يحدد دور الافراد والجماعات غير الرسمية في تحديد المشكلة وطرحها على الحكومة وفي استخلاص الحلول البديلة والاختيار من بينها ، ويعين القنوات التي يمكن عن طريقها للافراد والجماعات احداث تاثير في اجراءات العمل الحكومي وفي اصحاب سلطة اتخاذ القرار السياسي الرسمي بما يترتب عليها تبني حلولا يقترحونها كسياسة عامة، كما ان نظام الحكم والسياسة هو الذي يحدد ايضا خطوات العمل الرسمي التي تتبع داخل الحكومة لدراسة المشكلة العامة ، تخطيط وصنع السياسة العامة لحلها ، اقرار هذه السياسة ، تمويلها، تنفيذها ، وتقييم اثارها ونتائج تنفيذها. كما يحدد الاجهزة التي تساهم في هذه العمليات ودور كل منها وكيفية التنسيق بينها للوصول الى قرار بسياسة عامة تحقق رضاء عاما [٤] ، لذا سوف نتطرق في هذا المبحث الى خصائص عملية صنع السياسة العامة ومراحلها ، والشروع بتنفيذها ، والخطوات التنفيذية [٥].

اولا :خصائص عملية صنع السياسة العامة

١. تشتمل عملية صنع السياسة العامة على عمليات التخطيط واعداد القرار والبرمجة، تلك التي تشارك فيها عناصر كثيرة تتمتع بدرجات متفاوتة من السلطة والصلاحية داخل النظام السياسي ، ففي اي نظام سياسي ، تتولى (الوحدة القرارية) مهمة اتخاذ القرارات المركزية او الحاسمة بمعنى تحديد الاهداف العليا والاولويات ومسارات العمل الحكومي ، وغالبا يشترك

الخبراء والمستشارين مع الساسة في وضع الخطط والبرامج ، انهم يقدمون الراي والمشورة في صورة بدائل مدروسة الى صانعي القرار الذين يختارون بدورهم واحدا منها على وفق ما تقتضيه السياسة .

٢. ان صنع السياسة العامة نشاط حكومي اكثر شمولا واوسع نطاقا من التخطيط الذي يتم عادة في اطار سياسة عامة معينة . كما ان التخطيط جهد عقلاني رشيد يعتمد اساسا على اتباع اسلوب علمي ، في حين ان رسم السياسية العامة يقوم بالاضافة الى هذا على الحكم الشخصي للمسؤولين الحكوميين وخبراتهم واراء مستشاريهم .

٣. صنع السياسة العامة نشاط حكومي يشترك فيه افراد وجماعات مختلفين لكل منهم تصور معين بالنسبة لتعريف المشكلة وبدائل حلها وقد يتناقض مع تصورات الافراد والجماعات الاخرى ويتم احيانا صياغة مقترحات السياسة العامة بدون تحديد واضح للمشكلة خصوصا اذا عجزت الحكومة عن التوفيق بين وجهات النظر المتباينة .

٤. صنع السياسة العامة يتطلب اشتراك مؤسسات حكومية مختلفة ، ودرجة اشتراك المؤسسات السياسية في رسم السياسة العامة ، تتباين من نظام الى اخر، بل ومن حقبة الى اخرى داخل نفس النظام .

٥. وجود اكثر من فرد او جماعة ضغط في الصراع السياسي حول المشكلة العامة لا يعني بالضرورة وجود اتصال بين جماعات الضغط من ناحية ، والافراد والجماعات الذين يتاثرون بالمشكلة من ناحية اخرى ، كما لا يعني ان الاولى تمثل هؤلاء وتتحدث باسمهم وتعبر عن وجهات نظرهم وحقيقة مصالحهم .

٦. عادة تنسب اية سياسة عامة الى جهة او مسؤول معين ، ولكن من الناحية العملية صعب في اغلب الاحيان تحديد الجهة او الشخص المسؤول عن سياسة معينة او قرار ما بشكل قاطع.

٧. توجه اية سياسة عامة نحو طرفا ما: شخص ، جماعة ، فئة ، هيئة ، موضوع ، دولة اجنبية ، وهذا الامر يعد منطقيا حتى لو كان جوهر السياسة

هو تجاهل المشكلة او الموقف موضع الاهتمام .

٨. تتسم عملية صنع السياسة العامة بانها ذات طابع دينامي متحرك ، فهي نتاج او محصلة تفاعل بين افراد وجماعات مصالح ومؤسسات حكومية وعوامل خارجية بكل ما يتضمنه ذلك من مشاورات واتصالات وضغوطات تمارسها الاطراف المعنية .

٩. ان صنع السياسة العامة نشاط سياسي مطلق حتى ولو اتبع فيه اساليب علمية واشترك فيه بدور رئيس اجهزة السلطة التنفيذية والادارة العامة ، وهو ليس بالضرورة نشاط حزبي حتى في الدول ذات النظام الحزبي اذ احيانا تتفق الاحزاب السياسية على تعريف موحد للمشكلة واسلوب مواجهتها وعلاجها.

١٠. تثير عملية صنع السياسات العامة وخلال عملية المفاضلة بين البدائل المطروحة عدة تساؤلات وبحسب المشكلة او القضية المطروحة ، وهي من قبيل ما مدى استجابة النظام السياسي لمطالب الاغلبية ؟ وكيف يستجيب النظام السياسي (او ينبغي) لمطالب الاقلية ؟ ماهي القوى او الفئات ذات المطالب الاكثر حدة والاشد ضغطا؟ ما هي البرامج الكفيلة باشباع مطالب العامة ؟ ما طبيعة الاساس الذي يتصرف على ضوءه صانعوا القرار ،هل الرشد والحكمة ام مقتضيات وضرورات السياسة ام الجدوى الاقتصادية ام العدالة الاجتماعية ام المصلحة الحزبية .

١١. صنع السياسية العامة لاية حالة يرتبط بقضية او مجال معين كما ان له نطاق زمني محدد ، وبمعنى اخر انه يجتاز مراحل مختلفة .

ثانيا : مراحل صنع السياسة العامة

تتفاوت الدول في كثير من التفاصيل ، ومع ذلك ، يمكن ايجاد اطار عام من المراحل التي تعتبر منهجا لرسم السياسة العامة ، وينطوي هذا الاطار على المراحل التالية:[٦]

١. تحديد وتعريف المشكلة العامة :

يتطلب صنع سياسة حكومية لعلاج مشكلة عامة تحديدا وتعريفا واضحين

ودقيقين لطبيعة المشكلة التي يعاني منها المجتمع ويسعى لايجاد حل لها ، ويعد تحديد وتعريف المشكلة العامة من اهم بل قد يكون اهم - خطوات رسم السياسة العامة فالمشكلة هي اطار فكري يساعد على وصف واقع معين وعلى تنظيم الجهد الهادف لفهم وتغيير هذا الواقع من حال الى حال .

وهناك ثمة اربعة مصطلحات تستعمل كثيرا في مناقشة موضوعات تتعلق بالسياسة العامة وكانها مترادفات ، وهي (مشكلة) ، (مشكلة عامة) ، (قضية)، (قضية عامة) والواقع ان هذه المصطلحات الاربعة تمثل تدرجا الى الاعلى، فالمشكلة تنشا عن حدث طبيعي او تصرف بشري يتصور شخص او اشخاص ان له اثارا غير مرضية . اما اذا اتسع نطاق المشكلة الى المستوى العام او مستوى المجتمع وبلغ مداه حدودا لا يمكن لغير الحكومة حلها ، ارتفعت المشكلة في هذه الحالة الى مستوى مشكلة عامة.

ويمكن ان تكون (المشكلة العامة) من التعقيد بحيث يثور حولها جدل طويل يتعلق بصفة خاصة بافضل سبل علاجها، وصعوبة الاتفاق على تعريف المشكلة العامة واختيار افضل بدائل علاجها ، واذا تكونت المشكلة العامة من مجموعات من المشاكل العامة المترابطة التي يلزم اخذها جميعا في الاعتبار عند البحث عن علاج في هذه الحالة تتحول المشكلة العامة الى (قضية) تشغل الراي العام والمسؤولين الحكوميين ، واخيرا تكون (القضية العامة) من مجموعات من القضايا المترابطة يثير كل منها جدلا موضوعيا حادا فالقضية العامة عبارة عن مدرج يتكون من مجموعات ومستويات - رأسية وافقية - من المشاكل العامة المتداخلة المعقدة كل منها يعتمد على الاخر ويرتبط به ، وتتطلب معالجة القضية العامة اعداد قوائم بالمشاكل المتداخلة فيها وترتيبها وفق اولويات واهميات.

ويمكن القول توجد مشكلة عامة اذا توافرت شروط اهمها ما يلي :

أ. تغير اوضاع او ظروف معينة في المجتمع من حال الى حال .

ب. يعتبر هذا التغيير غير مرغوبا فيه وغير مقبول لتعارضه مع المقاييس والقيم الاجتماعية.

ج. اتفاق عدد كبير او مجموعة فعالة من المواطنين في الشعور بعدم الرضاء عن الوضع الجديد.

د. رغبة هؤلاء المواطنين في تصحيح الوضع واستعدادهم لبذل الجهد للوصول الى هذا الهدف.

ومن ناحية اخرى يخطئ من يعتقد ان وجود مشكلة عامة يعني ان المجتمع ككل موحد الراي بالنسبة لها فواقع الامر ان الناس يختلفون ويتفاوتون تفاوتا كبيرا في حكمهم على الاوضاع المحيطة بهم ، ومما يزيد الامر تعقيدا ان الاحصاءات والمؤشرات الدالة على وجود مشكلة عامة معينة لا تكفي غالبا لخلق اتفاق في الراي حول اهمية هذه المشكلة وبالتالي السياسة العامة ومنهج العمل لعلاجها .

فالتعاون بين وجهات نظر افراد وفئات المجتمع حول ما تواجههم من مشاكل امر طبيعي ويرجع الى اسباب كثيرة من بينها توقعاتهم لما يجب ان يكون عليه الوضع في المجتمع مقارنة بالوضع القائم فعلا وتتوقف توقعات الافراد على عوامل كثيرة ترتبط بتكوينهم وبشخصياتهم وبخلفياتهم وبمراكزهم في الهيكل الاجتماعي والاقتصادي والحضاري وما ينطوي عليه ذلك من اختلافات في القيم والعقائد التي توجه سلوك كل منهم لذا فاعضاء المجتمع الذين ينتمون الى طبقات اجتماعية او اقتصادية مختلفة او الذين ينتمون الى اجناس او اديان او خلفيات قومية مختلفة، قد يختلفون في الحكم على الواقع الاجتماعي المحيط بهم .

٢. اثارة اهتمام الحكومة وادراج المشكلة في جدول اعمالها :

غالبا لا تصنع الحكومة سياسات عامة لعلاج مشكلة خاصة او اجتماعية محدودة الاثر ، وانما تصنع السياسة العامة في محاولة لحل مشكلة عامة يتاثر بها - بصورة مباشرة - او غير مباشرة عدد كبير من افراد المجتمع ويتطلب علاجها تدخلا حكوميا ، لذا فان صنع السياسة العامة يتطلب النجاح في اثارة اهتمام الحكومة بالحدث الطبيعي او التصرف البشري ، واعترافها بانه خلق مشكلة عامة جديرة بالاهتمام الرسمي ، وبالتالي قيامها بادراج المشكلة في جدول اعمالها كتعبير عن الالتزام بمحاولة ايجاد حل لها . وبناء عليه ، فالمطلب الاول للنجاح في اثارة اهتمام

الحكومة بالمشكلة اذن هو اتفاق مجموعة او مجموعات من الاشخاص على وجود مشكلة ورغبتهم في علاجها ، واستعدادهم للضغط على الحكومة لحلها ، ويتوقف النجاح في اثارة اهتمام الحكومة بالمشكلة بما يؤدي الى ادراجها في جدول الاعمال على قدرة من يعتقدون في وجود مشكلة على اقناع الحكومة بذلك ، وبضرورة قيامها باتخاذ ما يلزم لعلاج المشكلة ... ويقوم هذا التجمع بين المهتمين بالمشكلة على قاعدتين اساسيتين الاولى ، ان اعضاؤه يتأثرون مباشرة بالمشكلة ويعتبرونها وضع غير مرغوب فيه ويلزم تغييره والثانية انهم يرغبون في دفع الحكومة الى اتخاذ ما يلزم لاحداث التغيير المرغوب فيه ومستعدون للعمل على ذلك .

غير ان اهتمام المسؤولين الحكوميين - رغم اهميته - لا يكفي لضمان قيام الحكومة بالعمل الجدي لايجاد حل للمشكلة ، فاحيانا تكتفي الحكومة باصدار تصريح رسمي يعبر عن اهتمامها بالمشكلة دون متابعته بخطوات عملية لدراستها والعمل على حلها ، ولذا يمثل اثارة اهتمام الحكومة الخطوة الاولى على طريق ادراج المشكلة فعلا في جدول اعمال الحكومة ، والمقصود بجدول الاعمال هو قائمة المشاكل العامة التي تواجه المجتمع وتعتبر جديرة باهتمام الراي العام والحكومة على السواء ، وتعدها الحكومة جديرة باتخاذ ما يلزم لحلها او علاجها .

وتجدر الاشارة الى ان ادراج المشكلة في جدول اعمال الحكومة والابقاء عليها، عملية سياسية معقدة تتوقف اساسا على حكمة القيادة السياسية ، النظام السياسي للدولة، والظروف التي تواجه المجتمع ويتطلب احيانا توافر المشكلة على ثلاثة مجموعات من العناصر .

المجموعة الاولى : تتعلق بالمشكلة ذاتها ، ومنها اتساع نطاق تاثير المشكلة بحيث يصل الى اعداد كبيرة من افراد المجتمع ، ووجود ما يدل على ان المشكلة حقيقية وجدية وان اثارها السلبية جديرة بالاهتمام ، وكذلك وجود ما يوحي بأن احد الحلول المقترحة لعلاج المشكلة من قبل الاحزاب او جماعات الضغط قد ينجح فعلا في علاج المشكلة ولو جزئيا .

المجموعة الثانية : تتعلق بالاشخاص المهتمين بالمشكلة ، سواء الاحزاب او

جماعات الضغط ، او اي فئة من فئات المجتمع المدني ، ودرجة ونوع تنظيمهم وقدرتهم على التاثير في المجتمع والنظام السياسي بما في ذلك مكانتهم الاجتماعية والسياسية وقدراتهم المالية والفنية اللازمة للقيام بالحملة السياسية اللازمة .

المجموعة الثالثة : تتعلق بالنظام السياسي ذاته ، ومدى استعداد القيادة السياسية لتلقي وتقبل ضغوطا اجتماعية ، ووجود قنوات في النظام السياسي والجهاز الحكومي يمكن عن طريقها للمواطنين وجماعات الضغط التاثير في الحكومة والقيادة السياسية .

إن نجاح الاحزاب او جماعات الضغط في اثارة اهتمام الحكومة والمجتمع بمشكلة معينة وقيام الحكومة بادراجها في جدول الاعمال ، يعد مرحلة هامة على طريق علاج المشكلة ، وهو ما يعني نقل المشكلة من مستوى العمل الشعبي غير الرسمي الى مستوى العمل الحكومي الرسمي وهي بذلك خطوة ضرورية لاشراك الحكومة في الجدل حول ما هية المشكلة وطبيعتها واثارها وانواع الحلول الممكن الاختيار من بينها، اي اعتراف الحكومة بوجود مشكلة وباهمية القيام بجهد رسمي لايجاد حل لها ، الامر الذي يترتب عليه نقل عبئ ومسؤولية حل المشكلة من المستوى الشعبي الى المستوى الحكومي . وهو ما يمهد لاعداد مقترحات السياسة العامة لمواجهة المشكلة .

ثالثا: صياغة مقترحات السياسة العامة

ترمز خطوة ادراج المشكلة في جدول اعمال الحكومة الى اعتراف المسؤولين بوجود هذه المشكلة، وتعبر عن وعد او التزام حكومي بنية العمل على ايجاد حل لها ، وبالتالي انتقال المسؤولية عن حل المشكلة من نطاق النشاط الشعبي غير الرسمي الى نطاق العمل الحكومي الرسمي، وبشأن المشكلة العامة والخطوات التي تتخذ بشأنها في اطار العمل الحكومي الرسمي يقتضي الامر، تحليل العناصر التالية:

١. طبيعة عملية اعداد مقترحات السياسية العامة.
٢. معرفة الذين يشتركون في اعداد مقترحات السياسة العامة.
٣. اجراءات صنع السياسة العامة.

غير ان اعتراف المسؤولين بوجود مشكلة وادراجها في جدول اعمال الحكومة لا يعني بالضرورة وجود اتفاق في الرأي على طبيعة المشكلة، ابعادها، واثارها السلبية التي يعاني منها افراد المجتمع، بمعنى ان المسؤولين السياسيين والاداريين لا يواجهون مشكلة واضحة محددة الابعاد والمعالم والتعريف ، بل عادة ما يواجهون عددا من التعاريف والمفاهيم يعكس كل منها وجهة نظر جماعة ضغط مختلفة تنشأ نتيجة تصور معين لطبيعة المشكلة واثارها والحل اللازم لها، وبالتالي يكون على الوحدة القرارية بادئ ذي بدء تكوين تصور ووضع تعريف حكومي للمشكلة يوجه الجهود الهادفة لمعالجتها.

وعلى الرغم من ان صنع السياسة العامة نشاط تمارسه الحكومة باعتبارها المسؤولة عن ايجاد حل للمشكلة، فان ذلك لا يتم بمعزل عن دور اجهزة وجماعات وافراد خارج الحكومة، لذا يمكن تقسيم المشتركين في صنع السياسة العامة الى مجموعتين رئيسيتين:

المجموعة الاولى:حكومية وتضم الافراد الذين يتمتعون بالصلاحيات القانونية التي تسمح لهم بالمشاركة في صنع السياسات العامة ومن خلال نوعين من المؤسسات:

١. **السلطة التنفيذية:** وفي مقدمتها مجلس الوزراء والوزراء المختصين باعتبارهم المسؤولون دستوريا عن صنع السياسة العامة والاشراف عليها، وكذلك الوزارات والمؤسسات واللجان التي يشكلها رئيس الحكومة او الوزراء لدراسة المشكلة وتقديم المقترحات بشأنها، ويدخل في هذه المجموعة مراكز الابحاث وبيوت الخبرة والاستشاريون الذين تستعين بهم السلطة التنفيذية في دراسة المشكلة والتوصية بشأنها.

٢. **السلطة التشريعية :** وهم الذين يقومون بالدور المركزي لتشريع القوانين وصنع السياسات في النظام السياسي، ولا يمكن اضفاء هذه السمة عليهم لمجرد انهم مخولون دستوريا، وانما قد يستلزم الامر ممارستهم الفعلية لذلك.

وعلى الرغم من ان البعض يطلق على المرحلة الحالية (مرحلة الهيمنة التنفيذية) والتي تكون فعالية النظام السياسي فيها معتمدة كليا على السلطة التنفيذية

في صنع وتنفيذ السياسات العامة، فمن الضروري الاشارة الى ان كلا السلطتين التنفيذية والتشريعية تعتمدان احيانا على اشخاص ومؤسسات حكومية كمصادر للخبرة والمشورة والدراسة والبحث فيما يعرض عليها من مشكلات.

المجموعة الثانية: من المشاركين في رسم السياسة العامة هي مجموعة غير حكومية يصعب حصرها وتحديد افرادها ومنظماتها ، وقد يكون في مقدمة هذه المجموعة الاحزاب وجماعات الضغط التي تسعى الى الاهتمام بمشكلة معينة واقتراح حلول لها، وتلعب الجمعيات المهنية كمؤسسات مجتمع مدني دورا رئيسيا في صنع السياسات التي تقع في نطاق تخصصاتها.

ان هذا التقسيم لا يفضي بالضرورة الى ان الافراد والجماعات في المجموعتين الحكومية وغير الحكومية، يعملون بمعزل عن بعضهم البعض، فغالبا توجد قنوات للتفاعل المستمر بينهم لذا فان التفاعل والتفاوض والصراع والتعاون هو الذي ينبغي ان تتسم به العلاقة بين المؤسسات الحكومية والمؤسسات غير الحكومية، وذلك عبر شبكة معقدة من الاتصالات لاعداد مقترحات سياسية عامة تحظى بقبول عام قدر الامكان مما يعزز احتمالات نجاحها كوسيلة لحل ومعالجة المشكلة.

استنادا لما تقدم يمكن تصور مرحلتين نظريتين في النشاط الحكومي الهادف الى صياغة مقترحات السياسة العامة:

المرحلة الاولى، تجري فيها الاتصالات بين المسؤولين وكافة الاطراف الحكومية وغير الحكومية ذات العلاقة، بدرجة كبيرة من الحرية والمرونة والتشعب وتسير في كل الاتجاهات، وتنتهي باعداد مشروع يمكن تقديمه للوحدة القرارية المعنية باتخاذ قرارات السياسة العامة ، وبعد ذلك تبدأ المرحلة الثانية وهي التأكد من ان المشروع في مضمونه والاجراءات التي اتبعت في اعداده وصياغة مقترحاته والقيم التي ينطوي عليها تتسق مع الحدود الدستورية والقانونية والتوجهات السياسية للنظام السياسي ولا تتعارض مع مصلحة المجتمع.

وبصفة عامة يمكن القول ان الاطار العالم لاجراءات عملية صنع السياسات العامة يتشابه نوعا مع الخطوات العملية لعملية اتخاذ القرارات، وتتضمن هذه الاجراءات:

١. تشخيص المشكلة وتعريفها باكبر قدر من الدقة.

٢. تحديد الغاية او الهدف (او الاهداف) المطلوب تحقيقها.

٣. جمع المعلومات والبيانات حول المشكلة والتشاور مع الاطراف المعنية وتشكيل لجان التحقيق والتحري واستشارة الخبراء.

٤. صياغة السياسات البديلة ومحاولة التعرف على الاحتمالات المتوقعة بشأن كل بديل من البدائل المتاحة.

٥. تقييم مدى فعالية كل بديل على مواجهة المشكلة باعتماد معايير موضوعية.

٦. حسم الاختيار بين البدائل باختيار احدها مراعاة لكونه في حالة اقراره يوفر امكانية تحقيق الاهداف باكبر قدر من الفاعلية.

رابعا: اعتماد السياسة المقترحة

اذا كانت مرحلة صنع السياسة العامة تتميز بتعدد المشروعات والمقترحات والبدائل فان مرحلة اعتماد السياسة العامة واقرارها تتميز باختيار الحكومة او الوحدة القرارية المختصة لاقتراح أي بديل واحد باعتباره افضل البدائل لحل المشكلة المطروحة واكثر انسجاما مع توجهات النظام السياسي السياسية ويضمن تحقيق اكبر قدر من التوفيق بين الاراء واعلى درجة من الرضاء العام والقبول، ويتضمن اعتماد السياسة العامة اصدارها في الشكل القانوني الذي يكسبها شرعية ويضفي عليها قوة الالزام، بمعنى ان اعتماد السياسة العامة واقرارها تعد ضرورة لازمة وسابقة لوضعها موضع التنفيذ، ويتخذ هذا الاقرار اشكالا مختلفة تتناسب مع طبيعة المشكلة ومستوى القرار اللازم لعلاجها، وقد يعبر عنه في صورة تصريح او خطاب رسمي لرئيس الدولة او الحكومة او ناطق رسمي مخول، او في صورة قرار حكومي أو اداري، ولا شك ان عملية اعتماد السياسة العامة واقرارها هي نتيجة لاجراءات ومراحل صنعها، وهي عملية سياسية تشريعية تتم حسب طبيعة النظام السياسي ونظام الحكم والنظام التشريعي في كل دولة.

ويبقى مهما الاشارة الى ان النظام السياسي في سعيه لايجاد حل مناسب للمشكلة، يعتمد ليس فقط على الحكمة السياسية لصانعي القرار في التوفيق بين

وجهات نظر متعارضة، ولكنه يعتمد بنفس الدرجة من الاهمية على اتباع اساليب علمية موضوعية للوصول الى استخلاص افضل اسلوب بديل يحقق حل المشكلة باعلى درجة من الكفاءة واقل التكاليف في الوقت والجهد والكلف المادية.

ان جوهر عملية صنع السياسة العامة يقود الى صدور قرارمن صاحب السلطة يحدد ما سوف تقوم الحكومة بعمله في سبيل حل المشكلة، وهو ما يعني ان لدى الحكومة سلطة وعليها مسؤولية اعداد خطط وبرنامج عمل لتطبيق قرار السياسة العامة.

خامسا: تنفيذ السياسة العامة

المقصود بتنفيذ السياسة العامة هو الاجراءات الفاعلة واللازمة لتحقيق اهداف صانع القرار ازاء حل مشكلة عامة، أي ترجمة قرار السياسة العامة بما ينطوي عليه من اهداف وقواعد ومبادئ الى خطط وبرامج عمل محددة، في حالة تنفيذها بدقة ينتظر ان تحقق الاهداف المتوخاة. وقد يتضمن القرار المتخذ بشان المشكلة بيانا عاما ببعض المبادئ التي تساعد السلطة التنفيذية على تفهم رغبة صانع القرار في التعبير عن ماذا يعمل؟ والطريقة الانسب التي يؤدي بها عمله، والجهة التي تكلف بالعمل والتي تعد اكثر تأهيلا لتحقيق اهداف السياسة العامة ، ثم تولي السلطة التنفيذية ترجمة ذلك الى تفاصيل دقيقة تضمن دقة التنفيذ على ارض الواقع.

ويمكن وصف القرار بأنه مخرجا لمرحلة التشريع، ومدخلا وبداية لمرحلة التنفيذ، اي ان قرار السياسة العامة عمل سياسي بالدرجة الاولى يتم في نطاق السلطة التشريعية حتى لو ساهمت في صنعه وصياغته السلطة التنفيذية بدور كبير او صغير، فدور السلطة التنفيذية في هكذا نشاط يعد من قبيل العمل السياسي.

وبصدور القرار وانتقاله من نطاق السلطة التشريعية تصبح السلطة التنفيذية هي المسؤول الاول عن اتخاذ الاجراءات اللازمة لتحقيق اهداف وتوجهات صانع القرار مع الالتزام الدقيق بالمبادئ والقواعد التي وضعها المشرع.

١. الشروع بتنفيذ السياسة العامة:

على الرغم من ان القرار السياسي يتخذ للتعامل مع موقف تعكسه مشكلة

معينة، فان المشرع عندما يترجم القرار ويعد صياغة قانونية ملزمة له قد لايضمن تشريعه تعريفا للمشكلة او تحديدا واضحا للاهداف ، بل يكتفي احيانا بالاشارة العامة اليها، فحال انتهاء مرحلة تبني السياسة تشريعيا تصبح المقترحات ومشروعات اللوائح التي تعبر عن مضمونها مؤهلة لان تسمى بالسياسات العامة، اخذين بنظر الاعتبار احتمال تغيير وتعديل او توسيع مضمونها عما كانت عليه من مسودتها الاولى، مما يجعل تاثيرها على المستفيدين منها مختلفا اختلافا كليا، واحيانا لا تحمل اللائحة التي شرعت اي مضمون سوى انها تخول جهة ما صلاحية وضع سياسات حول موضوع معين. والمصطلحات التي تستخدم هنا كمرادف للتنفيذ هي الادارة او ألتطبيق او التفصيل وفي الحياة العملية يكون التمييز او الفصل بين مرحلتي التشريع والتنفيذ ليس بالعمل السهل، وتصدق المقولة التي ترى في هذا الصدد بان السياسة تشرع في ضوء امكانية تطبيقها وهي تطبق في ضوء ما تنص عليه لائحة تشريعها[٧].

٢. الخطوات العملية لتنفيذ السياسة العامة:

ان الغاية الاساسية لمرحلة تنفيذ السياسة العامة هي تحقيق اهداف السياسة العامة، كما يحددها المشرع او صانع القرار، وبذا تصبح اجهزة الادارة العامة ومؤسسات الدولة هي الاداة الحكومية التي تعمل على حل المشكلة واحتواء اثارها السلبية على الصالح العام، وفي اطار المبادئ والقواعد المرعية، وبالتالي فمرحلة تنفيذ السياسة العامة تنقل الموضوع من اطار السياسة والصراع السياسي التشريعي اساسا، الى اطار السلطة التنفيذية والادارة العامة اساسا.

وتنطوي عملية تنفيذ السياسة العامة على الخطوات التالية:

أ. **تكليف** احد الاجهزة الادارية (او اكثر) التابعة للسلطة التنفيذية بمهمة تنفيذ السياسة العامة وقيام هذا الجهاز بتنسيق وظائفه لضمان انجاز اهداف السياسة العامة.

ب. وضع الخطط التنفيذية.

وصف التخطيط بانه (التفكير قبل العمل) وصياغة الاهداف ، وتحديد الوسائل الكفيلة بترجمة الفعاليات التي تؤمن تحقيق هذه الاهداف.

فالتخطيط عنصر جوهري واساسي لايجاد اطار نظري لمجمل الفعاليات الواجب القيام بها لتحقيق اهداف السياسة العامة وكيفية القيام بها، بمعنى الدراسة المسبقة التي تتوخى وضع البرامج والاساليب والاعتمادات اللازمة واعداد المستلزمات الضرورية لضمان الوصول الى الغايات، ان ضمان تنفيذ الخطط الموضوعة لتنفيذ السياسة العامة بدقة يستبعد اي هامش للارتجال ويضيق احتمالات الخلل والفشل ويسهم في توجيه وتنظيم جهود العاملين على تنفيذ السياسة العامة بمختلف مستوياتهم وتخصصاتهم ويمنح الفرص لارساء اسس دقيقة لتقيم مدى نجاح الخطوات التنفيذية.

ج. البناء التنظيمي.

لضمان تنفيذ البرامج والمشروعات والفعاليات التي تتضمنها الخطط التنفيذية الرامية الى تحقيق اهداف السياسة العامة، يعد البناء التنظيمي لهيكل الوظائف الذي يتولى مسؤولية التنفيذ احد العناصر الاساسية لتنفيذ السياسة العامة، وذلك لما لطبيعة المهام التي تتضمنها عملية التنظيم والتي تشتمل على تحديد الخطوات والاساليب والاجراءات والادوات والمعدات الضرورية للتنفيذ،واللوائح والتعليمات الارشادية للعاملين لمساعدتهم على تنفيذ الاعمال الموكلة اليهم، وتوفير مستلزمات نجاحهم في اداء الوظائف والاعمال المناطة بهم ضمن سياق الخطط الموضوعة.

د. ميزانية التنفيذ.

يعد التمويل المالي ضرورة لازمة لضمان تنفيذ السياسة العامة ولنجاح خططها واجراءاتها، بمعنى ان القرار الحكومي بتنفيذ السياسة العامة لا يتحول الى حقيقة واقعية وعمل فعلي الا اذا اقترن بتوفير الموارد المالية اللازمة والمحددة والمرصودة سلفا سواء عند اتخاذ القرار او عند التخطيط للسياسة العامة بمعنى ان توريد واعتماد الميزانية المخصصة لتنفيذ السياسة العامة هو قرار سياسي يحدد مقدار التمويل المالي الذي تخصصه الحكومة لتنفيذ السياسة العامة ومصدر هذا المال.

هـ. توظيف الموارد البشرية.

ان العنصر البشري هو الذي يترجم الخطط والبرامج الى عمل وانتاج،

ويتوقف عليه بالدرجة الاولى نجاح الادارة الحكومية في تحقيق اهداف السياسة العامة، لذا فان تنفيذ السياسة العامة لا يمكن ان يتم الا باستكمال الجهاز التنفيذي لتوظيف الموارد البشرية المطلوبة وعلى وفق ما ورد في خطط التنفيذ.

والمقصود بتوظيف الموارد البشرية هو شغل الوظائف التي يتكون منها الهيكل التنظيمي او الوظيفي باشخاص مؤهلين تتلائم مستوياتهم العلمية وقدراتهم وخبراتهم العملية ومهاراتهم مع طبيعة الوظائف والمهام التي تناط بهم وبمعنى اخر توفير الاعداد اللازمة من العاملين الذين يتمتعون بالمعارف والخبرات والمهارات اللازمة لانجاز الاعمال المحددة لتحقيق اهداف السياسة العامة او تكوين البيروقراطية اللازمة للتنفيذ لضمان الدقة والسرية والسرعة والوضوح واحترام السلطة وخفض التكاليف.

يوضح مجمل ما تقدم ان تنفيذ السياسة العامة يتطلب مجموعتان من الانشطة الهادفة الى تنظيم وتفسير وتطبيق السياسة العامة وهو ما يوضح ذلك التشابك بين الادارة والسياسة ودور الادارة العامة في تنفيذ السياسة العامة.

هوامش الفصل الثامن

١. د. خيري عبد القوي، مصدر سبق ذكره، ص ٣٥- ٣٦.

2. Charles Q. Jones, An Introduction to the study of public Policy 2nd edition (North Scituate, MA:Duxbury, 1977), p.41-42.

٣. د. كمال المتوفي، مصدر سبق ذكره، ص ٢٩١.

٤. د.خيري عبد القوي،مصدر سبق ذكره، ص٩٧.

٥. انظر بالتفصيل د. كمال المتوفي، مصدر سبق ذكره، ص٢٩١-٢٩٢.

٦. وكذلك د. خيري عبد القوي، المصدر السابق، ص١٢٩-١٣٠.

٧. المصدر نفسه، ص٩٧-١٤٣.

٨. جيمس اندرسون، مصدر سبق ذكره، ص١٢٣.

الباب الرابع
أشكاليات وتحديات النظام السياسي

الفصل التاسع : اشكاليات النظام السياسي

الفصل العاشر : الاحزاب والنظم الحزبية

الفصل الحادي عشر : اسناد السلطة بالانتخابات

إشكاليات النظام السياسي

أولا.إشكالية الشرعية

١. مفهوم الشرعية :

لقد تناول الكثير من الكتاب والمفكرين مفهوم الشرعية وحاولوا اشباعه بحثا وتحليلا ، وهم وان اختلفت اتجاهاتهم ومنطلقاتهم يتفقون في التحليل النهائي على ان قبول مواطني القطر غير القسري (الطوعي) بالحكومة هو الذي يجعل الحكومة شرعية. وبمعنى اخر ان جوهر الشرعية هو قبول الاغلبية العظمى من المحكومين لحق الحاكم في ان يحكم وان يمارس السلطة .

ومفهوم الشرعية بهذا المعنى هو المقابل المصطلحي لمفهوم البيعة في التراث العربي الاسلامي ويقول "ابن خلدون" في هذا الصدد (اعلم ان البيعة هي العهد على الطاعة كأن يعاهد المبايع أميره على انه يسلم له في امر نفسه وامور المسلمين ، لاينازعه في شيء من ذلك ، يطيعه فيما يكلفه به من الامر على المنشط والمكره) [١].

وقد ذهب "ماكيفر" الى القول ان (الشرعية تتحقق حينما تكون ادراكات النخبة الحاكمة لنفسها وتقدير غالبية المجتمع لها متطابقين وفي توافق تام مع القيم والمصالح الاساسية للمجتمع ، وبما يحفظ للمجتمع تماسكه)[٢].

اما "ماكس فيبر" فيقول (ان النظام الحاكم يكون شرعيا عند الحد الذي يشعر مواطنوه ان ذلك النظام صالح ويستحق التأييد والطاعة) [٣].

واكثر انواع التاييد استقرارا هو ذلك النوع المستمد من ايمان الافراد بان من واجبهم قبول وطاعة الحاكم والالتزام باهداف النظام السياسي كما لو كانت مطابقة لمبادئهم وقيمهم ولما هو صحيح ومحق في المجال السياسي . فالنظام السياسي في محاولته امتلاك زمام الامور والقدرة على مواجهة تحديات الحكم ، تختلف قدرته

وكفاءته اختلافا كبيرا بين حالة يكون فيها الناس معه وحالة يكون فيها الناس ضده، او ليسوا معه ، سواء كانوا ضده بالاعتراض والرفض والمقاومة ، او بالسلبية والاهمال وعدم التفاعل معه .

وهكذا فكما يقول "ديفيد ايستون" ان ماميز بين التفاعلات السياسية وبين كل اشكال التفاعلات الاجتماعية الاخرى ، هو ان التفاعلات السياسية موجهة بشكل كلي نحو التحديد الماذون للقيم لمجتمع ما، والتحديد يكون ماذونا عندما يعد الاشخاص الموجه نحوهم انهم مقيدون به .

وحسب اجتهادنا ان الشرعية لا يقررها التاييد او المعارضة حسب، فقد يجد المحكومون ان من المقبول لديهم والمناسب لهم ، ان يطيعوا ارادة النظام السياسي القائم لكونها تتسق مع قيمهم ومبادئهم واخلاقياتهم واmانيهم، ولكن ليس لمنفعة شخصية مباشرة او لمصالح ذاتية فردية ، بل بمعنى المنفعة العامة وعلى المدى الطويل، والشرعية بهذا المعنى اوسع من التاييد او المعارضة ، اذ قد يكون هناك من يعارض السلطة ، وقد يتذمر الناس من بعض قراراتها وسياساتها ، ولكن هذه امور طبيعية بل وحتمية لا تنفي الشرعية طالما شعر المواطنون ان السلطة في توجهها العام سلطة وطنية منسجمة مع التاريخ الوطني للبلد ، ومخلصة بوجه اعم لارادة الشعب وللقيم العامة التي تربط ابناء الوطن الواحد بعضهم ببعض ، وطالما اقتنعوا بالسند والمبرر الذي تعتمد عليه هذه السلطة في تفسير امتلاكها لحق اصدار القوانين وادارة شؤون المجتمع الداخلية وعلاقاته الخارجية .

ويبقى من الاهمية بمكان الاشارة الى ان الشرعية ليست شيئا حديا، يخضع لثنائية الوجود المطلق من عدمه .. الادق انها عملية صيرورة تطورية متدرجة بمعنى انها يمكن ان توجد بدرجات متفاوتة قابلة للنمو او التضاؤل . فكثير من النخب الحاكمة قد تستولي على السلطة دون ماسند من مصادر الشرعية ، ولكنها بمرور الوقت تكتسب شرعيتها، أي قبول المحكومين (وليس مجرد اذعانهم) لاحقيتها بان تحكم والعكس صحيح ، أي ان نظاما حاكما قد يبدا حكمه وهو مستند الى شرعية واضحة ولكنه بمرور الوقت قد يفقد هذه الشرعية ، ومن هنا تحاول كل الانظمة الحاكمة بصرف النظر عن كيفية وصولها الى السلطة - ان تكرس شرعيتها ان بدات

بمثل هذه الشرعية، او ان تبني شرعيتها ان كانت قد بدات من دونها ، ويمكن التمييز بين نمطين من انماط الشرعية هما ما يمكن تسميته :

أ. **الشرعية الثورية** ، وتعني ان الثورة - سواء من اجل نيل الاستقلال او من اجل التخلص من الانظمة الملكية التي حكمت بعد الاستقلال - هي في حد ذاتها مصدر لشرعية من تولوا الحكم في اعقابها .

ب. **الشرعية الدستورية** ، وتعني ان تكون مبادرات الحكم قابلة للتوقع،لانها مشروطة في اصولها وفي نتائجها بشبكة من القوانين المعروفة والمتفق عليها ، أي ان النظام السياسي يعتمد الديمقراطية والمشاركة في الحكم ، وتؤدي فيه المؤسسات دورا فاعلا في العملية السياسية .

والى جانب هذا التمييز يشير "د. منذر الشاوي" من ناحية اخرى الى نمطين من الشرعية هما الشرعية الثيوقراطية المنطلقة من سيادة الاعتقاد في فترة من الفترات بان الله هو مصدر السلطة ولذلك يجب طاعتها وبالتالي فهي شرعية .

والشرعية الديمقراطية بمعنى ان سلطة الحكام لا تكون شرعية الا اذا خولت لهم من قبل المحكومين ، ويميز من جانبه بين ان تكون السلطة شرعية او كونها مشروعة ، ويرى ان السلطة تكون شرعية اذا كانت تقدم الصفات التي تتماشى او تتطابق مع الفكرة السائدة عند المواطنين عن شرعية السلطة ، وتكون السلطة مشروعة اذا كانت خاضعة للقانون الوضعي ، او كانت اقامتها متماشية مع القانون الوضعي السابق الوجود عليها (وهنا يراد ان تتماشى اقامتها مع الدستور) [٤].

نخلص من جملة ما تقدم الى ان حجر الزاوية في اضفاء صفة الشرعية على فعالية النظام السياسي يكمن في عملية التوافق بين المبادئ العامة او الثقافة السياسية او الايديولوجية التي يتمسك بها او يروج لها النظام السياسي وبين قناعات الافراد الذين يعيشون في كنفه، وعليه فان صفة الشرعية في النظام السياسي الحاكم تتوقف على تاييد الافراد وقناعاتهم بفعالية ذلك النظام ، ومن ثم التوافق بين رؤية النظام ومبادئه من ناحية وقناعات الافراد والجماعات من ناحية اخرى ، وانطلاقا من ذلك فليس من المبالغة في شيء القول ان جهود انظمة الحكم العربية لاضفاء صفة الشرعية على نفسها داخليا لا زالت وسوف تبقى تمثل حافزا مستمرا ورئيسيا لديها .

٢. مكونات الشرعية والنظام السياسي :

لقد اشار "ابن خلدون" الى ثلاثية تقوم على (الطبيعة، التنظيم ، الشرع) [٥] كما حدد "ماكس فيبر" ثلاثية اخرى، حيث ذهب الى ان الشرعية يمكن ان تستند الى واحد او اكثر من مصادر او مكونات ثلاثة هي: [٦]

أ. التراث والتقاليد .

ب. الزعامة الكاريزمية .

ج. العقلانية القانونية .

وعنى بالمكون الاول - (التراث والتقاليد) تلك الاعراف والمعتقدات المتوارثة التي تحدد الاحقية بالسلطة ، اما المكون الثاني (الزعامة الكاريزمية) او (الملهمة) فترتبط بشخصية الزعيم سواء كان في السلطة بالفعل او متطلعا اليها ، ومصدر الولاء والطاعة في الاتباع او المحكومين لهذا الزعيم هو اعجابهم بصفاته واعماله ، وهي التي تجعله مصدر جذب وحب وهيبة واحترام ، اما بالنسبة للمكون الثالث (العقلانية القانونية) فتستند الى قواعد مقننة تحدد واجبات وحقوق منصب الحاكم ومساعديه وطريقة ملىء المناصب واخلائها وانتقال السلطة وتداولها وممارستها وقد طور "ديفيد ايستون" هذه المكونات واعاد تركيبها ، فحدد ثلاثية اخرى تقوم على ما يلي : [٧]

أ. المكون الشخصي .

ب. الايديولوجيا .

ج. الشرعية البنيوية .

فالمكون الشخصي في الحاكم يدخل بالضرورة في بناء شرعية الحكم ايا تكن كاريزما ذلك الحاكم ، لا سيما اذا ما سار التحول الثقافي باتجاه ادماج الشروط الاخلاقية في مكونات الشرعية ، الامر الذي قد يبشر باستعداد اوسع لدى المجتمع لمحاسبة الحكام كافراد وكحكام .

اما بالنسبة للمكون الايديولوجي ، فلا بد من القول ان مصطلح الايديولوجيا يعني (منظومة الافكار والمعتقدات التي تعبر عن سياسة النظام القائم ،

او المنظومة المؤلفة من افكار وشعارات والتي يدعي النظام انه اداتها) ، فمهمة الايديولوجيا هي ان تكون دليلا ومرشدا للعمل السياسي ، وصورة لفهمه ، ونظرية تمكن من تفسيره ، ومقياسا لتقويمه، وتمثل بالتالي عقدا اجتماعيا صريحا وضمنيا بين النظام السياسي الحاكم وبين مواطنيه .

اما بالنسبة (للشرعية البنيوية) ، فيطلق "ايستون" صفة البنيوية في محاولة لتاكيد دور المؤسسات ، واهمية عملية المأسسة ، وقد وصف "صموئيل هنتنغتون" هذه العملية بانها (مسار تكتسب فيه المؤسسات والمعاملات القانونية استقرارا وقيمة لذاتها) [٨] . وتعد الشرعية البنيوية النظير المقابل للعقلانية القانونية في ثلاثية "ماكس فيبر" ، وتمثل الاخيرة بحسب "د. غسان سلامة" (تحديدا واضحا ومفصلا للحقوق والواجبات) . ويرى "كارل دويتش" ان الشرعية المؤسسية (البنيوية ، الدستورية) تقوم على ثلاثة عناصر هي : [٩]

أ. **العنصر الدستوري،** في معناه الضيق والبحت ، ومضمونه ان السلطة شرعية لانها قامت وفقا لمبادئ البلاد الدستورية والشرعية.

ب. **عنصر التمثيل** ، بمعنى ان تقوم الشرعية على اقتناع المحكومين ان الذين في السلطة يمثلونهم .

ج. **عنصر الانجاز** ، أي ان الشرعية تقوم او ربما حتى تبدا من خلال الانجازات الكبيرة التي تمت للمجتمع عن طريق السلطة .

ثانيا : اشكالية المشاركة

١. مفهوم المشاركة السياسية :

يعرض "لوسيان باي" مفهوما مبسطا للمشاركة السياسية يقترب من مثيله عند "غابرئيل الموند"، وهو يشير الى انها تعني (مشاركة اعداد كبيرة من الافراد والجماعات في الحياة السياسية [١٠] . وهي تعني بحسب "صموئيل هنتنغتون وجون نيلسون" ذلك النشاط الذي يقوم به المواطنون العاديون بقصد التاثير في عملية صنع القرار الحكومي ، سواء كان هذا النشاط فرديا ام جماعيا ، منظما ام عفويا ، متواصلا او متقطعا ، سلميا او عنيفا ، شرعيا ام غير شرعي ، فعال ام غير فعال[١١] .

ويشير "د. عبد المنعم المشاط" الى انها (شكل من الممارسة السياسية يتعلق ببنية النظام السياسي واليات عملياته المختلفة ، اذ يكمن موقعها داخل النظام السياسي في المدخلات سواء كانت التاييد او المساندة او المعارضة، ولكنها تستهدف تغير مخرجات النظام السياسي بالصورة التي تلائم مطالب الافراد والجماعات الذين يقدمون عليها[١٢] . ويرى "د. جلال عبد الله معوض" ، انها في اوسع معانيها تعني حق المواطن في ان يؤدي دورا معينا في صنع القرارات السياسية، وفي اضيق معانيها تعني حق ذلك المواطن في ان يراقب هذه القرارات بالتقويم والضبط عقب صدورها من جانب الحاكم[١٣]. وهناك من يرى انها تعني (ان تصدر القرارات العليا تعبيرا عن رغبة المجتمع ، ولهذا تطلب الامر ظهور التمثيل النيابي ، ونظم الانتخابات والاستفتاء والاستعانة بالخبراء .. الخ). ويرى اخرون ، انها تعني المشاركة الجماهيرية والاسهام الشعبي في العملية السياسية . ان المعنى الاكثر شيوعا لمفهوم المشاركة السياسية هو قدرة المواطنين على التعبير والتاثير العلني الحر في اتخاذ القرارات سواء بشكل مباشر او عن طريق اختيار ممثلين يفعلون ذلك .

واجدني اتفق مع "مايرون وينر" الذي يرى انها تعني أي فعل طوعي يستهدف التاثير في انتقاء السياسات العامة ، وادارة الشؤون العامة واختيار القادة السياسيين على أي مستوى حكومي ، محليا كان ام وطنيا[١٤].

٢. اهداف المشاركة السياسية والنظام السياسي:

تنطوي العلاقة السوية بين الدولة والمجتمع على قدر كبير من المشاركة السياسية للمواطنين وتنظيماتهم (غير الحكومية) في اتخاذ القرارات ، بمعنى ان المشاركة السياسية تمثل مؤشرا تفاعليا لصحة العلاقة بين المجتمع والدولة ، وبقدر ما تكون الدولة تعبيرا أمينا عن مجتمعها بقدر ما تزداد المشاركة السلمية المنتظمة لافراد المجتمع في الشؤون العامة سواء بصفتهم الفردية ام الجماعية من خلال مؤسساتهم الطوعية .

ولعل كثرة استخدام مصطلح (المشاركة السياسية) في دراسات التنمية السياسية .. بمعنى (تنمية قدرات الجماهير على ادراك مشكلاتهم بوضوح ، وقدراتهم على تعبئة كل الامكانات المتاحة لمواجهة هذه المشكلات بشكل علمي

وواقعي . او تنظيم الحياة السياسية ومتابعة اداء الوظائف السياسية في اطار الدولة وتجذير وتطوير النظم والممارسة السياسية لتصبح اكثر ديمقراطية في التعامل واكثر احتراما لكرامة الانسان ومطالبه) يؤكد حالة الاحساس العميق باهمية المشاركة السياسية كونها احدى الادلة المباشرة والاساسية على قدرة تحقيق اهداف التنمية السياسية ، وتنفيذ برامجها وسياساتها ونقلها من مستوى الاطروحات النظرية الى مستوى الفعاليات الانجازية والسياسات التطبيقية. وبينما تتضمن التنمية السياسية في احد جوانبها، تنمية روح المواطنة والمعايير الجديدة للولاء والمشاركة من خلال جعل الافراد مواطنين ملتزمين ومشاركين نشطين . فقد اعتبر "هنتنغتون" المشاركة السياسية احد عناصر التنمية السياسية ، واقترنت الاخيرة لديه بالعلاقة بين المأسسة السياسية من ناحية والمشاركة السياسية من ناحية اخرى [١٥]. كما اسلفنا وشخص "لوسيان باي" من جانبه ست ازمات مترابطة في مواجهة عملية التنمية السياسية ، هي ازمة الهوية ، ازمة الشرعية ، ازمة المشاركة ، ازمة الاندماج ، ازمة التغلغل ،ازمة التوزيع[١٦] ، وعدت هذه الازمات مشروطة في حلها بحل ازمة المشاركة اولا ودائما بمعنى ان المشاركة السياسية غاية ووسيلة في ان واحد ، هذا فضلا عن ان فقدان عنصر المشاركة السياسية الجماهيري يقود بما لا يقبل الشك في افتقاد النظام السياسي لدعم القاعدة الشعبية إلى انشطته وسياساته .

ومثلما تعد المشاركة السياسية معيارا لنمو النظام السياسي فهي مؤشرا على ديمقراطيته ، وهي بتشجيعها على تعزيز دور المواطنين في اطار النظام السياسي بضمان مساهمتهم في عملية صنع السياسات العامة والقرارات السياسية ، او التاثير فيها واختيار القادة السياسيين تغدو المظهر الرئيس للديمقراطية ، وعلى هذا الاساس يجري وصف النظام الديمقراطي على انه النظام الذي يسمح باوسع مشاركة هادفة من جانب المواطنين سواء بصورة مباشرة ام غير مباشرة في عملية صنع القرارات السياسية واختيار القادة السياسيين .

يتضح مما تقدم ان الدعوة للمشاركة السياسية تتجه نحو تحقيق الديمقراطية باشتراك الجماهير في العمل السياسي ودعم وتحريك النظام السياسي القائم ، وان ابرز ما يمكن استخلاصه في هذا الصدد يتركز فيما يلي :

أ. ان المشاركة / الديمقراطية تعني تحقيق مساهمة اوسع للشعب في رسم السياسات العامة وصنع القرارات واتخاذها وتنفيذها .

ب. ان المشاركة/ الديمقراطية تعني اعادة هيكلة تنظيم بنية النظا السياسي ومؤسساته وعلاقاته بما يتلائم وصيغة المشاركة الاوسع للشعب في العملية السياسية وفعالياته .

ج. ان المشاركة / الديمقراطية غدت احد معايير شرعية السلطة السياسية في أي مجتمع .

د. ان المشاركة / الديمقراطية توفر للسلطة فرص التعرف على راي الشعب ورغباته واتجاهاته .

وتوفر المؤسسات القنوات التي تمكن المواطنين من المشاركة السياسية ، ولا تقف اهميتها عند ذلك بل لكونها تشكل اطار للعملية السياسية واداة للمحافظة على الاستقرار السياسي . وانطلاقا من ذلك يربط "هنتنغتون" بينها وبين المشاركة السياسية والاستقرار السياسي ويرى ان ضرورة تحقيق الاستقرار السياسي تتطلب بناء المؤسسات السياسية التي تنظم المشاركة السياسية وتحول دون انعدام الاستقرار .

واستنادا الى ذلك يتوقف الاستقرار السياسي في المجتمع على العلاقة بين مستوى المشاركة السياسي من ناحية ، ودرجة المأسسة من ناحية اخرى ، باعتبار ان المأسسة السياسية تمثل في آن واحد بناء سلطة سياسية قومية تضمن المساواة بين المواطنين واقامة نظام قانوني ، مبني على اساس احترام الحقوق العامة وتوزيع المهام على اساس الكفاءة والتفوق والقدرة على الانجاز ، وتنمية بنى متخصصة ، والعمل على توسيع مشاركة الجماعات الاجتماعية في الحياة السياسية العامة [١٧].

فالحفاظ على الاستقرار السياسي اذن يتطلب الملازمة بين درجة المشاركة السياسية ودرجة المأسسة السياسية ، بمعنى كلما زادت درجة المشاركة السياسية فان درجة التركيب والاستقلال الذاتي والتكيف والترابط للمؤسسات السياسية ينبغي ان تزيد بدرجة مماثلة ، ومن هنا فان وجود هيكل سياسي يؤمن للمواطنين فرص المشاركة السياسية ويعمل على توسيع نطاقها ، من حيث عدد المشاركين ، ونوعية

ودرجة المشاركة وتوافر المؤسسات المتمايزة يعني تحقيق مستوى عال من الاستقرار والنمو للنظام السياسي .وخلاصة الامر ان اشكالية المشاركة بمعناها العام تشير الى تحديد كيفية الاشتراك في العملية السياسية وتدور حول تحديد من يشترك في صنع القرارات الحكومية (١٨) .

وهي الاشكالية التي تنجم في اغلب الاحيان عن التزايد في عدد الراغبين بالمشاركة بكل ما يلقيه ذلك من اعباء على كاهل النظام السياسي لتكييف فلسفته وقوانينه واجراءاته ومؤسساته من ناحية ، ودفع النخبة الحاكمة بعدم شرعية مطالب وسلوك الأفراد والجماعات الساعين الى المشاركة في العملية السياسية من ناحية اخرى ، وبمعنى اوسع ان هذه الاشكالية تحدث في ظل تشكيلة متباينة من الظروف . لذا يبقى من الاهمية بمكان الاشارة الى ان المشاركة اليوم مقوم ضروري لمواطن هذا العصر الذي غدى كيانه يتحدد بجملة من الحقوق تتمثل في حرية التفكير والتعبير والاجتماع وانشاء الاحزاب والنقابات والجمعيات، والمشاركة في اتخاذ القرارات وفي الوظيفة العامة اضافة الى حق التعليم والعمل والمساواة وتكافؤ الفرص ، ويقف في مقدمة ذلك الحق في اختيار الحاكمين ومراقبتهم وعزلهم .. فمسالة المشاركة ينبغي ان ينطلق النظر اليها لا من امكانية ارساء الممارسة الديمقراطية في هذا المجتمع او ذاك بل من ضرورة ارساء اسسها وافراز الياتها والعمل بها بوصفها الاطار الضروري لتمكين افراد المجتمع من ممارسة حقوق المواطنة من جهة وتمكين الحاكمين من الشرعية التي تبرر سلطتهم وحكمهم من جهة اخرى ، فضلا عن تنظيم العلاقات داخل المجتمع تنظيما عقلانيا يوجه الصراع والمنافسة الى فائدة تقدم المجتمع ككل في اطار ممارسة المواطن لحقوقه .

فهي اذن الضمانة الحقيقية للخروج من الازمة الناجمة عن احتمالات انفجار العنف ، وهي بفضل ما تثيره من امال التغير والتطور تمثل رمزا للاصلاح والتفاؤل ومن ثم الفرصة الجديدة لحلحلة الامور باتجاه المصالحة الوطنية واعادة نصاب العدل والمساواة ومنح الفرص على اساس الانتماء الوطني والقومي والكفاءة والتفوق ومحو الحزازات السياسية والعقائدية والطائفية بين ابناء المجتمع الواحد .

ثالثا.   اشكالية الوحدة الوطنية

١. مفهوم الوحدة الوطنية :

ترتبط فكرة الوحدة الوطنية بفكرة الدولة ولا تفهم الا في نطاقها ، وتعني في اوسع معانيها قيام رابطة قوية بين مواطني دولة معينة ، تقوم على عناصر واضحة يحس بها الجميع، ويؤمنون بها ، ويكونوا مستعدين للتضحية من اجل الدفاع عنها.

ويقصد بها ، صهر العناصر السكانية المختلقة في وحدة اجتماعية هي الامة ، ومن ثم تنظيمها في نظام سياسي معين او احتوائها في هيئات او مؤسسات الدولة ، او بعبارة اخرى تنظيم العناصر السكانية اجتماعيا والتقدم بها الى المنظومة الدولية في هيئة دولة مستقلة ذات مصالح وطنية متميزة عن الدول الاخرى .

ان اشكالية الوحدة الوطنية هي اشكالية معظم الانظمة السياسية والمجتمعات التي ظهرت كدول قبل ان تصبح امما ، او مجتمعات سياسية متجانسة ، فالكيان السياسي الذي وجدت فيه هذه الانظمة السياسية والمجتمعات نفسها بعد الحصول على الاستقلال كان في اغلب الاحيان هو الكيان السياسي الذي رسمته المصالح والسياسات الاستعمارية، وكان على هذه المجتمعات ان تعيش فيه حياتها الجديدة وتتكيف معه رغم ضعفه وعدم قناعتها به في بعض الاحيان [١٩] ولذلك فقد تمثلت عملية بناء الوحدة الوطنية في سعي الانظمة السياسية الى تحقيق الاندماج والتلاحم بين عناصر الامة ضمن اطر قانونية سياسية ، وذلك بمزج الجماعات المختلفة والمتميزة عن بعضها بخصائص ذاتية في نطاق سياسي واحد تسيره سلطة مركزية واحدة وبقوانين تغطي كل اقليم البلاد وتنطبق على كل افراد المجتمع .

وفي مقابل ذلك تدور ظاهرة (عدم التكامل الوطني) حول فكرة مركزية مفادها ان هناك داخل المجتمع الواحد قوى وتكوينات اجتماعية متعددة قوامها تعدد محاور الانقسام في المجتمع ، فهذه الانقسامات قد تكون سلالية او لغوية او دينية او طائفية او اقتصادية او اجتماعية او جغرافية ، وعادة ما يوجد اكثر من محور للانقسام بين الجماعات المختلفة ، او تتسم هذه الانقسامات والتكوينات الاجتماعية المرتبطة بها بدرجة من الاستمرارية [٢٠] . وقد تقود هذه الظاهرة الى عدم

الاجماع حول هوية واحدة في المجتمع ، وربما الى تعدد الولاءات والانقسامات التي قد تشكل تهديدا للكيان الاجتماعي-السياسي ذاته، وغالبا ما يتضمن عدم التكامل الوطني،عناصر لاشكال عدم التكامل الاخرى، مثل عدم التكامل القيمي والسلوكي. كما ويمكن استشعاره عبر جملة مؤشرات .. يتمثل اهمها فيما يلي :

أ. عدد الجماعات السلالية واللغوية والدينية والطائفية الموجودة في المجتمع والتوازن العددي بين هذه الجماعات.

ب. حجم التفاعلات الصراعية / التعاونية بين هذه الجماعات .

ج. حجم العنف المتبادل بين النظام السياسي والاقليات.

د. التمثيل السياسي للجماعات المختلفة في النخبة الحاكمة .

٢. ابعاد ظاهرة (عدم التكامل الوطني) :

لاتعتبر ظاهرية التعددية المجتمعية لصيقة بمجتمع معين او مجتمعات معينة دون غيرها لكنها ظاهرة عالمية تعرفها المجتمعات المتقدمة كما تعرفها البلدان النامية ويكمن الفارق بين المجتمعات المختلفة في الصيغة السياسية المطروحة للتعامل مع هذه الظاهرة، اذ نجحت اغلب الدول المتقدمة في ارساء اسس وقواعد لحل هذه المشكلة وتحويلها الى عنصر قوة واثراء ، بينما لا تزال خطى الكثير من بلدان العالم الثالث متعثرة في هذا الاتجاه [٢١].

وقد تعددت ابعاد ظاهرة عدم التكامل الوطني في ارجاء الوطن العربي .. فهناك بعد ثقافي – قيمي ، يتمثل في التمايز الثقافي واللغوي لبعض الاقليات كالبربر في الشمال الافريقي ، والاكراد في العراق ، وهناك بعد ديني – طائفي ، يتمثل في التعدد الديني والطائفي داخل الدولة الواحدة كالاقليات المسيحية واليهودية بطوائفها المتعددة ، وكذلك الطوائف الاسلامية كالشيعة والسنة والخوارج في الكثير من البلدان العربية ، وهناك بعد سياسي يتعلق بقضية التمثيل السياسي للاقليات في النخبة الحاكمة ومؤسسات الدولة الرسمية واجهزتها،وهناك أيضا البعد الاقتصادي والاجتماعي، وهو يتمثل اساسا في التمييز الاقتصادي والاجتماعي ضد الاقليات، الامر الذي يخلق لديها حالة من الاحساس بالظلم والغبن الاجتماعي [٢٢].

ويزيد من خطورة مشكلة الاقليات ان خطوط التقسيم الطائفي والديني والاثني قد تتداخل احيانا مع بعضها ومع خطوط التمايزات السياسية والاقتصادية والاجتماعية والثقافية بالنسبة الى العديد من الاقليات ، الامر الذي يجعل معاناتهم متعددة الاوجه ، لذلك فان انخراط بعض عناصر الاقليات في اعمال العنف المضاد للنظم الحاكمة غالبا مايرتبط بمطالب اقتصادية واجتماعية (الحصول على نصيب من الثروة والخدمة في المجتمع) ، وسياسية(الحصول على نصيب عادل من السلطة) وثقافية (امكانية التعبير عن خصوصياتها الثقافية) ، هذا فضلا عن المطالب الرامية الى الحكم الذاتي او الانفصال عن الدولة مما يسهم في تعميق عدم التكامل الوطني ويعيق الوحدة الوطنية ويهدد كيان الدولة ويضاعف من اشكالياتها .

وخلاصة القول انه كلما تزايد الوزن العددي للاقليات وتزايدت حدة التمايزات والانقسامات داخل المجتمع ، وتوافر عنصر التنظيم (المدني والعسكري) للاقليات ، هذا الى جانب الدعم الخارجي ، وتنامي (طموحات غير مشروعة) لديها ، تزايدات احتمالات وامكانات انخراطها في اعمال اكثر حدة في تحدي الانظمة السياسية وتعميق اشكالية الوحدة الوطنية .

يبدو مما تقدم ان اشكالية الوحدة الوطنية تنبع من كونها تمثل انعكاسا لاشكاليتي الهوية والاندماج ، بما تتضمنه أي منهما من اشكاليات او عناصر فرعية، وبمعنى اخر ان رصانة الوحدة الوطنية تتوقف على هاتين الاشكاليتين . وبما ان الوحدة الوطنية تمثل قاعدة اساسية للاستقرار السياسي ، فان حسم اشكالية الهوية وتعزيز التجانس والاندماج تمثلان مقومين من مقومات الاستقرار السياسي . فماذا تعني اشكالية الهوية ؟ وماذا تعني اشكالية الاندماج ؟

أ. اشكالية الهوية .

تنطوي مسالة الهوية في الاساس على معان رمزية وروحية وحضارية جماعية، تتعلق بعملية خلق وتكوين الشعور المشترك بين افراد المجتمع الواحد ، وتوجيه ولاءاتهم اساسا نحو الدولة الوطنية وليس الى وحداتهم الاجتماعية الفرعية عرقية كانت او دينية او طائفية ، وهو ما يتجسد من خلال سيادة الاحساس بالمواطنة والانتماء الى هوية وطنية موحدة بين ابناء الوطن الواحد .

وبدلا من ان تكون العناصر التكوينية للهوية مثالا للتناغم والانسجام ، اريد لها بفعل عوامل داخلية وخارجية ان تكون رمزا للتعارض والتناقض والتنافر لكي تعيق تاسيس هوية سياسية فاعلة ، أي مرجعية سياسية مقنعة ومتسعة بما فيه الكفاية للرد على حاجات بناء الدولة وتسير السلطة الحديثة في مواجهة هذا التنافر او كوسيلة لتجاوزه، واذا كانت الحقبة الاستعمارية قد واكبت تفكك مفهوم الهوية وتناثر عناصرها الرئيسية في كل اتجاه ، أي فقدانها للزمانية الواحدة اسلامية كانت ام عربية ام انثروبولوجية ، فان حقبة الاستقلال لم تستطع ان تحسم التناقض والنزاع بين تفعيل واعادة انتاج الخصوصيات الجزئية وتعميق الايمان الموازي بضرورة تعميق الانتماءات الشمولية الوطنية والقومية او الدينية ، ولهذا من المحتمل ان تظل اشكالية الهوية مستمرة ويمكن ان يستمر التناقض بين عناصر الشخصية الوطنية قائما والتراتب متقلبا حسب الظروف التاريخية والاجتماعية والسياسية ، وفعل العوامل والضغوط الخارجية .

ب. اشكالية الاندماج الوطني .

ترتبط مسالة الاندماج الوطني - السياسي والاجتماعي ، بدرجة التجانس داخل الامة والمجتمع وتطرح نفسها كهدف حيوي للنخبة السياسية ، وذلك لكونها تتصل بعناصر القوة الكامنة في جسد الامة وكيفية صقلها وابرازها وتوظيفها بشكل سليم لخلق التلاحم وحماية الوجود القومي ، ولا يقصد بتعبير الاندماج القومي هنا عملية الصهر القسرى بقدر ما يقصد به التكامل الوطني والقومي والتلاحم بين الجماعات الاثنية بثقافاتها وقيمها ورموزها وتقاليدها والتسليم باحقية النظام السياسي في الدولة بممارسة السلطة السياسية في عموم الجماعة الوطنية [٢٣].

وتحتل اشكالية الاندماج اهمية بالغة في سلم اهتمامات معظم انظمة الحكم ويعود سبب ذلك الى ان عملية الاندماج الوطني تؤدي الى وظيفتين اساسيتين : الاولى سياسية والثانية اجتماعية ، وتشتمل الوظيفة السياسية بحسب "مايرون وينر" على تحقيق الغايات التالية: [٢٤]

(اولا): صهر الجماعات المختلفة عرقيا ودينيا ولغويا والتحديد الواضح للهوية الوطنية وتدعيم الولاء الوطني .

(ثانيا): اقامة سلطة مركزية قادرة على ان تفرض سلطتها واحترامها على الجماعات والارجاء المختلفة في الدولة .

(ثالثا): ايجاد حد ادنى من الرضا والاتفاق بين الجماعات المختلفة في الدولة حول القيم والاهداف العليا للمجتمع السياسي .

(رابعا): تعزيز مسوغات التفاعل بين الحاكمين والمحكومين.

اما الوظيفة الاجتماعية فتشتمل بحسب "موريس ديفرجيه" على تحقيق الغايات التالية [٢٥].

(اولا):الحد من اللجوء للعنف كوسيلة لحل الخصومات .

(ثانيا):اقرار صيغة توفيقية لتحديد الصراع والتنافر ، تقوم على العدالة والمساواة ، وقوامها التوازن بين الامتيازات والتضحيات .

(ثالثا): تطوير اشكال وصيغ التضامن الوطني وباتجاه خلق المجتمع السياسي المتلاحم والموحد .

وتتمثل اشكال الاندماج الوطني بما يلي :

(اولا):الاندماج الافقي ، بمعنى صهر العناصر الاجتماعية والدينية والاثنية والجغرافية المختلفة في بلد ما ضمن الدولة - الامة .

(ثانيا): الاندماج العمودي ، بمعنى اقامة روابط وثيقة بين الحكام والمحكومين في اطار عملية المشاركة في النظام السياسي .

رابعا. اشكالية اتخاذ القرار في الازمات :

١. مفهوم القرار والقرار السياسي .

جاءت لفضة قرار في لسان العرب بمعنى : ما قر فيه ، قيل ومنه (جعل لكم الارض قرارا) أي مستقرا ، وصار الامر الى قراره ومستقره بمعنى تناهى وثبت ، قال عز وجل (ذات قرار ومعين) وهو المكان المطمئن الذي يستقر فيه الماء . وكلمة قرار مشتقة من اصل لاتيني ومعناها البت النهائي والارادة المحددة لمتخذ القرار بشان ما يجب وما لايجب فعله للوصول بوضع معين الى نتيجة محددة ونهائية ، ومن ثم

يكون القرار مسار فعل يتخذه المقرر باعتباره انسب وسيلة متاحة امامه لانجاز الاهداف التي يبتغيها ، أي لحل المشكلة التي تواجهه .

وتعني كلمة قرار او اتخاذ قرار لغويا الحكم بترجيح جانب على اخر وتعني ايجاد حل لمشكلة او التوصل الى اقرار الشيء او تبنيه او استعماله. ويقدم كل من "بيرتراند بادي وجاك جيرسنلي" تعريفا للقرار هو التالي (انه اختيار واعي اتخذه الفاعل فردا او مجموعة من بين مجموعة من الاختيارات التي تعرض امامه وبشكل علني ، وبهدف حل مشكلة ظهرت اثناء المناقشة) وما يمكن استخلاصه من هذا التعريف ان كل اختيار ان لم يكن اختيارا واعيا فانه ليس بقرار وهذا الاختيار الواعي لا يعالج كل المشاكل وانما يعالج فقط تلك التي يمكن معالجتها وحسب ما تسمح به قدراته وظروف المحيط الداخلي والخارجي ، فالنقص في القدرات والامكانيات المتاحة لصاحب القرار وتاثير الظروف الداخلية والخارجية تعطي للسياسة صفتها السلبية وذلك عندما ترفض مواجهة مشكلة ما ، واخيرا ان القرار لا يبحث في حل المشكلة غير المطروحة وانما يكتفي فقط بمعالجة المشاكل المطروحة على الساحة السياسية .

اما بالنسبة " لجون لونهردت" فان صناعة القرار تمثل طورا من الاجراءات التي تحول المشاكل الى سياسة [٢٦] فمن اجل معالجة مشكلة ما فلا بد ان تاخذ هذه المشكلة صورتها السياسية وذلك عندما يقرر اختيار حل لها من قبل هيئة سياسية، فعندما نقول ان هناك مشكلة فهذا يعني وجود صراع بين مصالح عدة مجموعات وليس بالضرورة ان يكون الصراع سياسيا وانما يمكن ان يكون له أي بعد من ابعاد النشاط الانساني داخل المجتمع والاهتمام به من قبل السلطات السياسية، وتبنيه يعني ان الصراع او المشكلة قد اخذت صورتها السياسية للاسباب التالية:

أ. ان الهيئة التي تبنتها وهي جزء من السلطة السياسية تملك ايديولوجية معينة ، فالقرار الذي يتخذ بصدد هذه المشكلة سوف لن يخلو من تبريرات هذه الايديولوجية .

ب. ان تطبيق هذا القرار سوف يثير ردود فعل سياسية من قبل مجموعات لها

ايديولوجيتها الخاصة ، ومع ظهور هذه الردود سوف تاخذ المشكلة صورتها السياسية او تصبح مسيسة .

اما (ب لوفين) فانه يعرف القرار كعمل مدروس قام صاحب القرار باتخاذه باتجاه مجموعة من الافعال لها خصوصيتها وهو عمل يؤخذ على ضوء خطة عمل يمكن تصنيف عناصره الرئيسية الى ناتج العمل وحصيلة المنتوج [٢٧] ان الشيء الملفت للنظر في هذا التعريف هو ان "لوفين" عندما اكد على ان القرار هو عمل اقام علاقة بينه وبين كل ما يحيط به ، بمعنى اخر ان أي قرار من اجل ان يكون عقلانيا لا بد ان ياخذ بعين الاعتبار المحيط الذي يوجد فيه القرار ، ليس فقط في عملية تنفيذه وانما ايضا في فترة اعداده ، لان هناك علاقة متبادلة بين القرار والمحيط وهناك من يركز على ان القرار كعمل ويتجاهل دور المحيط واهميته ، ومن بين هؤلاء " فرانكل" الذي ينظر الى القرار على اساس انه (عمل مقرر ومحدد من بين مجموعة من الاعمال تتبعها مجموعة من الاختيارات المدروسة ..) ، ويعد " اليوت جاك " القرار كحدث نفسي يتصف اولا بممارسة الحذر والتعقل مثل اختيار نوع العمل، وثانيا طرح الحدود غير المعقولة اثناء الممارسة العقلانية ، وداخل هذا النطاق فقط ، اما ثالثا فان القرار هو هدف يحاول صاحب القرار تحقيقه . وفضلا عن ذلك فانه التزام قد يؤدي الى نتائج سلبية وايجابية .

ويتمثل التعريف الموضوعي للقرار بانه ذلك البديل الذي درس بتان ورؤية على اسس علمية واعتبارات موضوعية من بين عدة بدائل ، ووجد فيه انه من افضل الخيارات والبدائل المطروحة لتحقيق الاهداف المرسومة ويمكن السيطرة على تنفيذه واخراجه الى حيز الوجود بالوقت المناسب وباقل التكاليف الممكنة من حيث الوقت والجهد والمال ، ويتميز بسلامة الصياغة ووضوح المعنى، وله القدرة على التكيف مع الظرف الذي اتخذ فيه .

واذا كان القرار هو اختيار واع يتخذه فرد او مجموعة سياسية ، فان " لوسيان سفيز " عندما يحدد وظائف القرار يعد هذا الاخير كسلاح اسطوري بيد الحكام يستعمل من قبلهم من اجل المحافظة على الواقع الاجتماعي وذلك من خلال قدرته أي - القرار - على امتصاص التوتر السائد في مجتمع ما وفي فترة زمنية معينة . اما

عن وظائف القرار فهي كما يحددها " لوسيان سفيز " :[٢٨]

أ. يسمح لصاحب القرار بالتحرك ، فهو عندما يشعر بانه حر يستطيع ان يتحرك من اجل تغيير الواقع وذلك من خلال ايجاد حلول ايديولوجية وواقعية لمشاكل المجتمع .

ب. يسمح للمواطن بان يتحمل الاخرين لان الحلول التي يقدمها للمشاكل المطروحة تساعد الفرد على تحمل المصاعب لفترة معينة الى حين تنفيذ القرار والوصول الى النتائج المطلوبة والمتوقعة .

ج. يهدف القرار الى توزيع مهمات الدولة على مجموعة من الهيئات المتخصصة بهدف السماح للنظام بمعالجة أي قصور ، مع المحافظة بشكل رئيسي على النظام الاجتماعي القائم .

د. يقدم القرار امكانية القيام بالاختيار الاكثر موضوعية وتجريدا .

وحتى لو اتفقنا مع "هربرت سيمون" الذي يقول بان القرار ما هو الا تعبير عن مساومة بين معطيات الاختيار والمحيط ، ويبرر ذلك بكون القرار هو الحل الانسب والمحتمل في ظروف معينة ، فهو لا يمنع ان يبقى القرار ذو صفة حركية على اعتبار ان التغيير يمكن ان يحدث بشكل تدريجي ، اليست المساومة هي تعبير عن اسقاط نفسي- لمشاعر فرد يؤمن بالمرحلية والتي هي نتيجة طبيعية للثقافة السياسية للمحيط ، لذ لا بد ان تؤخذ هذه الثقافة بنظر الاعتبار من اجل معرفة نوعية القرار، نظرا لان الثقافة تحدد مسبقا حظوظ كل فرد داخل المجتمع .

وقد تعددت التعاريف للقرار السياسي ، وفي هذا الصدد يرى "د. حامد ربيع" انه نوع من عقد العزم من جانب السلطة على اختيار اسلوب معين من اساليب التخلص من حالة من حالات التوتر التي تفرضها الممارسة السياسية . ويعرفه "هوراس" بانه نوعية صياغة الخطط والعمل بموجبها[٢٩] .

وعرفه "كود" بانه عبارة عن اتخاذ موقف ما ازاء قضية مطروحة وبصيغة عملية تستند اساسا الى الموقف السياسي الذي يتبناه صاحب القرار[٣٠]. اما "وارن" فقد عرف القرار بوصفه الصياغة لاجراء عمل مع نية ثابتة لتنفيذه[٣١].

ولا يختلف القرار السياسي عن بقية انواع القرارات الاخرى فهو تعبير عن ارادة متخذ القرار في تحقيق هدف محدد باختيار بديل مناسب من بين مجموعة البدائل المتاحة امامه ، الا انه يتميز بصلته السياسية التي يكتسبها من خلال :

أ. شخصية متخذه باعتباره قائدا سياسيا .

ب. الاهداف السياسية التي يرمي الى تحقيقها خدمة للنظام السياسي .

ج. بيئته التطبيقية في اطار أي من المجتمعات السياسية الوطنية والاقليميةاو الدولية .

لذلك فان اتخاذ القرار بحسب" د. مازن الرمضاني" ، هو ذلك النشاط الرامي الى اختيار احد البدائل المقبولة سياسيا من بين مجموعة منها لغرض تحديد كيفية التعامل مع المشكلة السياسية الخارجية التي تجابه بها الدول في وقت محدد .

٢. القرار في الازمة الدولية :

ان الازمة الدولية ظاهرة معقدة في عالم اليوم ، ويقترن مفهومها باشكالية رئيسة قوامها امران : اولهما اختلاف دالتهما باختلاف الاجتهادات العلمية ، وثانيهما الاستخدام الواسع والمغاير لمضمونها خدمة لاهداف ومصالح محددة، ويعرفها "شارلس ماكيلاند" وهو من رواد مدرسة تحليل النسق على اساس مظاهرها وتفاعلاتها الخارجية بانها فترة انتقالية ما بين الحرب والسلم واحتمال تصعيد جميع الازمات الدولية لتصل الى مرحلة الحرب ، الا ان معظمها يتضاءل بدون اللجوء الى استخدام القوة من قبل الدولة المتورطة في الازمة .. لكنه يرى بان الازمة الدولية رغم خطورتها لاتؤدي بصورة دائمة الى الحرب . اما "شارلس هيرمان" وهو من رواد مدرسة صنع القرار فيرى ان الازمة الدولية تنطوي على عناصر معينة تكون مدركة من قبل صناع القرار هي:[٣٢]

أ. اعمال متوقعة من قبل الخصم .

ب. ادراك او تصور وجود تهديد .

ج. ادراك الوقت المحدد لصنع القرار والرد عليه .

د. ادراك العواقب المهلكة لعدم الرد .

اما "ميخائيل بريشر" فقد عرف الازمة الدولية بانها حالة تميزها وتنبئ بقدومها اربعة امور وتتلخص كما تراها المستويات العليا لصانعي القرار في ما يأتي :

أ. الظروف المحيطة الداخلية والخارجية .

ب. قيام تهديد للقيم الاساسية الحالية والمستقبلية .

ج. تصاعد احتمال حدوث اعمال عنف عسكرية .

د. فرض وقت محدد يكون قصيرا للتعامل مع كل هذه المستجدات والتهديدات .

ويقول " نيكسون" ان المفهوم الافضل للازمة توضحه الطريقة التي يكتب بها الصينيون الكلمة .. اذ يرمزون لها بشكلين :احدهما يعبر عن الخطر، والاخر يعبر عن الفرصة .

ويعرف " د. مازن الرمضاني" الازمة بانها شكل خاص من اشكال التفاعل الدولي يقترن بذلك التحول المفاجئ في طبيعة العلاقة السائدة بين دولتين، والذي ينطوي على تهديد جدي لمصالح حيوية واحتمال الدخول في مواجهة عسكرية مباشرة فضلا عن ضيق الوقت .

ويمكن القول ان الازمة الدولية هي ذلك الجزء الحاسم من الصراع الدولي الذي يتسم باحتدام تصاعد وتائره نتيجة مساسها بالمصالح القومية والقيم والمثل العليا بحيث يشعر صناع القرار بتهديدها وتعرضها للخطر مما يتطلب سرعة الرد وتبرز احتمالية اندلاع الحرب خلالها نتيجة المفاجأة التي يحدثها مثل هذا التهديد ، ويمكن تطورها باحد اتجاهين : اما نحو التصعيد والوصول بها الى حافة الحرب ، واما باتجاه التخفيض وامتصاص وتائرها وتلاشيها [٣٣].

وتجدر الاشارة الى ان التعامل مع الازمة يحتاج الى نوعية خاصة من الساسة ومن الجهد ، وتحرك اسرع وتجاوزا للاجراءات المتبعة لاتخاذ القرار السياسي خارج الاطر التنظيمية المالوفة ، وذلك لان الازمة هي عبارة عن تحول مفاجئ عن السلوك المعتاد ، فهي ذلك الموقف الذي يخلق انقطاعا او تغيرا مفاجئا في احد المتغيرات النظامية او اكثر .

وتتميز عملية اتخاذ قرار الازمة الدولية في طبيعتها عن طبيعة بقية عمليات اتخاذ القرار السياسي الخارجي من حيث :

أ. ان موقف الازمة يبين اهداف ونوايا الخصم بوضوح وهذا لايتحقق بالاوقات الاعتيادية .

ب. تصبح التفاعلات بين الامم في حالة الازمة الدولية اكثر دينامية مما كانت عليه الحال في الاوقات الاعتيادية وذلك نتيجة للضغط المتزايد على صانع القرار بسبب التدفق السريع للمعلومات والحاجة الى اتخاذ قرار بسرعة اكبر ، الأمر الذي يضطره الى اختصار العديد من المراحل الاعتيادية في صنع القرار الاعتيادي .

ويعد (اتخاذ قرار الازمة) الوظيفة الاولى والاساسية التي تحدد مصير الازمة ونهايتها ، والتي يتم بواسطته تحقيق اهداف الدول المشاركة في الازمة الدولية والتي تعمل على تحقيقها (كل من وجهة نظره) وحماية مصالحها من خلال اختيار البديل الانسب لانجاز تلك الاهداف من بين البدائل المتاحة امامه للمفاضلة بينها .

ويكون ضمن هذا التصور قرار الازمة الدولية عبارة عن عملية مفاضلة بين البدائل لاختيار البديل الافضل الذي يميز الهدف وباقل خسارة او كلفة مقبولة ، وعادة يخضع قرار الازمة الدولية لمواصفات وشروط خاصة تتحكم في اتخاذه وهذا يتبع بدوره طبيعة الازمة الدولية وسماتها التي تتميز بها حيث لا يوجد قانون موحد لكل انواع القرارات لمواجهة الازمات الدولية التي تنشب في عالمنا اليوم بين فترة واخرى لان لكل ازمة ظروفها الخاصة بها والتي لا تنطبق على ازمة اخرى .

٣. مراحل صنع قرار الازمة :

أ. تحديد الموقف .

اختلف دعاة نظرية صنع القرار في تحديدهم "الموقف " فيرى "سنايدر" ان الاساس في تحديد الموقف الذي على اساسه يتخذ القرار هو الموقف كما يراه صانع القرار فقط ، في حين يرى " فرانكل " ضرورة اخذ البيئة الموضوعية في الاعتبار ومن وجهة نظره ، ان الموضوعات التي لا ترد في ذهن صانع القرار لا تؤثر في طبيعة

القرار الا انها تؤثر في نتيجة القرار ، بيد ان القرار بعد صدوره ينفصل عن صانعه ويصبح محكوما بالبيئة الموضوعية ، وهذا يعني ان " فرانكل " يوافق على تقسيم " سبروت " وهو يقسم البيئة الى قسمين : البيئة السايكولوجية والبيئة العلمية على اساس ان هاتين البيئتين قد لاتكونان متشابهتين فقد يعتقد صانع القرار ان ما في ذهنه هو الواقع فعلا، ولكنه قد يكتشف في مرحلة لاحقة ان ادراكه للواقع كان ادراكا قاصرا ، ومن هنا فان تعريف موقف معين او تحديد مشكلة يعتمد في كثير من الاحيان على حجم المعرفة ، كما ان ادراك صانع القرار للموقف يتاثر بقيمه ومعتقداته وتكوينه الشخصي التي هي جزء من قيم الدولة ومعتقداتها وشخصيتها التي يعبر عنها من خلال موقعه الرسمي في رده على الموقف الناشئ .. ويستند تعريف صانع القرار للموقف الى اداركه له ، والى المعلومات المتوفرة عن الموقف.. وبعد تقويم صانع القرار للموقف وتعريفه له يقوم بتحديد هدف سلوكه اللاحق .

ب. تحديد الهدف .

ويقصد بالهدف الحالة المستقبلية التي يرمي صانع القرار عبر نشاطه الى ترتيبها خارج الحدود السياسية لدولته ، وخدمة لاهداف ترتبط بالمصلحة الوطنية اوالوطنية والقومية لدولته .

ان تعريف الموقف وتحديد الهدف يمثلان اولى مراحل عملية صنع القرار ، لذلك فان التعريف الموضوعي الدقيق للموقف ، والوضوح في تحديد الهدف ، يؤثران في النتيجة النهائية للقرار..وتليهما مرحلة جمع المعلومات ثم تقييمها وتحليلها لاختيار البدائل الممكنة واخطر وادق مراحل الازمة الدولية هي مرحلة اتخاذ القرار .

ج. مرحلة جمع المعلومات .

للدخول في موضوع المعلومات واثرها على ترشيد القرار لابد من اعطاء تعريف محدد للمعلومات، فالمعلومة بمعناها العام كما عرفها د. مازن الرمضاني هي الاداة التي من خلالها يتم تحويل البيئة الحركية الى بيئة نفسية والتي يتم في ضوءها ادراك الموقف وبالتالي اتخاذ القرار، وهناك من يرى انها عبارة عن سيل من الاشارات والرسائل التي تحفز صانع القرار للتعامل مع الموقف ، فالمعلومات تقدم

الحقائق الاساسية والاخيرة تبنى عليها قرارات الازمة الدولية ، فبدونها تصبح هذه القرارات بلا اساس وربما كان ذلك هو السبب الذي يدعو الى تاكيد الدور الكبير للمعلومات في اختيار البدائل اذ بدونها تتوقف قدرة المخطط على الابتكار.. أي تقديم بدائل جديدة لمواجهة المشاكل التي قد تنشأ في اطار المجتمع . بمعنى ان للمعلومات تاثيرها في اختيار البدائل ، حيث ان نطاق مشاريع القرارات البديلة التي تبحث في وحدة اتخاذ القرار تكون محدودة .. ومن المهم في هذا الصدد الحصول على اكبر قدر من المعلومات في اقصر وقت ممكن .

والقرارات اذا لم تكن قائمة على اساس من الحقائق فهي(فن) يختلف امره وفقا لاختلاف مواهب الذين يصدرونها ، اما اذا كانت معتمدة على الحقائق فهي (علم) له اصوله وقواعده وكلما كانت وسائل الاتصال كفوءة استطاعت ايصال المعلومات الجيدة لصانع القرار في الوقت المناسب ليتسنى له الرد على الموقف الذي تعكسه .. ويمكن قياس كفاءة اجهزة الاتصال بكمية المعلومات المتدفقة الى النظام ومدى جودتها، وكذلك درجة السهولة في تدفقها بلا معوقات تنظيمية او مادية او انسانية .

ومهما كانت دقة اجهزة المعلومات وكفاءة وسائل الاتصال يبقى هناك فاصل بين الموقف كما هو وبين الموقف كما ينقل الى صانع القرار ، ولعل ذلك يعود للاسباب التالية :

(اولا): السرية المفروضة على المعلومات لا سيما المتعلقة بحماية الامن القومي ، فاذا كان تازم الموقف يتطلب اساسا الاحاطة بنوايا الخصم وقدراته وطبيعة سلوكه السياسي المحتمل ، فكلما كانت درجة السرية كبيرة واجهت اجهزة المعلومات صعوبات في الوصول الى حقيقة الموقف .

(ثانيا): وجود عوائق مادية في طريق تدفق المعلومات الى اجهزة اتخاذ القرار اما بسبب ضغط الوقت او بسبب اخطاء في اسلوب جمعها وايصالها .

(ثالثا): احتمال اهمال المعلومات التي لا تتطابق مع التصورات الشخصية والتحيز المسبق الذي يدعم بعض التوقعات التي تكونها اجهزة المعلومات.

(رابعا): اخفاء المعلومات التي لاتطابق رغبات صانع القرار .

(خامسا): اهمال عامل الزمن ، فقرار الازمة يتطلب سرعة الرد وبالتالي كلما كان الفاصل الزمني بين الموقف وبين الحصول على المعلومات الاساسية المتعلقة به وايصالها الى صانع القرار كبيرا كانت اجهزة المعلومات ووسائل الاتصال عاجزة عن رفد صانع القرار بالمتغيرات التي تتحكم بالموقف مما يؤدي الى فشل القرار احيانا .

ويبقى من الاهمية بمكان قيام اجهزة جمع المعلومات بالتمييز بين ثلاثة انواع من المعلومات هي :

(اولا): المعلومات او الاشارات الحقيقية المتعلقة بالموقف .

(ثانيا): الاشارات التمويهية المتعلقة بسلوك الخصم الذي يعتمد على السرية والخداع.

(ثالثا): الاشارات المتناقضة التي ترافق الموقف في البيئة الدولية او الاقليمية .

د. مرحلة تقييم وتحليل المعلومات .

في اوقات الازمات تكون المعلومات عادة غزيرة ومتدفقة واكثر بكثير من تلك التي ترد في الحالات الاعتيادية ، فهي تشكل والحالة هذه عنصر ضغط على صانعي القرار الذين لا يتاح لهم تقويم ودراسة كل هذه المعلومات وبالطريقة نفسها المتبعة في القرار السياسي الخارجي الاعتيادي . والقرارات في موقف الازمة الدولية مهمة جدا ، تتطلب عادة القيام بعمل طارئ وملح من قبل المسؤولين في ادارة الازمة ، لذا فان المجموعة الصغيرة المختصة بقرارات الازمة الدولية ، التي كان لقلة عددها ضمان الاستجابة الاسرع للاحداث ، لا تستطيع التعامل مع الزخم الهائل من المعلومات خاصة عندما يتزايد الضغط ويحدث الارهاق ويتردى الانجاز ، فدقة المعلومات في هذه الحالة تساعد على اصدار القرار الصحيح ، والمعلومات الخاطئة والمضللة تقود الى قرار خاطئ .

وتعتمد الحكومات اكثر فاكثر على اجهزتها الاستخبارية لتوفير المعلومات القيمة وتخلصها من المعلومات الزائدة غير المهمة وذلك لتقليل احتمالات الخطأ في القرارات، وتمر عملية تحليل المعلومات بثلاث مراحل اساسية هي :

(اولا):الادراك ، يقصد به الصورة التي تتكون في ذهن صانع القرار بغض

النظر عن الخصائص الموضوعية للحقيقة موضع التعامل، والازمة تسهم في تهويل الامور وتحميلها اثقالا فوق طاقتها مما يتسبب في ارباك وظيفة الادراك في الحالة الاعتيادية ، واذا ما اضفنا ضيق الوقت وقصر المدة الكافية للحصول على المعلومات الموثوقة والمصنفة، كذلك التغيير السريع لعلاقات طرفي الازمة ، فان المحصلة النهائية هي حصول الاجهاد والاضطراب والقلق والتي تدفع بالنهاية الى قصور في الادراك وسوء التقدير وانحياز لموقف معين بدون التاكيد من مدى صحة هذا الانحياز .

والادراك عملية معقدة ، واهم العوامل المؤثرة فيه كما يرى "روبرت جيرفيز" هو المنظومة العقائدية لصانع القرار والتجارب السابقة وكذلك تكرار الافعال المباشرة والوثيقة الصلة بالقرار في العلاقات الدولية كالتاريخ الذي يصح اعتباره مقياسا لدراسة الموقف .

(ثانيا):التصور ، يمثل مجموعة الافكار والمعلومات التي تحكم تصرف الانسان ، وهي الانطباع الاول الذي يتولد لدى الفرد نتيجة حافز معين ، وفي السياسة الخارجية يستجيب صانع القرار لافكاره عن البيئة الخارجية ويتصرف على ذلك الاساس . وتجدر الاشارة هنا الى ان اهم ما يؤثر على التصور هو المعلومات وتدفقها بما يشبه وسائل تصل الى الانسان عن طريق حواسه فتؤثر في التصور واحيانا تحدث تغييرا جذريا فيه . وقد وصف " فرانكل " صانع القرار على راس قمة الهرم بانه بعيدا عن المعلومات التفصيلية التي تصف البيئة الخارجية ، وانه اسير المستشارين والاجراءات البيروقراطية ، فمثلا من ١٣٠٠ برقية تصل يوميا الى البيت الابيض، تصل (٢٠) برقية فقط الى الرئيس الامريكي أي ٢% منها .

(ثالثا):التقويم، ان تقويم صانع القرار للمعلومات من حيث جودتها او ردائتها يكون لديه فكرة عن ذلك التصور ، وهذا يعرف بـ(تقويم التصور) ، فتصور صانع القرار السياسي لدولة معينة من حيث حجمها ومواردها وسكانها وايديولوجيتها يختلف عن التقويم لدور هذه الدولة هل هي صديقة ام عدوة ذلك ان هيكل المعلومات لتصورات الانسان وصانع القرار السياسي لا يتالف من تلك التصورات فحسب بل من حيث تقويمها ايضا ، وتدخل في هذا التقويم الرموز التي تعبر عن تصور الانسان لما يعتبره مثاليا ، فقد تلعب القيم الاجتماعية السائدة في

مجتمع صانع القرار دورا عاطفيا في التاثير في كيفية ادراكه سلوك الاخرين وبالتالي يستمد شرعية سلوكه منها ، وتمثل لديه معيارا لتقويم سلوك الاخرين . وهكذا نلاحظ ان القيم هي نتاج تفاعل اجتماعي يكتسبها الفرد من خلال التنشئة الاجتماعية ويتعلم منهاان بعض الدوافع والاهداف هي افضل من غيرها، وعندما يصبح صانع القرار متاثرا بذلك وبالتالي يفسر المواقف التي تواجهه بالشكل الذي لايعارض ما تعلمه وان اختلفت البيئة الواقعية للموقف مع تلك القيم. وكلما كان صانع القرار يمتلك معلومات دقيقة حول ما يواجهه كان اقرب الى فهم الموقف كما هو، وتلعب العوامل الذاتية دورا مهما في اعتماده او عدم اعتماده على المتغيرات المعرفية التي يتشكل بها ادراكه وتصوره للموقف . وخلاصة الامر هي ان مسالة الاحاطة بالموقف تتطلب ثلاث مراحل مترابطة هي (الادراك ، التصور ، التقييم) فالادراك يؤدي الى خلق صورة ذاتية عن طبيعة ومعنى المواقف السياسية الخارجية ، وهذه الصورة تستخدم لبناء اساس التقييم ومدى القدرة الذاتية للدول للرد على مطالب بيئتها الخارجية، أي انها تستخدم لتقييم الموقف واستقراء النيات الحقيقة لا النيات المطلوبة لاطراف الصراع ومحصلة التقييم تؤثر اخيرا في نوعية التصرف اللاحق لصانع القرار .

هـ تحديد البدائل.

بعد تحديد الهدف تبدا عملية البحث عن المسالك والحلول (البدائل) التي تحققه ، وعملية البحث هذه تكون غايتها التوصل الى افضل الحلول الممكنة التي يمكن الاخذ باي منها لتحقيق الهدف ، والبديل حل مقترح لمعضلة ما يحقق الغاية (الهدف) ويشترط فيه ان يكون قابلا للتنفيذ وباقل كلفة ممكنة.

ان عملية تحديد البدائل تعود اساسا الى صانع قرار الازمة الدولية وكفاءته في انجاز اهدافه السياسية باعتماده حسابات دقيقة ومسبقة ، أي بكفاءة وعقلانية ، والعقلانية هنا تعني اختيار السبل المناسبة لتحقيق اهدافه ، وهناك نموذجان اكاديميان رئيسيان للسلوك العقلاني في عملية صنع القرار اولهما النموذج الاول ويقوم على افتراض ان صانع القرار في الازمة الدولية يسعى الى تحقيق هدفه بموضوعية وبشكل لا يتاثر بمتغيرات ذاتية او مادية مختلفة ، فهو اولا يذهب الى تحديد جميع البدائل

المحتملة لتحقيق اهداف سلوكه اللاحق ومن ثم تثبيت المنفعة المتوقعة لكل من هذه البدائل بمعنى مدى قدرة احد البدائل على تحقيق اقصى فائدة ممكنة. اما النموذج الثاني الاداري فيقوم على افتراض ان صانع قرار الازمة يتصرف كتصرف الرجل الاداري بعقلانية لتقويم الايجابيات والسلبيات للبدائل، الا انه يختار من بينها ما يرضيه فقط أي الذي يحقق اهدافه باقل كلفة ممكنة . ويرى العديد من المختصين انه من الضروري تحديد خمس خطوات لاختيار البديل بصورة رشيدة هي :

(اولا): تحديد نوعية الغاية (الهدف) المطلوب انجازه.

(ثانيا): التفكير بكل البدائل المؤدية اليه .

(ثالثا): تقدير فرص النجاح المتوفرة لكل بديل على حدة عن طريق مقارنة احتمالات نجاح كل منها مع بعضها .

(رابعا): حساب مختلف التاثيرات الجانبية .

(خامسا): دراسة النتائج المحتملة السلوك .

ويتوقف تحديد البدائل على قدرة صانعي القرار على الابتكار الذي يعتمد على استعدادهم الشخصي، والقدرة على العمل في ظل ظروف غير ملائمة، والقدرة على الحصول على اكبر قدر من المعلومات في اقصر وقت ممكن وتحليلها وتقييمها بشكل صحيح . وفي ظل منهج تحليل الحقائق يتم تحديد المزايا والعيوب المترتبة على كل من البدائل المطروحة بناء على البيانات المتوفرة بخصوص المتغيرات المختلفة ، كما يكون للتجارب التاريخية التي مرت بها الدولة او التجارب التاريخية للدول الاخرى تاثير في تحديد هذه المزايا والعيوب.

وتتطلب مرحلة وضع البدائل من صانع القرار السياسي ان يدرس عوامل متعددة يلزم اخذها بالاعتبار من اهمها :

(اولا):حدة انعماس الدولة في الموقف او المشكلة (عظيم - متوسط - بسيط) .

(ثانيا): نوع العلاقة (حليف- محايد - عدو - تابع).

(ثالثا): مركز الدولة ودرجة قوتها (القوة الكامنة).

(رابعا): مدى تقبل اوتحمل التداخل (واسع - متوسط - ضيق).

(خامسا): اتجاهات الزعماء السياسيين (الرضا بالوضع الراهن - ومحاولة الحفاظ عليه بصفة اساسية - ضد الوضع الراهن بصفة اساسية) .

و. **مرحلة اتخاذ قرار الازمة الدولية .**

تعد هذه المرحلة المتقدمة في مجمل عملية صنع القرار ، وتبدا من اللحظة التي تستلم فيها دولة ما حافزا معينا من محيطها الخارجي وتستمر وصولا الى اتخاذ القرار، بمعنى الاعلان عنه رسميا ومن ثم تنفيذه ، فمرحلة اتخاذه تعني سلسلة متعاقبة من الخطوات تكون محصلتها القرار، وبهذا يكون القرار احد اجزاء عملية سياسية مستمرة. وعملية اتخاذ القرار نفسها لا تعدو كونها عملية اختيار بديل من بين بديلين في الاقل ، ليشكل هذا البديل الاساس الذي يعتمده صانع القرار رسميا في وقت لاحق . الا ان هذه العملية تتصف بالصعوبة ومرد ذلك جملة عوامل مهمة من بينها عاملان اساسيان مترابطان:

اولهما صعوبة التنبؤ الدقيق والمسبق بنوعية ردود افعال الدول الاخرى وبالتالي تحديد النتائج المترتبة على الانماط السلوكية المنوي اتباعها .

اما ثانيهما فيرتبط باحتمال الفشل الذي يسبب كارثة في اوقات الازمات الدولية بسبب التغيير السريع لمواقف الاطراف المتورطة في الازمة ، وعدم القدرة على السيطرة على الاحداث بسبب ضيق الوقت وقصر المدة الكافية للحصول على المعلومات الاكيدة والموثوق فيها .

وضمن دراسة عملية صنع القرار ينبغي التمييز بين الانموذج التحليلي والانموذج المعرفي لاتخاذ القرارات ، حيث لايحدد القرار في الانموذج الاول مسبقا وتتم الدراسة لتقديم بدائل مختلفة يختار اكثرها رشدا ، بينما يبدا الانموذج الثاني بتصور مسبق للقرار المطلوب الوصول اليه ويتم جمع المعلومات والتحليل والدراسة للتاكد من مدى صحة القرار ومدى صحة الاستنتاج . فالانموذج التحليلي يفترض ان صانع القرار محايد ازاء البدائل وانه قبل اتخاذ القرار يعمد الى البحث الشامل عن كل المعلومات المطلوبة لفهم الموقف ، ثم البحث الشامل في كل البدائل المتصورة ، ثم اختيار البديل الذي يحقق اعظم المنافع طبقا لقيم معينة ، بينما في الانموذج المعرفي

يكون البحث عن المعلومات مقصورا على تلك المعلومات التي تؤثر في امكانية تنفيذ القرار وتتمثل اسس وقواعد القرار فيما ياتي :

(اولا): القيم التي يتم بمقتضاها المفاضلة بين البدائل او المعايير التي يجب ان تتوافر في البديل المطلوب.

(ثانيا): توقع ردود الفعل للخصوم والتحسب لها وتهيئة الظروف القادرة على احباطها في الوقت المناسب .

(ثالثا): نشوء الحافز وادراك صانع القرار لهذا الحافز والحافز ظاهرة موضوعية . اما ادراك الحافز فهي عملية ذاتية تحصل في رؤية صانع القرار لهذا الحافز ، ويقصد برؤية صانع القرار تصوره لتاثير الحافز على امكانية تحقيق اهدافه ، والفرص التي يخلقها الحافز لتحقيق الاهداف او عدم تحقيقها .

ان ما يمكن استخلاصه من جملة ما تقدم هو ان عملية اتخاذ قرار الازمة الدولية تفرض على صانع القرار مراعاة مايلي :

أ. ان يتعامل مع افضل ما يمكن الحصول عليه في ضوء المتغيرات المختلفة وليس على افضل ما يتمناه ، أي ان تكون نظرته واقعية للموقف والاهداف التي يسعى اليها ولقدرته على المواجهة.

ب. ان يتعلم كيف يمارس اتخاذ القرار في ظروف الغياب والشك والتخمين والتنبؤ.

ج. ضرورة التضحية ببعض الاهداف احيانا ليس لعدم اهميتها بل لان تحقيقها قد يرتب اضرارا اكبر من المكاسب المتوقعة او ان التضحية ببعض الاهداف مرحليا قد يؤدي الى خلق ظروف افضل لانجاز اهداف اخرى اكثر اهمية .

د. التدرج في استخدام الروادع والتدرج في انجاز الاهداف .

هوامش الفصل التاسع

١. ابو زيد عبد الرحمن ابن خلدون ، مقدمة ابن خلدون ، الفصل ٢٩ ، ص٢٠٩ .

2. Robert Maciver , The Web of Government (New York : Macmillan, 1947), p . 4 .

3. Max Weber , The Theory of Social and Economic Organization, (Ny : Oxford University Press 1947) P . P . 124 - 126 .

٤. د. منذر الشاوي ، القانون الدستوري (نظرية الدولة) ، (بغداد ، وزارة العدل ، مركز البحوث القانونية ١٩٨١) ، ص٦٦ - ٧٥ .

٥. د. غسان سلامة ، نحو عقد اجتماعي عربي جديد ، بحث في الشرعية الدستورية ، ط١ ، (بيروت ، م . د . و . ع ، ١٩٨٧) ص١٤.

6. Max Weder , op cit, p . p 130 - 135 .

7. David Easton , Asystems Analysis of Political life, Newyork, wiley,1965 , p . p 52 - 55 .

8. Sammuel p. Huntington , Political Order in Changing Societies , (New Haven, Conn : Yale University Press 1968) , P. 24.

٩. لمزيد من التفصيل انظر :

Karl W. Deutsch , The Nerves of Government : Models of Political Com mnication and control New York : free Press, 1963).

١٠. لمزيد من التفصيل انظر :

Lucian W. Pey : Aspects of Political devlopment , Boston Little Brown and Company Inc, 1960, P . P. 63 - 67 .

وانظر كذلك :

Cabriel A. Almond and Bingham

Powell comparative politicals :

A Develompental Approch , op cit,

52 - 55.

11. Sammuel P. Huntington and Joan Nelson , No Easy Choise . Political Participation in developing Countries , U S A 1976, p . 3.

١٢ . د. عبد المنعم المشاط ، التنمية السياسية في العالم الثالث ، نظريات وقضايا (العين ، مؤسسة العين للنشر والتوزيع ، ١٩٨٨) ص٣٠٦ .

١٣ . د. جلال عبد الله معوض ، ازمة المشاركة السياسية في الوطن العربي ، كتاب الديمقراطية وحقوق الانسان ، مجموعة باحثين ، (بيروت ، م . د . و . ع ، ١٩٨٣) ص٦٣.

14. Myron Weiner , Political Participation : Crises of the Political Process in Leonard Binder, Crises and Sequencas in Political develompent (New Jersey, Princeton University Press, 1971) p.146 .

15. Sammuel P. Huntington , Political Order in Changing Societies , op cit P. 32 .

16. Lucian W. Pye , Aspect of Political Development , op . cit , p . p . 45 - 47 .

١٧ . د. غازي فيصل ، التنمية السياسية ، مصدر سبق ذكره ، ص٧٩-٨١.

18. Sidney Verba Comparative Political Culture , in Lucian W. Pye and Sidney Verba eds, Political Culture and Political development , (New Jersey, Princeton University , Press 1965) P. 299 .

١٩ . د. رياض عزيز هادي ، المشكلات السياسية في العالم الثالث ، ط٢، (الموصل ، مطابع التعليم العالي، ١٩٨٩) ، ص ٤٠٩ .

٢٠ . د. حسنين توفيق ابراهيم ، ظاهرة العنف السياسي في النظم العربية، (بيروت، م . د . و . ع ، ١٩٩٢) ، ص٢٢١.

٢١. لمزيد من التفصيل ، انظر :

William Peterson Ethnicity in the
World Today International Journal
of comparative Vol 20 No,1-2
March-June 1979, P.P. 1-13.

22. R. D. Mclaurin , Minorities And Politics In The Middle East : An Introduction , In R. D. Mclaurin , The Political Role of Minority Groups in the Middle East , (New York Praeger 1979) P. P. 1 - 16 .

٢٣. د.عبد السلام ابراهيم بغدادي ، الوحدة الوطنية ومشكلة الاقليات في افريقيا ،(بيروت، م . د . و .ع ، ١٩٩٣) ص٢٨ .

٢٤. نقلا عن د. رياض عزيز هادي ، المشكلات السياسية في العالم الثالث ، مصدر سبق ذكره ، ص ٣٦٣ - ٣٦٥ .

٢٥. نقلا عن المصدر نفسه ، ص ٣٦٤ - ٣٦٥ .

26. John Lowenhardt , Decision Making in Soviet Politics , The Macmillan Press, London ,1981, p. 7.

27. P. H Levin On decision and decision making In Public , Administration Journal, (Spring ,1972, P. 27.

28. Lucien Sphes, Critique de Decision , P.F.N.S, 1981, P. 13.

29. Horace , Acomprehensive Psychologicoal and Psycho Anlytical Terms, Longman : Dictionary . Co INC, 1985 , P. 139 .

30. Good C.V., Dictionary of Education , N.Y. MoGraw - Hill , 1973 , P. 167 .

31. Warren , Dictionary of Psychology , Boston, Houghtion Mifflin , 1964 , P. 69 .

32. Charles F. Hermann : Crisis in Foreign Policy , New York , 1988 , P. 28 .

٣٣. د. نادية شكارة ، اتخاذ القرار في الازمة الدولية ، بغداد ، ١٩٩٦ ، ص١٢ .

الفصل العاشر

الاحزاب والنظم الحزبية

المقدمة

تتصف الاحزاب السياسية بانها ظاهرة سياسية مركبة،لذلك يصعب النظر اليها من وجهة نظر واحدة، واعطاؤها من ثم تعريفا شاملا. فالاحزاب كاغلب الظواهر السياسية، يمكن ان يكون لها مدلولات متعددة ، ويمكن لذلك دراستها من جوانب متعددة. فتاريخ الاحزاب واساليب نشأتها دراسة يهتم بها المؤرخون، اما تنظيمها واحكامها الخاصة بالانضمام وقواعد اختيار قادتها،واحكام انشائها وحلها،فمسائل يختص بها القانون، اما الوسط السياسي الذي تعمل فيه، وطبيعة العلاقات فيما بينها فمسائل تدخل في اختصاص علماء السياسة. لذلك، فنظرا لصعوبة تعريف الاحزاب تعريفا جامعا، يتعين مراعاة الجوانب المختلفة المكونة لها، وما هي المدلولات المتنوعة التي يمكن اعطاؤها لهذه الظاهرة وعليه فالبعض ينظر الى الحزب نظرة تنظيمية، باعتبار ان التنظيم هو الذي يضفي على الحزب اهميته وهو الذي يمكن من تحقيق ما يرمي اليه الحزب من اهداف، ويرى البعض ان اهداف الحزب النابعة من الايديولوجية التي يعتنقها هي العامل الحاسم في تعريف الحزب ، وهناك فريق ثالث يقف عند وظائف الحزب باعتبار ان وظائف الحزب هي اهم ما يميزه.

اولا: تعريف الحزب

١. المدلول التنظيمي:

اولى الدراسات التي اهتمت بمعالجة الظاهرة الحزبية انطلقت من تعريف الحزب باعتباره تنظيما. ويرجع السبب في ذلك الى ان نشأة الاحزاب كانت عبارة عن تنظيم لعملية الانتخاب، ومحاولة تعريف الناخبين بمرشيحهم ودفع هؤلاء الناخبين عن طريق التنظيم، الى تدعيم مرشحي الحزب[1].

وقد شرع "موريس ديفيرجيه" في تعريف الحزب بالاخذ بالمدلول التنظيمي حيث كتب يقول (ان الحزب ليس جماعة واحدة ولكنه عبارة عن تجمع لعدد من الجماعات المتناثرة عبر اقليم الدولة كاللجان الحزبية، والمندوبيات، واقسام الحزب، والتجمعات المحلية، كل هذه الجماعات يربط فيما بينها الرباط التنظيمي الذي يقوم على اجهزة الحزب المختلفة وهذا الارتباط فيما بين الجماعات المختلفة يقوم على اساس تدرجي هرمي. ونفس هذا المعنى يؤكده "ماكس فيبر" بقوله (ان اصطلاح الحزب يستخدم للدلالة على علاقات اجتماعية تنظيمية تقوم علىاساس من الانتماء الحر، والهدف هو اعطاء زعماء الحزب سلطة داخل الجماعة التنظيمية من اجل تحقيق هدف معين او الحصول على مزايا عادية للاعضاء)[٢].

٢. المدلول الايديولوجي:

يركز الفريق الذي يعتمد هذا المدلول على المبادئ والاهداف التي يقوم عليها الحزب، وتبعا لذلك يكون تعريف الحزب بالنظر الى مبادئه واهدافه. فالفيلسوف "بورك" يعرف الاحزاب على انها (مجموعة منظمة من الناس اجتمعت من اجل العمل المشترك لتحقيق مصلحة الوطن، عن طريق تحقيق الاهداف والمبادئ التي يعتنقونها). ذلك ان هذا الفيلسوف ينظر الى السلطة نظرة مجردة، بينما السياسي الذي هو ايضا فيلسوف ولكن يخوض تجربة عملية، يحاول ايجاد السبل الكفيلة بوضع اهدافه موضع التنفيذ[٣].

ان تعريف الحزب بالنظر الى الايديولوجية التي يعتنقها والاهداف التي يسعى الى تحقيقها يعد امر جوهري، فايديولوجية الحزب هي احد مكوناته الاساسية، وهي التي تمكن من الحكم على اتجاهه السياسي، وان كان هذا التعريف الذي يركز على الجانب الايديولوجي يتجاهل جوانب اخرى مهمة لا تقل اهمية عن الجانب الايديولوجي (كالجانب التنظيمي والجانب الوظيفي).

٣. المدلول الوظيفي:

يميل تعريف الحزب هنا بالنظر الى جملة الوظائف التي يقوم بها، ولعل اهم هذه الوظائف هي وظيفة تولي الحكم، وفي هذا الصدد يعرف "ريمون ارون" الحزب

على انه (تنظيم دائم يضم مجموعة من الافراد يعملون معا من اجل ممارسة السلطة، سواء في ذلك العمل على تولي السلطة او الاحتفاظ بها. وفي ذات المعنى يعرف الحزب على انه مجموعة من الناس تسعى الى السيطرة بالوسائل المشروعة على جهاز الحكم)[٤].

وهناك من يؤكد ذلك بقوله ان الحزب بالدرجة الاولى هو محاولة منظمة للوصول للحكم ، بحيث لا يمكن تعريف الحزب دون الالتفات الى هذا العامل ، فهذا العامل هو القاسم المشترك بين جميع الاحزاب[٥] .

وتجدر الاشارة هنا ان الحزب يقوم بوظائف اخرى لاتقل اهمية عن هذه الوظيفة (وظيفة الحكم) فبالنسبة للبعض ، تلعب الاحزاب دورا هاما في تكوين الراي العام ، وتقوم بدور الوسيط بين المجتمع والسلطة ، فيرى " ابتر" في هذا الصدد ان (اهم وظيفة للحزب هي قيامه بتنظيم وتوجيه الراي العام ، وتلمس احتياجات الناس، ونقل هذه الاحتياجات الى الاجهزة المسؤولة ، بحيث يعمل الحزب على التقريب بين الحكام والمحكومين) ، ويستنتج من ذلك ان الاحزاب هي بالدرجة الاولى محاولة للتقريب بين الراي العام والسلطة .

وفي واقع الحال ان الجانب الوظيفي للحزب على الرغم من اهميته لايمكن الارتكان اليه وحده في تعريف الحزب فالاحزاب في وظائفها لاتقف عن حد تولي الحكم وتكوين الراي العام ، بل هي تقوم الى جانب ذلك بوظائف اخرى متعددة ، كتنظيم الحملات الانتخابية ، وتنظيم المعارضة ، وممارسة الضغوط على الحكومة، والعمل على تعبئة اعضاء الحزب ومؤيديه ، وتكوينهم ايديولوجيا ، وكذلك بعض الوظائف الاجتماعية كتنظيم الاحتفالات العامة الخ .

٤. محاولة تعريف الاحزاب بالنظر الى جوانبها المختلفة :

يتمثل العنصر الاكثر ثباتا في الحزب والذي يمثل الحد الادنى المشترك بين كافة الاحزاب ، في التضامن المادي والمعنوي الذي يربط بين اعضاء الحزب الواحد الذين يدينون بمجموعة من الافكار السياسية المشتركة ، فهذا الرابط بين اعضاء الحزب الواحد ولد ونما مع نشاة الاحزاب وتطورها ، وسوف يبقى يمثل المحور الذي تدور حوله كل عناصر الحزب من تنظيم واهداف ووظائف ، ففي هذا الاطار شقان

الاول يصور الحزب في شكل تيار فكري يعكس رؤية سياسية خاصة ومتميزة ، هذه الرؤية جمعت بين مجموعة من الافراد وجعلتهم يلتفون حولها باعتبارها رؤية موضوعية بعيدة عن الاهواء الشخصية .

واما الشق الثاني فيركز على العلاقة التي تربط بين افراد هذه المجموعة والاهداف التي يسعون الى تحقيقها من تجمعهم .ويبرز بين التعريفات هنا التعريف الذي قال به " جورج بيردو" وايده بذلك "ريمون أرون" والذي يعرف الحزب بانه تنظيم يضم مجموعة من الافراد ، تدين بنفس الرؤية السياسية وتعمل على وضع افكارها موضع التنفيذ وذلك بالعمل في ان واحد على ضم اكبر عدد ممكن من المواطنين الى صفوفهم وعلى تولي الحكم،او على الاقل التاثير على قرارات السلطة الحاكمة ، فهذا التعريف فضلا عن كونه يجمع بين كافة الجوانب في الحزب ويشمل المدلولات المختلفة له ، ويتميز ايضا بانه يجاري التطور الذي عرفته الاحزاب "[٦].

وقد عرف " لبلامبورا" و"وينر" الحزب السياسي بالمعنى الحديث للكلمة وذلك من خلال تجمع اربعة خصائص او صفات :[٧]

أ. **استمرارية في التنظيم:** والتي يسمح عندها التفريق بين الحزب بالمعنى الحديث او بكونه فقط حزب مجموعة زمر تنتهي بانتهاء حياة مؤسسها.

ب. **تنظيم واسع :** يشمل كافة اطراف المجتمع من العاصمة الى اصغر وحدة ادارية، وبهذا يختلف الحزب في كونه محصور بجماعة معينة كان تكون مجموعة من النواب او غيرهم.

ج. **رغبة الحزب في السلطة او المشاركة فيها او بالتاثير عليها:** وبذلك يختلف عن كون الحزب مجموعة ضاغطة .

د. **بحث الحزب في الحصول على مساندة شعبية:** وبذلك يختلف الحزب عن كونه نادي سياسي.

ثانيا: وظائف الاحزاب

تقوم الاحزاب بوظائف عديدة سواء كانت في السلطة او في المعارضة ، ومن اهمها :

١. تنظيم المعارضة :

اشرنا في ما سبق ذكره ان احد وظائف الاحزاب الوصول الى الحكم او محاولة التاثير على قرارات السلطة الحاكمة ، عن طريق تنظيم المعارضة ، وللمعارضة في النظم الديمقراطية اهمية كبرى ، فعلاوة على انها متفقة مع المنطق وطبيعة الامور من حيث وجود الراي والراي المخالف ، وما يحققه وجود المعارضة المشروعة من وسائل قانونية تسمح للتيار المعارض بالتعبير عن رايه، فضلا عن ذلك فان المعارضة تعتبر في النظم الديمقراطية ، جزء لا يتجزا من النظام نفسه.

لذلك، يعد تنظيم المعارضة من اهم وظائف الاحزاب وهذه الوظيفة ليست مجرد مجابهة من احزاب الاقلية لحزب (او احزاب) الاغلبية ولكنها وظيفة محددة الابعاد، تقتضي من حزب المعارضة ان يقوم بتوجيه النقد للحكومة ، على ان لا يكون هذا النقد مجردا ، بل مقرونا بالحلول البديلة التي يتضمنها برنامج متكامل يمكن ترجمته الى قرارات نافذة فيما اذا سنحت الفرصة للحزب المعارض ان يتولى الحكم . لاشك ان قيام المعارضة على هذا النحو ، لا يمكن ان يتم الا اذا استندت الى ما تتيحه لها النظم الديمقراطية من وسائل تساعد على نجاح المعارضة وعلى الاخص ما تكلفه هذه النظم من حماية للحريات العامة ، كحرية الصحافة وحرية الراي وحرية الجمعيات والتجمعات والحصانات البرلمانية وحق البرلمان في مساءلة الحكومة وطرح الثقة بها ... الخ .

٢. تكوين الاتجاهات والافكار وتوجيه الرأي العام :

هذه الوظيفة تقتضي من الحزب القيام بعدة مهام ، اولى هذه المهام هي ما يقع على عاتق الحزب من ضرورة توجيه المواطن الفرد وانماء الشعور لديه بالمسؤولية ، وعلى الاخص تلقينه ان المصلحة الفردية مرتبطة ارتباطا وثيقا بالمصلحة العامة ...

وبالطبع لا يستطيع ان يقوم بهذه المهمة بمجرد الاستجابة الى رغبات المواطنين ولكن على الحزب ان يقوم بترجمة هذه الرغبات في اطار المبادئ العامة التي يعتنقها . الى برنامج عمل محدد - كما انه ينبغي على الاحزاب توعية المواطن ، باعطاءه من المعلومات ما يمكنه من الحكم بطريقة موضوعية ، مجردة من كل خلفية سياسية ،

هذا السلوك الموضوعي يقتضي قدرا من انكار الذات .

ولكي تقوم الاحزاب بوظيفتها في تكوين الراي العام يتعين عليها ان تربط بين المواقف الفردية وان تنسق فيما بينها بحيث تبلور هذه المواقف المتفرقة في راي عام موحد يمثل اتجاها سياسيا محددا ، وبذاك ، يتضح مدى اهمية الحزب في تكوين راي عام فهو يلزم الفرد على الاقل حين يمارس حقه الانتخابي بان يحدد مكانه في الجماعة، وبين الاختبارات التي يرتضيها عضو الحزب او المؤيد له اذ يساند خط الحزب فانه في نفس الوقت يتخذ موقفا من القضايا العامة تجاه المجتمع ككل [٨].

٣. التعبير عن رغبات الجماهير :

ان استخدم الاحزاب ، لقوة الراي العام يحقق فائدة ، لا يمكن ان تحقق بدون الاحزاب ، اذ ان استخدام الاحزاب لهذه القوة يدفعها الى التعبير عن رغبات الجماهير ، فبدون الاحزاب ، لا يتصور لهذه الرغبات ان تجد متنفسا لها وان تصل الى اذان السلطات الحاكمة ، وليس بمقدور المواطن التاثير على المسائل المتعلقة بالحياة العامة فالفرد منعزلا عن اقرانه من اعضاء الجماعة لا تاثير له حتى لو مارس حقوقه (وخاصة حق التصويت) اذ كيف تتاح له فرصة اللقاء وتبادل الراي مع غيره ممن يعتنقون نفس افكاره ، وايا كانت درجة الاقتناع الفردي ومهما بلغت وجهة النظر الفردية من صحة ، فان العمل الفردي لا يؤدي الا الى ضياع الجهود وتشتيت القوى ومن هنا تبدو اهمية الحزب اذ يعمل على تمكين الجماعات المختلفة من التعبير عن رغباتها ومعتقداتها بطريقة منظمة وفعالة . وتحقيقا لذلك يقوم الحزب بتجميع جهود الافراد ويضيف على هذا التجمع طابعا سياسيا معبرا عن الافكار المشتركة لهؤلاء الافراد.

وبذلك يتضح ان الاحزاب لا غنى عنها حتى يتوافر للنظام الديمقراطي احد دعائمه الرئيسية الا وهي التنسيق بين وجهات نظر الحكام والمحكومين، وهو ما تقوم به الاحزاب باعتبارها مؤسسات سياسية دستورية مهمتها تكوين الارادة العامة الوطنية ، فالاحزاب تعمل على تحويل (الافكار والمبادئ) الى برنامج واضح وخطة عمل محددة لان الجماهير اذا تركت دون تنظيم لن تتمكن من تكوين رأي عام مؤثر

ولا من وضع برنامج يعكس امالها وافكارها، ولكن الحزب هو الذي يقوم بذلك فهو الذي يحدد للجماهير ما هو مطلوب منها ويبين لها الاهداف المرجوة من الخطط التي يضعها الحزب وهو في آن واحد المخطط والمنفذ.

٤. تكوين واختيار القيادات والكوادر السياسية:

فضلا عن كون الاحزاب تسعى الى كرسي الحكم وممارسة السلطة من خلاله، فانها تعتبر ايضا مدارس تلقى فيها مبادئ ممارسة السلطة. وغالبا مالا تتعرف الجماهير الا على اولئك الذين يقع اختيار الحزب عليهم لتمثيله في المعارك الانتخابية، ولكن هناك في الحزب غير هؤلاء الذين يقدمهم لهيئة الناخبين الذين يقوم الحزب بتلقينهم ايضا قواعد الحكم واساليب ممارسة السلطة. وتظل وظيفة الحزب في هذا المجال لها بعض الجوانب التي تجعل عملية اختيار الحكام مسألة تختلف عن عملية اختيار (مرشح) فتكوين الحكومة وشغل المراكز الحكومية القيادية مسألة تختلف عن عملية (الانتخابات). ذلك ان قيام الحزب باختيار الحكام تمثل عملية تهدف الى تكوين (الهيئة السياسية الحاكمة) ويمكن القول بان الامر هنا يتعلق بعملية انتقاء خاصة فالحزب لا يبحث فقط عن مرشح يرضي الجماهير ولكنه يرشح شخص ذي مواصفات خاصة، من حيث التكوين والتفكير والرؤية السياسية يصلح لان يكون ممثلا للجماعة التي يمثلها الحزب. ولاشك ان كل اعضاء الحزب ، لا تتوفر فيهم هذه الصفات ، ولهذا فلابد من جهاز لاختيار الاعضاء وتحديد من تتوافر فيهم هذه الصفات ، وهذا الجهاز لا يمكن ان يكون سوى الحزب، وخاصة وان الحزب يحرص من جانبه، على اقامة نوع من (التدرج الرئاسي) في داخل الهيئة السياسية الحاكمة، ولا يتسنى للحزب تحقيق ذلك الا عن طريق تحكم اجهزته العليا، في توزيع المناصب الحكومية التي يدعى الحزب الى شغلها.

ان اغلب الحكام الذين حققوا نجاحا في حياتهم السياسية هم اولئك الذين تدربوا في صفوف الحزب والذين استطاعوا، بعد ان صاروا حكاما ان يتحرروا ولو نسبيا من الرؤية الحزبية المحضة.

ثالثا . انواع النظم الحزبية

عدد غير قليل من الباحثين والمختصين بالاحزاب السياسية عني بدراسة الانظمة الحزبية وابراز اهم خصائصها ومدى تاثيرها في الحياة السياسية في الدول الحديثة . وبصورة عامة يمكن التميز في الوقت الحاضر بين عدة انظمة حزبية يختلف بعضها عن البعض الاخر في نواحي عديدة ، ومن هذه الانظمة نظام الاحزاب المستقلة ونظام الاحزاب المتعاونة او المتحدة ، ونظام الاحزاب المسيطرة ، ونظام الاحزاب الكبيرة ونظام الاحزاب الصغيرة ، ونظام الاحزاب المستقرة ونظام الاحزاب غير المستقرة ، والى جانب هذه التقسيمات للانظمة الحزبية هناك تقسيم اخر يقوم على اساس عدد الاحزاب السياسية في الدولة ، ويعد هذا التقسيم اكثر قبولا واكثر انتشارا من التقسيمات انفة الذكر ، لذا يمكن اتخاذه اساسا لدراسة الانظمة الحزبية [٩] .

ويقوم تقسيم الانظمة الحزبية من حيث عدد الاحزاب السياسية في الدولة على اساس تصنيفها الى ثلاثة انظمة رئيسة هي نظام تعدد الاحزاب ، ونظام الحزبين ، ونظام الحزب الواحد ، وعلى الرغم من ان التقسيم التقليدي للانظمة الحزبية من حيث عدد الاحزاب السياسية في الدولة يقضي بتقسيمها الى ثلاثة انظمة رئيسة ، فهناك نظاما حزبيا رابعا هو نظام الحزب القائد او المهيمن الذي هو في الحقيقية نظاما وسطا بين نظام الحزب الواحد ونظام تعدد الاحزاب .

١. نظام تعدد الاحزاب :

يقوم هذا النظام على اساس وجود اكثر من حزبين سياسيين في الدولة غير متفاوتين تفاوتا كبيرا في قوتها وتاثيرها في اتجاهات الراي العام والحياة السياسية،ويعد هذا النظام الاكثر انتشارا حيث ان معظم دول العالم في الوقت الحاضر تاخذ به. وفي هذا النظام تتنافس عدة احزاب للوصول الى الحكم بحيث لا يستطيع حزب لوحده ان يتولى السلطة بدون مشاركة احزاب اخرى يتفق معها في ادارة شؤون السلطة .

وبصورة عامة ان تعدد الاحزاب السياسية في الدول الحديثة وكثرتها اما ان يكون نتيجة لانقسام بعض الاحزاب السياسية القائمة فيها او نتيجة لتشكيل احزاب

سياسية جديدة ، وزيادة عدد الاحزاب بفعل انقسام الاحزاب القائمة يعود لاسباب كثيرة منها ضعف الانضباط الحزبي والاخذ باللامركزية الادارية والايديولوجية او الفكرية في كثير من الاحزاب السياسية ، وعلى كل حال ان اسباب ظهور نظام تعدد الاحزاب هي الاختلافات العنصرية والدينية والسياسية والاقتصادية والاجتماعية بين ابناء الدولة الواحدة ، وذهب بعض المعنين بدراسة الاحزاب السياسية الى ان كلا من الانتخاب بالتمثيل النسبي والانتخاب غير المباشر يساعد على قيام نظام تعدد الاحزاب لانهما يشجعان الاتجاهات والكتل السياسية على الظهور ودخول المعترك السياسي ومهما يكن من امر تاثير طريقة الانتخاب في زيادة عدد الاحزاب فانه من الثابت ان تاثير العوامل الاجتماعية والاقتصادية ... الخ اكثر فاعلية واكثر وضوحا في هذا المجال .

ونظرا لان نظام تعدد الاحزاب يفترض وجود عدة احزاب في الدولة وهذه الاحزاب متقاربة مع بعضها في القوة بحيث لا يستطيع احدها لوحده الحصول على الاغلبية في الهيئة النيابية وبالتالي استلام السلطة بمفرده ، فانه لابد من قيام الاتفاقات الحزبية بين الاحزاب المتقاربة في الاهداف والمبادئ السياسية لوقوف بعضها بوجه البعض الاخر سواء كان ذلك على الصعيد الانتخابي او الصعيد النيابي او الصعيد الحكومي.

ومن غير الممكن فهم نظام تعدد الاحزاب دون الالمام بالاتفاقات الحزبية بانواعها المختلفة ومجالات تاثيرها في الحياة السياسية للدول . وهذه الاتفاقات تحدث عادة بين الاحزاب المتقاربة في المبادئ والاهداف للتعاون مع بعضها اما للفوز في الانتخابات او لتحمل اعباء الحكم او لمراقبة ومحاسبة من بيده الحكم من الاحزاب المخالفة لها في المبادئ والاهداف .

أ. العوامل التي تؤثر في ظهور الاتفاقات الحزبية وتساعد على نشاتها.

(اولا): تعدد الاحزاب ذات الاتجاهات السياسية المتقاربة بوجه الاحزاب ذات الاتجاهات السياسية الاخرى ، كتكتل الاحزاب اليمينية او الاحزاب المحافظة او الاحزاب اليسارية ، بعضها ضد البعض الاخر .

(ثانيا): الازمات التي تمر بها الدول والتي تهدد كيانها او مصالحها العليا، حيث في كثير من الاحيان تدفع هذه الازمات الى قيام الاتفاقات الحزبية ليس فقط بين الاحزاب المتقاربة في الاتجاهات السياسية وانما حتى بين الاحزاب ذات الاتجاهات المتباينة .

(ثالثا):طريقة الانتخاب المتبعة في الدولة ، اذ من الملاحظ ان كلا من الانتخاب المباشر والانتخاب غير المباشر والانتخاب بالتمثيل النسبي يؤثر تاثيرا خاصا في هذا المجال :

(١). **كقاعدة عامة الانتخاب غير المباشرة يساعد على قيام الاتفاقات الحزبية**، لان هذا الانتخاب يتم على درجتين او مرحلتين في الاولى يقوم الناخبون الاوليون بانتخاب الناخبين الثانويين وفي المرحلة الثانية يقوم الناخبون الثانويون بانتخاب النواب ، فعند ظهور نتائج الانتخابات في المرحلة الاولى يستطيع كل حزب من الاحزاب المشتركة في الانتخاب معرفة قوته وبالتالي امكانية فوزه في المرحلة الثانية من الانتخاب وعلى هذا تظهر الاتفاقات الحزبية بين الاحزاب المتقاربة في الاتجاهات السياسية لمواجهة الاحزاب المناوئة لها ، فتقوم الاحزاب الصغيرة على سبيل المثال بالتنازل لمصلحة الاحزاب القوية المقاربة لها في الافكار والاتجاهات السياسية والايعاز لناخبيها الثانويين بالتصويت لمرشحي هذه الاحزاب بقصد منع الاحزاب المناوئة من الفوز بالانتخاب .

(٢). **الانتخاب المباشر:** بما انه يتم على مرحلة واحدة فانه لا يساعد كثيرا على قيام الاتفاقات الحزبية ، ومع ذلك يلاحظ بانه على الرغم من صعوبة قيام الاتفاقات الحزبية عند الاخذ بالانتخاب المباشر، فانها ان حدثت تكون اقوى واشمل من تلك التي يؤدي اليها الانتخاب غير المباشر والسبب في ذلك يعود الى ان الاتفاقات الحزبية التي تظهر عند الاخذ بالانتخاب المباشر تعقد قبل اجراء عملية الانتخاب وبالتالي قبل معرفة كل حزب من الاحزاب السياسية لقوته الحقيقية في كل منطقة من المناطق الانتخابية، فهي تستلزم التضحية من قبل الاحزاب المتقاربة في

الاتجاهات والافكار لمواجهة الاحزاب المناوئة . وهذا يتطلب اتفاقا تاما واكثر صلابة من الاتفاق الذي يحدث بعد الدور الثاني في الانتخاب غير المباشر .

(٣). **الانتخاب بالتمثيل النسبي :** وهو يساعد على تمثيل جميع الاحزاب السياسية في المجالس النيابية بنسبة قوة كل منها ، فانه كقاعدة عامة لا يساعد على قيام الاتفاقات الحزبية على الصعيد الانتخابي الا بالنسبة الى متبقيات الاصوات الانتخابية في كل منطقة من المناطق الانتخابية ، وفي حالة ما اذا كان النظام يسمح بتجميعها . وعلى العكس من ذلك بما ان هذا النوع من الانتخاب يؤدي في الغالب الى عدم استطاعة احد الاحزاب السياسية الفوز بالاغلبية في المجالس النيابية فانه يساعد على قيام الاتفاقات الحزبية على الصعيد الحكومي بقصد تشكيل الحكومات الائتلافية او بقصد معارضتها .

ب. انواع الاتفاقات الحزبية :

للاتفاقات الحزبية انواع كثيرة، اذ يمكن تصنيفها من نواحي عديدة وكما يلي:

(اولا): من حيث كيفية نشاتها ودقة تنظيمها

يمكن التمييز بين نوعين من الاتفاقات الحزبية من حيث كيفية نشاتها ، اذ انها اما تنشا بصورة عفوية تبعا لظروف طارئة ولتحقيق مكاسب معينة على الصعيد الانتخابي او النيابي والحكومي ، او تنشا بصورة دائمية نتيجة لاتفاق صريح حول برنامج واضح تحدد بموجبه اوجه التعاون بين احزاب تكون في الغالب متقاربة في الافكار والمبادئ وبصورة عامة يمكن التمييز بين نوعين رئيسيين من الاتفاقات الدائمية هما الاتفاقات المنظمة تنظيما دقيقا والاتفاقات غير المنظمة تنظيما دقيقا .

(ثانيا): من حيث موضوعها

تصنف الاتفاقات الحزبية من حيث موضوعها الى ثلاثة انواع رئيسة هي الاتفاقات الانتخابية والاتفاقات النيابية والاتفاقات الحكومية .

(١). **الاتفاقات الانتخابية:** وهي الاتفاقات التي تعقدها الاحزاب السياسية على

الصعيد الانتخابي وعلى مستوى المرشحين والناخبين ، وهي اما تكون صريحة او ضمنية كما يمكن ان تكون حول توزيع المناطق او حول توزيع متبقيات الاصوات او ان تكون اقليمية او قومية واجبارية او اختيارية ، وملزمة او غير ملزمة ، وعلى كل حال فالملاحظ ان جميع هذه الانواع تتاثر تاثرا كبيرا بطريقة الانتخاب المتبعة في الدولة .

(٢). **الاتفاقات النيابية :** وهي الاتفاقات التي تعقدها الاحزاب للتعاون مع بعضها في المجلس النيابي، اما للدفاع عن الحكومة ومساندتها او لمعارضتها من اجل اسقاطها او منعها من التعسف في استعمال سلطاتها . وهذه اما ان تكون ضمنية او صريحة ، ملزمة او غير ملزمة ، اجبارية او اختيارية ، والاتفاقات النيابية بجميع انواعها واشكالها ودرجاتها لاتظهر عادة الا في الدول التي تاخذ بنظام تعدد الاحزاب كما يمكن اعتبار طريقة الانتخاب بالتمثيل النسبي عاملا هاما يساعد على قيامها مادامت هذه الطريقة تؤدي الى تمثيل معظم احزاب الاقلية في المجالس النيابية على حساب احزاب الاغلبية الامر الذي يؤدي في الغالب الى ضعف هذه الاحزاب الى الدرجة التي تفقدها اغلبيتها.

(٣). **الاتفاقات الحكومية :** وهي الاتفاقات التي تعقد بين الاحزاب السياسية على صعيد الوزراء من اجل التعاون في ممارسة السلطة ، وهذا النوع من الاتفاقات يكون في الغالب مكملا للاتفاقات النيابية التي تعقد بين الاحزاب المتقاربة في الاهداف والمبادئ لتشكيل اغلبية بقصد الوقوف بوجه الاحزاب المعارضة .

(ثالثا): من حيث الاتجاهات السياسية

من حيث الاتجاهات السياسية للاتفاقات الحزبية يمكن التمييز بصورة عامة ورئيسة بين نوعين من هذه الاتفاقات هما الاتفاقات اليمينية والاتفاقات اليسارية ، اذ انه في كثير من الاحيان تتعاون الاحزاب اليسارية مع بعضها ضد الاحزاب اليمينية ولهذا نجد في مثل هذه الحالة في الدولة كتلتين متنافستين احدهما تضم الاحزاب اليسارية والاخرى تضم الاحزاب اليمينية .

وقد تظهر في بعض الاحيان في مثل هذه الدول كتلة ثالثة هي كتلة الاحزاب

الوسط ، اذ تتعاون هذه الاحزاب مع بعضها ضد كل من الاحزاب اليمينية والاحزاب اليسارية ، وفي اغلب الدول التي تظهر فيها كتلة احزاب الوسط تكون هذه الكتلة اقوى من غيرها بسبب امكانيتها في كسب عدد كبير من المؤيدين ولاسيما غير الحزبيين منهم

(رابعا): من حيث مركز الاحزاب المتحالفة

يمكن التمييز في هذا الصدد بين نوعين من الاتفاقات الحزبية هما الاتفاقات المتكافئة والاتفاقات غير المتكافئة ، والمقصود بالاتفاقات المتكافئة هي الاتفاقات التي تتمتع بموجبها جميع الاحزاب المتحالفة بامتيازات متقاربة اما الاتفاقات غير المتكافئة فهي الاتفاقات التي تتمتع فيها بعض الاحزاب المتحالفة بامتيازات اكثر من الامتيازات التي تتمتع بها الاحزاب الاخرى ، وتجدر الاشارة الى ان هذا التصنيف غير دقيق من الناحية العلمية ، اذ ان جميع الاتفاقات الحزبية غير متكافئة تكافؤا تاما من الناحية الفعلية ولهذا فان التصنيف العلمي الدقيق للاتفاقات الحزبية في هذا المجال هو الذي يميز بين الاتفاقات المتكافئة نسبيا والاتفاقات غير المتكافئة .

ويلاحظ عادة ان لقوة التنظيم الحزبي تاثيرا لايقل عن تاثير العوامل السابقة في ظهور عدم التكافو بين الاحزاب المتحالفة .

٢. نظام الحزبين :

يقوم هذا النظام على اساس وجود حزبين كبيرين في الدولة يتنافسان فيما بينهما من اجل الوصول الى السلطة ... ويفترض نظام الحزبين ، وجود حزبين كبيرين ينافس احدهما الاخر، بيد ان هذا النظام لا يمنع من قيام احزاب اخرى في الدولة وهذه الاحزاب تكون في العادة ضعيفة التاثير في اتجاهات الراي العام وبالتالي قليلة الاهمية بالنسبة الى الحزبين الكبيرين ، ويعد وجود هذه الاحزاب الى جانب الحزبين الكبيرين امر طبيعي مادام ان نظام الحزبين يقوم كنظام تعدد الاحزاب على اساس ضمان حرية التعبير عن الراي وحرية المعارضة لجميع الاتجاهات السياسية في الدولة . لذا فان وجود الاحزاب الصغيرة الى جانب الحزبين الكبيرين ظاهرة يمكن مشاهدتها في معظم الدول التي تاخذ بنظام الحزبين [١٠] .

ففي الولايات المتحدة مثلا توجد الى جانب الحزبين الديمقراطي والجمهوري عدة احزاب صغيرة ذات صفة محلية او اقليمية كحزب العمل وحزب الفلاحين والحزب الاشتراكي والحزب التقدمي ، وفي انكلترا يوجد الى جانب حزبي العمال والمحافظين عدة احزاب صغيرة من اهمها حزب الاحرار والحزب الشيوعي والحزب التقدمي وقد استطاع حزب الاحرار الفوز ببعض المقاعد في مجلس العموم بصورة مستمرة تقريبا.

والاحزاب الصغيرة التي توجد في ظل نظام الحزبين غالبا ما تكون احزاب ذات مبادئ وافكار واضحة ومحددة الامر الذي يترتب عليه بان تكون هذه الاحزاب متمايزة عن بعضها وعن الاحزاب الكبيرة في سياستها واهدافها . وبسبب من وضوح اهداف ومبادئ هذه الاحزاب نجد ان كل واحد منها يعتمد في نشاطه وسياسته على فئة او طبقة معينة كما يعتبر نفسه المعبر الحقيقي عن مصالح وتطلعات تلك الفئة او الطبقة . وبخلاف ذلك تكون الاحزاب الكبيرة في نظام الحزبين احزاب مساومة وليست احزابا عقائدية بوجه عام . ذلك لانها لا تعتمد في نشاطها وفوزها في الانتخابات على مساندة فئة او طبقة دون غيرها ، وانما تعمل على كسب تاييد جميع ابناء الشعب دون التمييز بينهم لاي سبب من الاسباب وبهدف تحقيق هذه الغاية تميل الى الاعتدال في برامجها وسياساتها وتستعمل رؤية معتدلة وهادئة في معالجتها لمختلف الامور . وتبذل قصارى جهدها لتجنب اتخاذ مواقف صريحة بالنسبة الى اية قضية من القضايا الحساسة التي ينقسم ابناء الشعب بشانها انقساما عميقا الامر الذي يترتب عليه ان تكون هذه الاحزاب في اغلب الاحيان متشابهة مع بعضها في برامجها ووجهات نظرها تشابها كبيرا . ولذا عندما يعقب احدهما الاخر في تولي السلطة ، لايبدو ان ذلك يشكل في الغالب تحولا كبيرا في سياسة الدولة لا على الصعيد الداخلي ولا على الصعيد الخارجي .

وفي محاولة جادة للالمام بكل ما يتعلق بنظام الحزبين نجد ضرورة مقارنته بنظام تعدد الاحزاب وبيان العوامل التي تساعد على قيامه ، والوقوف على تطبيقاته المختلفة .

أ. اوجه التشابه والتباين بين نظام الحزبين ونظام تعدد الاحزاب.

ان كلا من هذين النظامين لا يمكن ان يقوم الا في الدول التي تصون الحريات العامة ولاسيما حريتي التعبير عن الراي والمعارضة . اذ لا يمكن تصور قيام نظام الحزبين او نظام تعدد الاحزاب في دولة من الدول مادام انه لا يعترف فيها للافراد بحرية التعبير عن الراي وحرية معارضة الهيئة الحاكمة . وقيام كل من هذين النظامين يستلزم وجود عدة احزاب سياسية في الدولة الواحدة ، ففي نظام الحزبين يوجد بالاضافة الى الحزبين الكبيرين المتنافسين مع بعضهما احزاب صغيرة قليلة التاثير في الراي العام ، اما في نظام تعدد الاحزاب فهناك اكثر من حزبين متقاربة مع بعضها بالقوة بحيث لا يستطيع احدهما لوحده ان يصل السلطة كقاعدة عامة.

بيد ان هذين النظامين يفترقان عن بعضهما من نواحي عديدة ولاسيما من حيث تاثيرهما في الحياة السياسية في الدول وكما يلي :

(أولا): من حيث كيفية ممارسة السلطات العامة

ان تاثير احد هذين النظامين يختلف عن تاثير الاخر وكما يلي :

(١). ففي النظام البرلماني على الرغم من انه يستلزم فصل السلطتين التشريعية والتنفيذية عن بعضهما وضرورة ممارسة كل منهما من قبل هيئة خاصة نجد ان هذا الفصل لا يمكن تحقيقه من الناحية العملية في ظل نظام الحزبين . فعند الاخذ بنظام الحزبين في دولة برلمانية لابد وان يفوز احد الحزبين بالاغلبية في البرلمان وبذلك تكون السلطة التشريعية بيد حزب الاغلبية ، وبما ان الوزارة في النظام البرلماني تنبثق عن الاغلبية البرلمانية ستكون السلطة التنفيذية بيد حزب الاغلبية ايضا ، الامر الذي يجعل السلطتين التشريعية والتنفيذية بيد حزب واحد وخاضعتين لتوجيه واحد ، وهذا ما يتعارض مع النظام البرلماني الذي يقضي بفصل هاتين السلطتين عن بعضهما . وفضلا عن ذلك فان وضع هاتين السلطتين بيد حزب واحد لا يؤدي الى القضاء على فصل احداهما عن الاخرى فقط ، وانما يؤدي ايضا الى القضاء على وسائل رقابة احدهما للاخرى ولاسيما حق حل البرلمان وحق اقالة الوزارة ... حيث لا يمكن تصور قيام

الاغلبية البرلمانية التي تنتمي لحزب معين باقالة وزارة ذلك الحزب كما لا يمكن تصور حل البرلمان من قبل وزارة حزب الاغلبية البرلمانية . ونظرا لان النظام الرئاسي يقوم على مبدا الفصل بين السلطات كما هو الحال بالنسبة الى النظام البرلماني نجد ان نظام الحزبين يلعب في الدول الرئاسية نفس الدور الذي يلعبه في الدول البرلمانية ، حيث يؤدي الى عدم امكان فصل السلطات عن بعضهما من الناحية العملية في كثير من الاحيان ... وفي هذا الصدد يمكن الاشارة الى النظام الرئاسي في الولايات المتحدة ، فعلى الرغم من انه يقضي بفصل السلطة التشريعية عن السلطة التنفيذية الى اقصى حد ممكن نجد في كثير من الاحيان ان هاتين السلطتين مرتبطتان مع بعضهما وخاضعتان لنفس التوجه العام وذلك بفعل النظام الحزبي في الدول [١١] .

(٢).على خلاف ذلك ان نظام تعدد الاحزاب يساعد بصورة عامة على تطبيق مبدا الفصل بين السلطات مهما كانت درجة هذا الفصل اي في كل من النظامين البرلماني والرئاسي على السواء ، ففي الدول البرلمانية نظرا لعدم استطاعة احد الاحزاب الحصول على الاغلبية في البرلمان تكون الوزارة عادة ائتلافية اي مكونة من اعضاء ينتمون لاكثر من حزب واحد ، وبما ان ائتلاف الاحزاب لتشكيل الوزارة يتصف عادة بعدم الثبات لمدة طويلة بسبب اختلاف مبادئ واهداف الاحزاب المتحالفة من جهة وبفعل المحاولات التي تبذل من قبل الاحزاب الاخرى للنيل من هذا التحالف واسقاط الوزارة من جهة اخرى ، يصبح البرلمان في كثير من الاحيان بعيدا عن الوزارة وفي حل منها ، الامر الذي يساعد على تحقيق الفصل بين السلطات الذي يقوم عليه النظام السياسي للدولة . ولعل خير دليل على ذلك هو كثرة الازمات الوزارية التي تحدث بسبب سحب البرلمان لثقته من الوزارة في الدول البرلمانية التي تاخذ بنظام تعدد الاحزاب ، بالاضافة الى ذلك يلاحظ ان تاثير نظام تعدد الاحزاب في الفصل بين السلطات يظهر بصورة اوضح في الدول التي تاخذ بالنظام الرئاسي لان السلطتين التشريعية والتنفيذية لايمكن باي حال من الاحوال ان تكون بيد حزب واحد في هذا النظام ، والسبب في ذلك هو بما ان السلطة التنفيذية تتركز بيد

رئيس الدولة فانها لابد وان تكون بيد احد الاحزاب بينما لا يمكن ان تكون السلطة التشريعية بيد ذلك الحزب لان اي حزب في نظام تعدد الاحزاب لا يستطيع لوحده الحصول على الاغلبية في المجلس النيابي .

(ثانيا):من حيث ظهور المعارضة ومدى قوة تاثيرها

الواقع ان نظام الحزبين لايساعد على ظهور المعارضة فقط وانما يعمل كذلك على تنسيقها وتنظيمها بحيث يجعل منها اداة فعالة وجهازا منظما تنظيما دقيقا لان هذا النظام بطبيعته يجعل توزيع المسؤولية بين الحكومة والمعارضة متوافقا مع التمييز بين حزب الاغلبية وحزب الاقلية. فتقع على عاتق حزب الاقلية مهمة مراقبة الحكومة ومحاسبتها عن اعمالها . ولذلك يقوم حزب الاقلية بجعل نفسه جهازا منظما للوقوف بوجه حزب الاغلبية يحصي عليه هفواته ويراقب جميع اعماله وتصرفاته ، وكمثال على ذلك يمكن ملاحظة المكانة التي يحتلها حزب الاقلية في انكلترا حيث يعتبر منصب رئاسة المعارضة البرلمانية وظيفة رسمية لاتقل اهمية عن منصب رئاسة الاغلبية البرلمانية . اما بالنسبة الى نظام تعدد الاحزاب فانه وان كان يلعب دورا مشابها للدور الذي يلعبه نظام الحزبين بالنسبة الى المعارضة الا ان تاثيره في هذا المجال اقل بكثير من تاثير نظام الحزبين . والواقع ان نظام تعدد الاحزاب وان كان يساعد على ظهور المعارضة الا انها تكون عادة اضعف بكثير من تلك التي تظهر في نظام الحزبين.

ويعود ضعف المعارضة في نظام تعدد الاحزاب الى ما يلي :

(١). ان المعارضة في هذا النظام لاتكون مركزة بيد حزب واحد يجند لها جميع امكانياته كما هو الحال بالنسبة الى نظام الحزبين ، وانما تكون مبعثرة بين عدة احزاب غير متناسقة في عملها وغير متفقة في مبادئها .

(٢). عدم استقرارها وثباتها مدة طويلة على شكل واحد حيث ان الاحزاب التي تتكون منها المعارضة تتغير من وقت الى آخر وذلك بتغير الوزارات .

(٣). اختلاف الاحزاب التي تتكون منها المعارضة في المبادئ والاهداف وان كان ما يجمعها في المعارضة هو عدم اشتراكها في السلطة.

(ثالثا).من حيث الاستقرار السياسي

يبدو ان نظام الحزبين من هذه الناحية يساعد على تحقيق الاستقرار اكثر من نظام تعدد الاحزاب ، فعند الاخذ بنظام الحزبين لابد وان يفوز احد الحزبين الكبيرين باغلبية اعضاء المجلس النيابي بينما لايكون للحزب الاخر الا اقلية فيه . ومن الطبيعي ان حزب الاغلبية هو الذي يشكل الوزارة وبالتالي يسيطر على السلطتين التشريعية والتنفيذية طوال مدة المجلس النيابي ، فهو الذي يضع السياسة العامة وهو الذي يشرف على تنفيذها طوال هذه المدة وبذلك يمكن ان تسير الدولة خلال مدة محددة حسب خطة مرسومة وتحت توجيه واحد الامر الذي يساعد على تحقيق الاستقرار السياسي فيها وسير الامور سيرا منتظما . بينما في نظام تعدد الاحزاب حيث يفترض عدم استطاعة احد الاحزاب الفوز بالاغلبية في المجلس النيابي فانه لابد من تاليف الاحزاب المتقاربة في المبادئ والاهداف لتشكيل الحكومات الائتلافية ، وبما ان الاخيرة كثيرا ما تتغير بسبب اختلاف اهداف ومبادئ الاحزاب المشتركة فيها فانه سوف لاتكون للدولة سياسة واحدة منسقة لمدة طويلة الامر الذي يؤدي الى عدم الاستقرار السياسي فيها وعدم سير الامور فيها سيرا منتظما.

(رابعا): من حيث تمثيل اتجاهات الراي العام

يلاحظ ان نظام الحزبين من هذه الناحية لا يعكس تكوين البنيان الاجتماعي واتجاهات الراي العام بشكل واضح ودقيق في المجالس النيابية والهيئات الحاكمة بصورة عامة ، وذلك لانه في ظل هذا النظام لا تستطيع الاحزاب الصغيرة ارسال ممثليها الى هذه المجالس والهيئات ، وعلى خلاف ذلك نجد ان نظام تعدد الاحزاب يساعد على جعل المجالس النيابية مراة صادقة لافكار وميول جميع الاتجاهات السياسية في الدولة مادام انه يفسح المجال لتمثيل جميع الاحزاب السياسية .

ب. العوامل التي تساعد على قيام نظام الحزبين .

(أولا): العوامل الخاصة بالدولة ذاتها والتي تتمثل بالتقاليد والعادات والتطور السياسي والتكوين العنصري والاهداف الوطنية .

(ثانيا):العوامل العامة التي تشمل جميع الدول والتي تتمثل بالعوامل الاجتماعية والاقتصادية من ناحية ، وطريقة الانتخاب المتبعة في الدولة من ناحية ثانية .

ج. تطبيقات نظام الحزبين .

يعد الاخذ بنظام الحزبين بصورة عامة ظاهرة خاصة بالدول الانكلوسكسونية كانكلترا والولايات المتحدة ونيوزيلاندة واستراليا ومع ذلك فقد ظهرت تطبيقات لهذا النظام في دول ليست انكلوسكسونية كجنوب افريقيا وبعض دول امريكا اللاتينية ولهذا النظام عدة تطبيقات من ابرزها نظام الحزبين المرن الذي من اوضح تطبيقاته النظام الامريكي ، ونظام الحزبين الجامد الذي من اهم تطبيقاته النظام الانكليزي .

ويتميز النظامان عن بعضهما في عدة معايير سوف نتطرق الى اهمها للالمام بكل من نظام الحزبين المرن ونظام الحزبين الجامد وكما يلي :

(اولا): معيار درجة المركزية

توصف الاحزاب الانكليزية بانها تاخذ بالمركزية في التنظيم لتحديد العلاقة بين مركز الحزب وفروعه من الناحيتين السياسية والادارية . فلا تتمتع فروع الحزب في انكلترا بقسط من الاستقلال بالنسبة الى المركز كقاعدة عامة ، كما انها لا تمتلك حق اتخاذ القرارات ولاسيما بالنسبة الى الامور الهامة الا بعد الرجوع الى مركز الحزب واخذ موافقته وعلى خلاف ذلك توصف الاحزاب الامريكية باللامركزية في التنظيم ، ولهذا تتمتع الفروع في الاحزاب الامريكية بقسط من الاستقلال تجاه المركز الامر الذي يؤدي الى عدم تمتع المركز الا باختصاصات شكلية تجاه الفروع ، فلكل فرع ميزانيته الخاصة التي تتكون من وارداته وله حتى حق اختيار مرشحي الحزب في المناطق التابعة له دون حاجة الى اخذ موافقة مركز الحزب بشانهم .

(ثانيا): معيار الاساس الايديولوجي

يلاحظ عدم قيام الاحزاب الامريكية على اساس اجتماعي او ايديولوجي ، ذلك لان كل حزب من الحزبين الكبيرين بصورة خاصة لا يعمل على الظهور بمظهر الدفاع عن مصالح طبقة اجتماعية معينة وانما يعمل على تحقيق اهدافه في معزل عن

الطبقات والصراع الطبقي ، فضلا عن ان الاختلاف بين هذين الحزبين لا يقوم على اساس عقائدي وفكري وانما على اساس المصالح والاتجاهات والمواقف بالنسبة الى القضايا السياسية الانية الداخلية والخارجية وعلى العكس من ذلك يلاحظ ان الاحزاب الانكليزية تختلف عن بعضها اختلافا عقائديا الى حد ما ، فبينما يحاول حزب العمال ان يظهر نفسه بمظهر المعبر والمدافع عن مصالح الطبقة العاملة ، بينما يحاول حزب المحافظين ان يبدو وكانه يعكس تطلعات الارستقراطيين ، ولهذا يلاحظ ان لكل حزب من الحزبين خطا سياسيا واضحا يميزه عن الحزب الاخر .

(ثالثا): معيار التنظيم

توصف الاحزاب الامريكية بانها احزاب هيكلية ولهذا فهي لاتعمل على زيادة اعضائها ، ولا تعمل على تنظيمهم وتثقفيهم بمبادئها وافكارها ، وهي ليست الا اجهزة وظيفتها الرئيسة عمل الدعاية لمرشحيها وخوض المعارك الانتخابية ويقل نشاطها او يضمحل عند انتهائها اما الاحزاب الانكليزية فهي بصورة عامة احزاب جماهيرية وان كان حزب العمال اكثر جماهيرية من المحافظين ، ولذلك فهي احزاب دائمة النشاط ولا يقتصر نشاطها على عمل الدعاية لمرشحيها في اوقات الانتخابات وانما يستمر ايضا حتى بعد انتهائها اذ تقوم بتثقيف اعضائها عن طريق الاجتماعات والندوات التي تعقدها لتوضيح اهدافها وافكارها ومواقفها في مختلف الشؤون [١٢].

٣. نظام الحزب الواحد :

يتطلب نظام الحزب الواحد بالا يوجد في الدولة التي تاخذ به الا حزب سياسي واحد يحتكر فيها النشاط السياسي وممارسة السلطات العامة ويتمتع بجميع الامتيازات .

فهو الذي يسيطر على الحكومة وعلى البرلمان في وقت واحد وهو الذي يسمي المرشحين ويطرح اسمائهم للاستفتاء عليهم ، ولا يكون امام الناخبين خيار ، فالانتخاب لا يعدو ان يكون تصديقا او موافقة على اختيار الحزب . ومن ثم يسود راي الحزب في البرلمان ، ولايسمح لاي راي معارض لا في البرلمان و لا خارج البرلمان ثم ان الحزب هو المسيطر على الحكومة فرجال الحكومة جميعا اما اعضاء بالحزب واما من ترشيح الحزب وممن يرضى الحزب عنهم وعن سلوكهم .

ويعتنق الحزب الواحد دائما مبدا التطهير بمعنى ان الحزب يطرد مـن سـاحته اولا باول كل من يفقد الثقة فيهم او يشك في سلوكهم ، وفقد عضوية الحزب في هـذا النظـام قد يعرض الفرد الى ان يفقد وظيفته وعمله فضلا عن اعتباره خارج دائرة النظام، او على الاقل غير متعاون معه ، ويساعد هذا المبدا عـلى تاكيـد سـلطات الحـزب، وعـلى القضـاء تماما على كل فكر معـارض او راي مخـالف ، ومحصـلة هـذا كلـه هـو ان نظـام الحـزب الواحد يعمل على تركيز السلطة تركيزا يكاد يكـون مطلقـا ثـم ان هـذا التركيـز لا يكـون لصالح البرلمان ولا لصالح السلطة التنفيذية انه تركيز لصالح الحزب، وتاكيـد الدكتاتوريـة الحزبية ، ولا يعتبر البرلمان والهيئة التنفيذية الا تابعين للحزب ، وادواته في تنفيذ سياسته (١٣).

ورغم ان نظام الحزب الواحد هو من مبتكرات الانظمة الشيوعية ، حيث اخذ بـه لاول مرة في الاتحاد السوفيتي في اعقاب انتصار ثورة اكتوبر ١٩١٧ فقد ظهر فيما بعد في دول غير شيوعية كايطاليا في العهد الفاشي والمانيا خلال الحكم النازي .

ويرى مؤيدي نظام الحزب الواحد بـان مـن ابـرز وظائفـه خلـق نخبـة او طليعـة قيادية وزعماء سياسيين واداريين اكفاء ومؤهلين لادارة شؤون الدولة بما يتطلبـه تحقيـق المصلحة العامة لان عامة الناس غير قادرين على حكم انفسهم على الوجه الصحيح لعدم توفر الكفاءات والمؤهلات اللازمة لديهم كما يعمل نظام الحزب الواحد من وجهـة نظـره على اقامة الرابطة بين الحكام والشعب ...

اما بالنسبة لمعارضي نظام الحزب الواحد فـيرون ان هـذا النظـام مـا هـو الا لـون حديث لنظـام سـياسي قـديم جـدا هـو الحـرس الامبراطـوري او القيصريـ الـذي مهمتـه الاساسية توطيد حكم الامبراطور واعوانه .. فالحزب لا يخلق نخبة ممتازة بقدر ما يخلـق طبقة متنفذة تـرتبط مصـالحها وامتيازاتهـا (كالفوائـد الماديـة واحتكـار المراكـز الاداريـة والتمتع بحرية وسلطات اوسع من غيرهم) بوجود النظام والحفـاظ عـلى كيانـه ، وعـلى هذا يصبح الاخلاص لقادة الحزب وزعماءه هو مقياس الانتماء اليه والبقاء فيه اكـثر مـن المؤهلات الشخصية والاعتقـاد بشرـعية وافضـلية مبـادئ الحـزب واهدافـه ، فالجديـد في نظام الحزب الواحد اذن براي معارضيه يكمن في شكل التنظيم الفني للعلاقة بين الحكام واعوانهم وليس في الصفة الاوتوقراطية للنظام .

هوامش الفصل العاشر

١. د. نبيلة عبد الحليم كامل ، الاحزاب السياسية في العالم المعاصر ، دار الكتاب الحديث ، الكويت ، ص٧٢ .

2. Max Weber , The Theory of Social and Economic Organization , opcit, 1947 , p.407 .

3. E.Burk , Thoughts on the Cause of the Present Discontents , 1970 , p.530 et 536 .

4. A. Douvns , An Economic Theory of Democracy , New York , Harber , 1957 . p24-26 .

5. E.E Schtschneider , Party Government , New York , Rinechart , 1972 , p.35-37 .

٦. انظر

George Burdeau , La democratie , ed Seuil , Paris 1956 , p.268

وكذلك :

Raymond Aron : democratie et tatalitarisme , Coll diees Callimard-Paris 1956 , p.117 .

7. Gf. Laplammbra , Weiner Parties and Political Development , Princeton , 1966 , p.5-7.

٨. د. نبيلة عبد الحليم كامل ، مصدر سبق ذكره ، ص٩٥-٩٦ .

٩. د. شمران حمادي ، الاحزاب السياسية والنظم الحزبية ، ط٢ ، مطبعة الارشاد ، بغداد ، ١٩٧٥ ، ص١٧٦ وما بعدها .

١٠. المصدر نفسه ، ص١٩٨ وما بعدها .

11. Maurice Duverger , Droit Constitutinnel et institutions Politiques , ed . 1955 .

12. George Burdeau , op.cit , p.466 .

١٣. د. عبد اللـه هدية ، مدخل الانظمة السياسية ، ط١ ، مكتبة ام القرى ، الكويـت ، ١٩٨٤ ، ص٢٠٦-٢٠٧ .

الفصل الحادي عشر

اسناد السلطة بالانتخابات

اولا : التكييف القانوني للانتخاب

لقد ذهب بعض الفقهاء للقول ان الانتخاب وظيفة ، وقال فريق آخر ان الانتخاب حق شخصي ، في حين يرى فريق ثالث ان الانتخاب سلطة قانونية أو حق عام وذلك على النحو التالي : [1]

١. الانتخابات وظيفة :

هذه النظرية تتواءم مع المباديء التي قامت عليها الثورة الفرنسية ، ومن ثم فقد تبنتها الجمعية التأسيسية التي انبثقت اثر قيام تلك الثورة . وتقوم على اساس ان السيادة لا يمكن تجزئتها بين الافراد بحيث يملك كل منهم جزء منها ، لان السيادة تعود الى الامة باعتبارها وحدة مجردة مستقلة عن الافراد المكونين لها ، وبناء عليه ، فأن كلا منهم حينما يمارس الانتخاب انما يمارسه على اساس انه وظيفة يتعين عليه اداؤها ، وليس على اساس انه حق شخصي نابع من كونه يملك جزء من السيادة . وقد افضت هذه النظرية الى النتيجتين التاليتين :

أ. انطلاقا من ان الانتخاب وظيفة وليس حق فأن الامة صاحبة السيادة تستطيع تحديد الاشخاص الذين يمارسون هذه الوظيفة والاشخاص الذين لا يمارسونها . وذلك وفقا لشروط معينة تضعها ، ومن ثم فأن هذه النظرية لا تستتبع بالضرورة تقرير حق الاقتراع العام .

ب. لما كان الانتخاب وظيفة وليس حق فأن الناخبين ملزمون بممارستها ، كما ان الامة تستطيع اجبارهم على تلك الممارسة ان هم امتنعوا عنها .

٢. الانتخاب حق شخصي :

تنطلق هذه النظرية من رؤية مفادها ان كل فرد من الافراد يمتلك جزءا من

السيادة الشعبية وانه يمارس هذا الجزء الذي يمتلكه من السيادة عن طريق الانتخاب، ومن ثم فأن الانتخاب حق شخصي يتمتع به الافراد على اساس قاعدة المساواة التي تشمل الحقوق المدنية والسياسية على حد سواء .

ويذهب المختصين الى القول بأن هذه النظرية تتفق مع وجهة نظر "روسو" القائلة بأن السيادة تتمثل في الارادة العامة ، والارادة العامة تتكون من مجموع ارادات الافراد ، ومن ثم فأن الارادة العامة لا يمكن استجلاؤها الا اذا اشترك الافراد كافة في التعبير عنها . وقد أفضت هذه النظرية الى النتيجتين التاليتين :

أ. بالنظر لأن الانتخاب حق شخصي فأنه يثبت لكل فرد في المجتمع ، ولا يجوز ان يحرم اي فرد من ممارسة هذا الحق الا على سبيل الاستثناء ولاسباب معينة كعدم الاهلية وعدم الصلاحية الادبية او العقلية . وبناء عليه فأن الاخذ بهذه النظرية يؤدي بالضرورة الى تقرير حق الاقتراع العام لجميع المواطنين .

ب. بما ان الانتخاب حقا فأن لصاحبه الخيار في استعماله او عدم استعماله ، ومن ثم فأن ممارسة الانتخاب - وفقا لهذه النظرية يعتبر امرا اختياريا وليس اجباريا.

٣. الانتخاب سلطة قانونية :

تقوم نظرية الانتخاب سلطة قانونية على اساس ان اي من النظريتين السابقتين لم تحض بإجماع الفقهاء بالرغم من ان لكل منهما مؤيدوها ، وذلك لأن التكييف القانوني الذي جاءت به كل منهما للانتخاب لم يكن تكييفا سليما .

فالقول بأن الانتخاب وظيفة تحدد الامة الاشخاص الذين يمارسونه يعني ان كل سلطة تأتي الى الحكم عن طريق الانتخاب تستطيع بأسم الامة ان تحدد هيئة الناخبين بما يؤدي الى خدمة مصالحها ومصالح الطبقة التي تنتمي اليها .

وهذا ما حصل فعلا في فرنسا عقب الثورة ، فقد اعتبر الانتخاب وظيفة وقصرت ممارسته على الاشخاص الذين يمتلكون نصابا معينا من الثروة ، في حين حرم من لا يملك مثل هذا النصاب من ممارسته ، مما يتنافس مع مبدأ الاقتراع العام وجوهر الديمقراطية السياسية .

من ناحية اخرى فأن تكييف الانتخاب على انه حق مطلق لا يتفق مع الحقيقة والواقع ، ذلك ان صاحب الحق يستطيع التصرف به والنزول عنه او تفويض غيره في ممارسته ، بينما لا يستطيع الناخب الاتيان بمثل هذه التصرفات عند ممارسته للانتخاب، ويعتبر باطلا كل اتفاق او عقد ينص على ذلك [٢] وفضلا عن ذلك فأن الحقوق الشخصية تنشؤها ارادة الافراد وتتحدد وفقا لتلك الارادة ، في حين ان الانتخاب ينظمه القانون بطريقة آمرة على وفق قواعد محددة لا يمكن تعديلها او تغييرها بارادة الافراد ، كما ان الشروط الواجب توفرها لممارسته واحدة بالنسبة للافراد كافة . يضاف الى ذلك ان الحقوق الشخصية تولد مراكز خاصة ذاتية ، وهذه المراكز الخاصة الذاتية لا يمكن تعديلها او تغييرها احتراما لقاعدة عدم رجعية القوانين وقاعدة الحقوق المكتسبة ، في حين ان الانتخاب لا يولد مراكز ذاتية خاصة، ومن ثم فأن المشرع يستطيع تغييره أو تعديله وفقا لمقتضيات الصالح العام لأنه يولد مراكز عامة مجردة [٣] .

لقد أدت هذه الاسباب كلها الى اتجاه معظم الفقهاء الى القول بأن الانتخاب سلطة قانونية يقررها القانون للناخب وفقا لشروط معينة ليمارسها لمصلحة الجماعة وليس من اجل مصلحته الخاصة وهذه السلطة مستمدة من مركز قانوني موضوعي ومن ثم فأن المشرع يملك تغيير مضمونها وتعديل شروطها وفقا لمتطلبات الصالح العام .

ثانيا : هيئة الناخبين

يعني التساؤل في هذا الصدد عن المقصود بهيئة الناخبين او بمعنى آخر من لهم حق الانتخاب ؟ لا جدال في ان الاجابة على هذا التساؤل تعد امرا متوقفا على اتجاه الدستور والقوانين الخاصة بالانتخاب في كل دولة من الاخذ بنظام الاقتراع العام او الاقتراع المقيد ، ويقوم نظام الاقتراع المقيد على ضرورة توافر احد شرطي الثروة او الكفاية العلمية في الناخب ، فيشترط الدستور او قوانين الانتخاب ان يكون الناخب على قسط من النصاب المالي او على درجة معينة من التعليم .

اما نظام الاقتراع العام فلا يشترط في الناخب احد الشرطين السابقين اي

الثروة أو التعليم ، على ان نظام الاقتراع العام وان كان يتنافى وتقرير احد شرطي التعليم و النصاب المالي فأنه لا يتنافى وتقرير قيود اخرى ، والقول بغير ذلك يؤدي الى اعتبار الانتخاب حقا مقررا لجميع افراد الشعب وهو ما لا يمكن القول به .

واذا كان نظام الاقتراع العام يتنافى وتقرير احد الشرطين السابقين (شرط النصاب المالي وشرط الكفاءة العلمية) فأن هذا النظام لا يتنافى وتقرير شروط اخرى من شأنها حرمان كثير من المواطنين من حق الانتخاب ودون ان يعتبر هذا الاقتراع اقتراعا مقيدا ومن هذه الشروط :

١. شرط الجنسية :

يقتصر ممارسة حق الانتخاب كأصل عام في الدول المعاصرة على الوطنيين فقط دون الاجانب، حيث لا يكون لهؤلاء الآخرين ممارسة اي حق من الحقوق السياسية.

وتعمل بعض الدول على التفرقة بين الوطنيين الاصلاء والوطنيين بالتجنس، فلا يكون لهؤلاء اللآخرين حق مباشرة الحقوق السياسية الا بعد مضي مدة معينة على اكتسابهم للجنسية اي على تجنسهم .

٢. شرط الجنس :

لا يتنافى الاقتراع العام مع قصر حق الانتخاب على الذكور فقط دون الاناث، ولا زالت كثير من دساتير الدول وقوانين الانتخاب بها تجعل هذا الحق قاصرا فقط على الذكور وتحرم هذا الحق على الاناث وهنا نتفق مع الرأي الذي يذهب الى القول : وايا كانت اسانيد المنكرين على المرأة التمتع بالحقوق السياسية ، فأن قصر الانتخاب على الذكور وحدهم دون الاناث أمر يتعارض مع التطبيق الصحيح للمبدأ الديمقراطي ، هذا المبدأ الذي يهدف الى اشراك القدر الاكبر من الشعب في شؤون السلطة أو الحكم ، كما وان الديمقراطية تقوم على المساواة الفردية اي على الاعتراف بالحقوق السياسية لكل فرد باعتباره مواطنا او فردا في الدولة (٤) .

٣. شرط العمر :

تحدد جميع الدساتير وقوانين الانتخاب سنا معينا للرشد السياسي اي السن الذي يصبح للفرد فيه حق ممارسة حقوقه السياسية ومنها حق الانتخاب ، وسن

الرشد السياسي هذا يختلف من دولة الى اخرى ، وعلى اي حال فالامر مرهون بقوانين كل دولة واتجاه دساتيرها من حيث رفع هذا السن او انخفاضه .

وقد يختلف سن الرشد السياسي هذا عن سن الرشد المدني والذي يصبح فيه للفرد صلاحية ممارسة شؤونه الخاصة ، فقد تجعل الدول سن الرشد السياسي اكبر من سن الرشد المدني .

٤. شرط الاهلية العقلية :

تشترط الدساتير او قوانين الانتخاب ان يكون الناخب متمتعا بحقوقه المدنية فيحرم من الانتخاب المصابون بامراض عقلية فهؤلاء الافراد ينقصهم قوة التمييز والوعي والادراك التي يعد وجودها ضرورة لممارسة شؤون السلطة السياسية والاشتراك في شؤون الحكم .

٥. شرط الاهلية الادبية :

تشترط الدساتير وقوانين الانتخاب فضلا عن التمتع بالحقوق المدنية لممارسة الحقوق السياسية ومنها حق الانتخاب ان يكون الفرد متمتعا بالحقوق الادبية ، اي ان لا يكون ممن فقد اعتباره وشرفه بأن لا يكون قد ارتكب جريمة معينة تخل بالشرف والاعتبار ، بحيث لا يصلح معها دعوته للمساهمة في ادارة شؤون الحكم بالدولة او ينال شرف التمتع بها .

٦. شرط القيد في جداول الانتخاب :

تضع الدولة الاجراءات اللازمة لحصر الاشخاص الذين تتوافر فيهم شروط الناخب في قوائم تسمى بجداول الانتخاب . ويلاحظ ان صحة هذه الجداول أمر اساسي في كل نظام نيابي ، وبقدر ما تتسم به هذه الجداول من دقة بقدر ما تكون دقة التعبير عن رأي الامة ، فإذا تسرب اليها الخلل باضافة اشخاص ممن ليس لديهم حق الانتخاب، او بحذف آخرين ممن لهم حق التمتع به ، ترتب على ذلك تشويه الانتخابات وتحوير لرأي الامة عن حقيقته .

والقاعدة ان يكون لكل من ادرج اسمه في جداول الانتخاب الحق في مباشرة حق الانتخاب، ومن ثم لا يثبت هذا الحق لمن لم يكن اسمه مدرجا في هذه الجداول.

ثالثا : وسائل تزوير الانتخابات

مع ان الانتخاب العام يعتبر في الوقت الحاضر الوسيلة المثلى لاسناد الحكم ، فأنه قد يكون في بعض الاحيان وسيلة لتزييف ارادة الشعب واستئثار الحكومات المستبدة بالسلطة بدون وجه شرعي وذلك باتخاذ بعض الاجراءات التي من شأنها تزوير الانتخابات وتغيير مجراها الطبيعي بحيث تجعل منها وسيلة استبدادية في اطار ديمقراطي ، ومن هذه الاجراءات ما يأتي :[٥]

١. التصويت العلني :

يعد التصويت العلني وسيلة لتزوير الانتخابات لان كثير من الناخبين تعوزهم الشجاعة الكافية للادلاء بآرائهم بصراحة وذلك لخوفهم من انتقام خصومهم ، فضلا عن ان هذا النوع من التصويت يساعد على تدخل الحكومة وارهاق الناخبين لاجبارهم على انتخاب مؤيديها. ولهذا السبب فأن ما يمكن ملاحظته في الدول التي تأخذ بالتصويت العلني ، ان اغلب الناخبين يمتنعون عن الاشتراك في الانتخاب تجنبا لما قد يحدث لهم من مصاعب بسبب الادلاء بآرائهم بصورة علنية .

٢. التحكم في توزيع المناطق الانتخابية :

ويقصد به ان تقوم الحكومة بتوزيع المناطق الانتخابية على شكل يؤدي الى تشتيت خصومها في مناطق انتخابية عديدة بحيث يصبحون اقلية بالنسبة لمؤيديها ، او ان تلجأ الى تجميع خصومها في عدد قليل من المناطق الانتخابية بحيث يشكلوا اغلبية ساحقة فيها وذلك من اجل زيادة عدد المناطق الانتخابية التي يكون لانصارها الاغلبية فيها وتقليل عدد المناطق الانتخابية المقفلة لخصومها .

٣. عدم الالتزام بقاعدة تكافؤ الفرص لجميع المرشحين :

بهدف مساعدة الحكومة لمرشحيها في الانتخابات تسمح لهم في كثير من الاحيان بتنظيم الاجتماعات الانتخابية وتيسر لهم جميع وسائل الدعاية كالصحف ولصق الاعلانات في الشوارع وعلى الابنية العامة والخاصة وتوزيع المنشورات،

بينما تحرم خصومها ومنافسيها من كل انواع الدعاية وتوقع فيهم اشد العقوبات اذا خالفوا تعليماتها، وقد تستعمل الحكومة وسائل الضغط والاكراه ضد الناخبين انفسهم بأن توعز لرجال الامن بارغام الناخبين على التصويت لصالح مرشحيها وانصارها ، أو ان تقوم بتزوير الانتخابات باستخدام بطاقات انتخابية باطلة او اصدار بطاقات انتخابية باسماء وهمية من اجل استعمالها لصالح مرشحيها ، ومن الملاحظ ان الحكومات لا تلجأ الى استعمال هذه الوسائل التعسفية الا في بعض الدول المتأخرة والتي يكون فيها الوعي الشعبي ضعيفا . اما في الدول التي يكون فيها الشعب على درجة من الوعي والثقافة وتلتزم حكوماتها بالمباديء الديمقراطية الصحيحة فأنها تعمل ما في وسعها من اجل تحقيق المساواة بين جميع المرشحين وتوفر لهم تكافؤ الفرص في جميع الميادين .

رابعا: نظم الانتخاب

ليس هناك سبيل واحد لممارسة الانتخاب ، بل هناك سبل متعددة ، ومن ثم فقد تعددت نظم الانتخاب ، لذا فهو أما ان يكون مباشرا او غير مباشر ، وذلك بحسب عدد المراحل التي يتم بها اختيار من يتولى السلطة او ان يكون فردي او بالقائمة ، وذلك باختلاف سعة المناطق الانتخابية وعدد النواب المراد انتخابهم في كل منطقة انتخابية ، وعند الاخذ بنظام الانتخاب بالقائمة ، فأنه اما ان يكون بالاغلبية او بالتمثيل النسبي وذلك باختلاف عدد الاصوات اللازمة لفوز المرشحين او امكانية تمثيل الفئات السياسية في الدولة ، وسوف نعرض في ادناه طرق او نظم الانتخاب المختلفة مع بيان مزاياها وعيوبها وعلى الوجه التالي : (٦)

١. الانتخاب المباشر وغير المباشر:

يكون الانتخاب انتخابا مباشرا اذا كان الناخبون يختارون نوابهم بصورة مباشرة ودون وساطة من أي كان ، ويسمى الانتخاب انتخابا غير مباشرا اذا كان الذين يختارون النواب مندوبون يختارهم الناخبون لهذه المهمة ، اي ان الناخبين لا يختارون نوابهم مباشرة ، بل يختارون مجموعة من الاشخاص تتولى عنهم هذه المهمة. ويذهب دعاة الانتخاب غير المباشر الى تبرير هذا الانتخاب على اساس ان

الشعب لم يبلغ درجة من الوعي والنضج تجعله يحسن اختيار نوابه او حكامه ، ومن ثم فأن من الافضل ان يتولى هذه المهمة مندوبون عنه يختارهم لهذا الغرض . ويرى منتقدي هذا النظام ان هذه الحجة لا تصمد امام الحقيقة ، فهي لا تختلف الا قليلا عن الحجة التي يتذرع بها خصوم الديمقراطية والتي تقوم على اساس ان الشعب لم يبلغ درجة من الوعي تؤهله لحكم نفسه بنفسه او عن طريق ممثلين يختارهم بكل حريته وبمحض ارادته .

كما أن الانتخاب غير المباشر من وجهة نظر منتقديه يؤدي الى نتائج لا تتعارض مع الديمقراطية فحسب بل تتعارض مع المنطق ايضا ، ذلك ان هذا النظام يقوم على اساس ان يختار الشعب مندوبين ويختار المندوبون النواب ، والنتيجة المتوقعة من هذه العملية لا تتعدى احد احتمالين :

الاحتمال الاول : يختار هؤلاء المندوبون او اغلبيتهم نوابا غير اولئك اللذين يريدهم الناخبون او غالبيتهم ، وفي هذه الحالة فأنه لا يمكن القول بأن هؤلاء النواب يمثلون الناخبين لانهم في الواقع انما يمثلون المندوبين .

الاحتمال الثاني : ان ينتخب المندوبون النواب انفسهم الذين يريدهم الناخبون وعند ذاك لا يكون هناك مبرر منطقي لوجود هؤلاء المندوبين اذ ان وجودهم سوف تترتب عليه النتائج ذاتها التي تترتب على عدم وجودهم .

وتجدر الاشارة في هذا الصدد الى ان نظام الانتخاب غير المباشر يفسح المجال للتأثير على الانتخابات سواء من قبل السلطة الحاكمة او من قبل الدوائر ذات النفوذ المالي ، اذ يحصر اختيار النواب بعدد قليل من المندوبين مما يوفر للجهات المذكورة سبل التأثير عليهم ، سواء بالتهديد والوعيد او عن طريق المال ، اما في الانتخاب المباشر فأن عدد الناخبين يكون كبيرا جدا مما يصعب معه التأثير عليهم عن طريق استعمال تلك الوسائل .

وقد اثبتت التجارب بأن الناخبين في الانتخاب غير المباشر لا يلتزمون بانتخاب من هم اكثر كفاءة او قدرة على تحمل المسؤولية ، وانما يتأثرون دائما بالميول الحزبية بحيث لا ينتخبون الا من ينتمي الى نفس الحزب الذي ينتمي اليه المرشح،واخيرا فأن الاخذ بالانتخاب غير المباشر يؤدي الى التقليل من اهتمام الشعب

بالشؤون السياسية، لان الناخب عادة لا يهتم بعمل اذا لم يشعر بأنه يساهم بصورة فعلية في القيام به وانه مسؤول عنه ، وعلى العكس من ذلك يلاحظ ان الانتخاب المباشر يثير اهتمام الناخبين في الشؤون السياسية وبالتالي يرفع من مداركهم الوطنية، لانه يفسح لهم المجال في المشاركة الفعلية في الحياة السياسية لوطنهم .

يضاف الى ما تقدم فأن الانتخاب المباشر أقرب الى تحقيق الديمقراطية من الانتخاب غير المباشر الذي ما هو في الواقع الا طريقة ملتوية للتعبير عن ارادة الشعب لهذه الاعتبارات نرى بأن معظم الدول في الوقت الحاضر تأخذ بالانتخاب المباشر لاختيار من يمارس السلطة فيها .

٢. الانتخاب الفردي والانتخاب بالقائمة :

يختلف الانتخاب الفردي عن الانتخاب بالقائمة من حيث عدد المناطق الانتخابية ومن حيث عدد الاعضاء المراد انتخابهم في كل منطقة من هذه المناطق .

فيسمى الانتخاب انتخابا فرديا اذا كان عدد المناطق الانتخابية مساويا لعدد الاعضاء المراد انتخابهم بحيث يكون لسكان كل منطقة انتخاب نائب واحد ، ويسمى الانتخاب انتخابا بالقائمة اذا كانت المناطق الانتخابية اقل من عدد الاعضاء المراد انتخابهم ، بحيث يكون لسكان كل منطقة انتخاب عدة نواب . وعلى هذا ففي الانتخاب الفردي لا يحق لكل ناخب التصويت الا لمرشح واحد ، بينما في الانتخاب بالقائمة يكون لكل ناخب التصويت لعدة مرشحين .

وتجدر الاشارة الى ان في حالة الانتخاب بالقائمة يقدم كل حزب سياسي من الاحزاب المتنافسة قائمة باسماء المرشحين الذين يؤيدهم ، ويكون عادة عدد هؤلاء المرشحين مساويا لعدد الاعضاء المراد انتخابهم في تلك المنطقة .. ويجوز لحزبين أو اكثر الاشتراك في تقديم قائمة انتخابية واحدة تشتمل على مرشحين منتمين الى الاحزاب المشتركة في تقديمها .

أ. طرق الانتخاب بالقائمة .

تعتمد عند الانتخاب بالقائمة أحد ثلاثة طرق تختلف باختلاف مقدار ما يتمتع به الناخبون من حرية في تغيير القوائم الانتخابية ومنها ما يأتي : [٧]

(اولا): طريقة القوائم المغلقة

هذه الطريقة لا تدع للناخبين الا حق التصويت بالرفض او القبول على القوائم التي تقدمها الاحزاب دون ان يكون لهم حق تغيير ترتيب اسماء المرشحين المدرجة في القائمة التي يصوتون لها ، او حتى التصويت لمرشحين مدرجة اسمائهم في عدة قوائم ، وقد وصفت هذه الطريقة بأنها يمكن ان تؤدي الى تشويه ارادة الناخبين ، وذلك لأن من لا يؤيد جميع مرشحي أي قائمة من القوائم الانتخابية المعروضة يكون مجبرا اما على عدم الاشتراك في الانتخابات او التصويت الى مرشحين لا يثق فيهم ، ومع ذلك تساعد هذه الطريقة على الزام الناخبين بالتقيد بالمباديء السياسية وعدم الاستجابة للتأثيرات الشخصية . لأن المفروض بالشخص الذي يصوت لقائمة ما لا يصوت الى المرشحين المدرجة اسمائهم فيها وانما يصوت للمباديء السياسية التي تحملها هذه القائمة .

(ثانيا): طريقة التصويت بالافضلية

هذه الطريقة لا تدع للناخبين الا حق تغيير ترتيب اسماء المرشحين في القوائم التي يصوتون لها .

ولا تظهر أهمية هذه الطريقة الا عند الاخذ بطريقة الانتخاب بالتمثيل النسبي حيث يوزع عدد الاعضاء المراد انتخابهم على القوائم الانتخابية بنسبة الاصوات التي حازت عليها كل قائمة ، ويلاحظ بأن مزايا هذه الطريقة وعيوبها لا تختلف عن مزايا وعيوب الطريقة السابقة ، سوى افضلية واحدة وهي ان الناخب وان لم يكن له حق حذف بعض الاسماء وابدالها باسماء مدرجة في قائمة انتخابية اخرى الا انه يستطيع المفاضلة بين المرشحين المدرجة اسمائهم في القائمة التي يصوت لها .

(ثالثا): طريقة المزج

هذه الطريقة تعطي الحرية للناخبين في اختيار المرشحين المدرجة اسماؤهم في جميع القوائم الانتخابية الامر الذي يصبح في وسع كل ناخب التصويت لأحد القوائم الانتخابية مع حقه في حذف بعض مرشحيها واضافة مرشحين من القوائم الاخرى . وتعد هذه الطريقة افضل من الطريقتين السابقتين لأنها تضمن حرية

الناخبين في التصويت الى من يثقون به من المرشحين دون ان يكونوا مقيدين بالقوائم الانتخابية .. وعلى الرغم من ذلك يؤخذ على هذه الطريقة بأنها تجعل الانتخاب يقوم على اساس الاعتبارات الشخصية دون الالتزام بالمباديء السياسية . لأن الناخب الذي يحذف بعض الاسماء الواردة في القائمة التي يفضلها على غيرها ليبدلها باسماء واردة في قوائم انتخابية اخرى ، لا يقوم بذلك في اغلب الاحيان بدافع المباديء السياسية وانما بدافع شخصي بحت لأن المفروض بأنه كل قائمة من القوائم الانتخابية تحمل مباديء سياسية معينة ، وان الناخب الذي يفضل قائمة على اخرى المفروض به بأنه يفضل المباديء السياسية التي تحملها القائمة على المباديء السياسية التي تحملها القوائم الاخرى .

ب. مزايا الانتخاب الفردي : [٨]

(اولا): سهولته بالنسبة للناخبين ، اذ لا يتطلب منهم الا تقدير كفاءة عدد قليل من المرشحين ، لا يزيد في اغلب الاحيان على ثلاثة ، بينما في الانتخاب بالقائمة تكون مهمتهم اصعب حيث يتطلب منهم تقدير كفاءة عدد كبير من المرشحين قد يزيد على الخمسة عشر مرشحا .

(ثانيا): انه اسهل بالنسبة للنواب من الانتخاب بالقائمة لأنه يؤدي الى تمكين النائب على معرفة احتياجات ناخبيه واضطلاعه بمهمة التعبير عن رغباتهم والدفاع عن مصالحهم وذلك لصغر المنطقة الانتخابية بالنسبة للمناطق الانتخابية في الانتخاب بالقائمة .

(ثالثا): تحقيق المساواة بين جميع الناخبين في الدولة حيث لا يعطى لكل ناخب الا حق التصويت لمرشح واحد بينما في الانتخاب بالقائمة قد لا تتساوى المناطق الانتخابية في عدد ناخبيها وعدد الاعضاء المراد انتخابهم فيها ، فيؤدي الى احتمال تفاوت عدد المرشحين الذين يجوز لكل ناخب التصويت لهم وذلك باختلاف عدد الناخبين في المناطق الانتخابية في عدد ناخبيها وعدد الاعضاء المراد انتخابهم فيها ، فيؤدي الى احتمال تفاوت عدد المرشحين الذين يجوز لكل ناخب التصويت لهم وذلك باختلاف عدد الناخبين في المناطق الانتخابية.

ج. عيوب الانتخاب الفردي.

(اولا): ان يساعد على وضع الناخب تحت رحمة ناخبيه باعتباره ممثلا لمنطقته الانتخابية وحدها ، وهذا ما يتعارض مع النظرية الحديثة للنيابة التي تقضي بأن يكون النائب ممثل لجميع الشعب وليس لناخبيه وحدهم .

(ثانيا): يزيد من اهتمام المرشحين بالمصالح الخاصة لناخبيهم ، وهذا ولا شك يتعارض مع الغاية من الاخذ بالنظام النيابي وهو تحقيق المصلحة العامة دون مراعاة مصالح فئة معينة من الناخبين .

(ثالثا): يؤدي الاخذ بالانتخاب الفردي الى اضعاف مستوى الكفاءات في المجالس النيابية لانه كلما صغرت المناطق الانتخابية قلت الكفاءات البارزة فيها .

د. مزايا الانتخاب بالقائمة.[٩]

(اولا): ان الاخذ بهذه الطريقة يزيد من اهتمام الناخبين في الشؤون السياسية ويضاعف من شعورهم بالمسؤولية لان الناخب بموجبه يشترك في انتخاب عدة نواب بدلا من نائب واحد كما هو الحال في الانتخاب الفردي . ويلاحظ كلما زاد عدد النواب الذين ينتخبهم الناخب يزداد اهتمامه بالشؤون السياسية الامر الذي يساعد على رفع مداركهم ووعيهم السياسي .

(ثانيا): انه يخفف من ضغط الناخبين على النواب كما يحررهم من السعي لنيل رضاهم ببذل الوعود وتحري المصالح المحلية وان تعارضت مع المصلحة العامة . لأن المناطق الانتخابية تكون من السعة بحيث تفوت على النواب والناخبين في آن واحد فرصة العمل لصالح منطقة انتخابية معينة دون غيرها من المناطق .

(ثالثا): ان الانتخاب بالقائمة يسمح بالاخذ بطريقة التمثيل النسبي التي تؤدي الى تمثيل معظم الفئات السياسية مع اختلاف آرائها ومبادئها على الرغم من قلة عددها ، بينما قد لا يؤدي الاخذ بالانتخاب الفردي الى تمثيل الاقليات السياسية لعدم امكان تطبيق الانتخاب بالتمثيل النسبي[١٠] .

٣. الانتخاب بالاغلبية والانتخاب بالتمثيل النسبي :

أ. نظام الاغلبية .

يقضي الانتخاب بالاغلبية سواء كان فرديا او بالقائمة بأن يفوز بالانتخابات من ينال اغلبية الاصوات دون غيره . وعادة الاغلبية المتطلبة لفوز المرشح أو القائمة الانتخابية تختلف باختلاف الدول . فهي اما ان تكون بسيطة اي اكثر من نصف اصوات الناخبين الذين اشتركوا فعلا في الانتخابات ، او مطلقة اي اكثر من نصف مجموع الناخبين المسجلين ، او نسبية اي اكثر من الاصوات التي نالها كل من المرشحين أو القوائم الانتخابية .

فاذا كان مجموع الاصوات المعطاة في دائرة انتخابية (٥٠٠٠) صوتا فأن الفوز بالمقعد او بالمقاعد المخصصة لتلك الدائرة يستوجب الحصول على (٢٥٠١) صوتا . وهذه اغلبية بسيطة .

اما اذا اجري الانتخاب في دائرة معينة بين ثلاث مرشحين او ثلاث قوائم وحصل المرشح الاول او القائمة الاولى على (٩٠٠٠) صوتا وحصل المرشح الثاني او القائمة الثانية على (٦٠٠٠) صوتا ، وحصل المرشح الثالث على (٥٠٠٠) صوتا ففي هذه الحالة يعتبر الفوز من نصيب المرشح الاول او القائمة الاولى ، وذلك على الرغم من ان الاصوات التي حصل عليها المرشح الاول او القائمة الاولى تقل عن نصف مجموع الاصوات المعطاة في الانتخاب .

ب. نظام التمثيل النسبي .

على العكس من نظام الاغلبية فأن نظام التمثيل النسبي لا يمكن الاخذ به الا عند الاخذ بالانتخاب بالقائمة ، وهو يقوم على اساس توزيع الاعضاء المراد انتخابهم على القوائم الانتخابية المتنافسة كل حسب نسبة الاصوات التي تحصل عليها فاذا كانت هناك ثلاثة قوائم تتنافس في دائرة انتخابية لها عشرة نواب وحصلت القائمة الاولى على(٥٠٠٠) صوتا ، وحصلت الثانية على (٣٠٠٠) صوتا وحصلت الثالثة على (٢٠٠٠) صوتا ، فأن القائمة الاولى تفوز بخمسة مقاعد نيابية ، في حين تفوز القائمة الثانية بثلاث مقاعد نيابية اما القائمة الثالثة فأنها تفوز

بمقعدين نيابين .

ونظام التمثيل النسبي يفترض اجراء الانتخاب على اساس القوائم ، والقوائم قد تكون مغلقة اي ان الناخب يلتزم بالقائمة ويتقيد بترتيب الاسماء فيها دون تعديل من قبله او تغيير وقد تكون القوائم مفتوحة اي ان للناخب الحرية في ان يكون قائمة تضم مرشحين من قوائم مختلفة وذلك حسب قناعته .(١١)

يتضح مما تقدم بأن الانتخاب بالاغلبية يمتاز ببساطته وسهولة اجراءاته ، فضلا عن كونه يساعد على قيام اغلبية برلمانية متماسكة وبالتالي يعمل على تحقيق الاستقرار الوزاري ، الا انه مع ذلك يؤدي الى عدم تمثيل عدد كبير من الناخبين في المجالس النيابية . وهم الذين اعطوا اصواتهم الى المرشحين الذين لم يكن من نصيبهم الفوز في الانتخابات ، وهذا بعكس الانتخاب بالتمثيل النسبي الذي بالاضافة الى انه يؤدي الى تمثيل اكبر عدد ممكن من الناخبين يساعد على تمثيل اغلب الاقليات السياسية فيجعل من المجالس النيابية مرآة صادقة لافكار وميول الناخبين .

كما ان الاخذ بالتمثيل النسبي يضمن تكوين المعارضة البرلمانية التي تعتبر أهم ما يتطلبه النظام البرلماني الصحيح . وذلك لأن الحكومة التي لا تجد امامها في البرلمان الا انصار يمنحونها ثقتهم احسنت ام اساءت ويؤيدون اعمالها وآراءها اخطأت ام اصابت قد تستبد بحكمها وتسيء استعمال سلطاتها لعدم وجود رقيب عليها يحاسبها على كل ما تقوم به ويحد من سلطاتها .

ومع ذلك فأنه على الرغم من هذه المزايا التي يمتاز بها الانتخاب بالتمثيل النسبي ، يؤخذ عليه بأنه يساعد على تزايد عدد الاحزاب السياسية الذي يؤدي الى عدم الاستقرار السياسي نتيجة تكرار الازمات الوزارية ، لأن تعدد الاحزاب وتمثيلها في البرلمان لا يساعد على تأليف اكثرية برلمانية ثابتة ووزارة متجانسة تتمتع بثقة اغلبية اعضاء البرلمان (١٢) .

هوامش الفصل الحادي عشر

١. د. عدنان حمودي الجليل ، النظم السياسية ، مطابع اليقضة ، الكويت ، ١٩٨٢ ، ص١٢٢ وما بعدها .

٢. المصدر نفسه ، ص١٢٥ .

٣. د. ثروت بدوي ، النظم السياسية ، دار النهضة العربية ، القاهرة ، ١٩٧٢ ، ص٢٣٦-٢٣٧ .

٤. د. ابراهيم عبد العزيز شيحا ، مبادىء الانظمة السياسية الدول - الحكومات ، الدار الجامعية للطباعة والنشر ، ١٩٨٢ ، ص١٦٢ .

٥. د. شمران حمادي ، مبادىء النظم السياسية ، مصدر سبق ذكره ، ص٢٢-٢٣.

٦. انظر د. عدنان حمودي الجليل ، مصدر سبق ذكره ، ص١٢٥-١٢٩ ، وكذلك المصدر السابق ص٢٤-٣٢.

٧. د. شمران حمادي ، مبادىء النظم السياسية ، مصدر سبق ذكره ، ص٢٦-٢٨ وكذلك د. عثمان خليل عثمان ، المبادىء الدستورية العامة ، ص٢٦٣ وما بعدها .

٨. د. عثمان خليل عثمان ، المصدر السابق ، ص٢٣٤ وكذلك د. وحيد رأفت ووايت ابراهيم ، القانون الدستوري ، ص٢٨٢ .

٩. ليون دوكي ، الجزء الثاني ، ص٧٢٤ وما بعدها .

Traité de droit Constitutionnel , Paris , 1924 .

١٠. د. شمران حمادي ، مبادىء النظم السياسية ، مصدر سبق ذكره ، ص٢٩ .

١١. د. عدنان حمودي الجليل ، مصدر سبق ذكره ، ١٢٧-١٢٩ .

12. George Burdeau , op.cit , p.280-285 .

الباب الخامس

أنــواع النظـم السياسية وأشــكال الحكـومات

الفصل الثاني عشر : انواع النظم السياسية انطلاقا من العلاقة بين السلطات

الفصل الثالث عشر : اشكال الحكومات

انواع النظم السياسية انطلاقا من العلاقة بين السلطات

المقدمة

النظم السياسية المعاصرة هي التي تقوم على مبدا الفصل بين السلطات الذي سنحاول استعراض جوهره وصولا الى تصنيف الانظمة السياسية انطلاقا من فكرة العلاقة بين السلطات ، لذا فان ما سوف نتناوله أولا مبدا الفصل بين السلطات وتاليا انواع الانظمة السياسية .

اولا : مبدأ الفصل بين السلطات

ويعني عدم تركيز وظائف الدولة الثلاثة التشريعية والتنفيذية والقضائية في يد واحدة بل توزيعها على هيئات متعددة على وفق طبيعة اختصاصاتها . بحيث تباشر السلطة التشريعية امور التشريع ، وتباشر السلطة التنفيذية مهمة تنفيذ القانون ، وتقوم السلطة القضائية بتطبيق القانون بتقديم المشورة القضائية وتطبيق القانون على كل ما يطرح امامها من منازعات . وليس المقصود بهذا المبدأ استقلال هذه السلطات عن بعضها استقلالا تاما ، اذ ليس هناك ما يمنع من وجود تعاون متبادل بين كل سلطة مع غيرها من السلطات الموجودة في الدولة .

واذا كان هذا التقسيم يرجع في اساسه الى كتابات "ارسطو" الا انه قد ارتبط باسم "مونتسكيو" الذي استعرض فكرته عن الفصل بين السلطات في القسم الرابع من الكتاب السادس من مؤلفه (روح القوانين) من زاوية ضمان الحرية السياسية وبصورة ادق عن (الامان) للفرد. وتساءل "مونتسكيو" عن شكل النظام الذي يؤمن الحرية بصورة افضل؟ واجاب حسب اعتقاده بان النظام الذي تكون سلطاته منفصلة وتستطيع كل سلطة في حالات استثنائية من إيقاف الأخرى[1] .

وقد هدف "مونتسيكو" بمبدأ الفصل بين السلطات وعدم تركيز وظائف الدولة

في يد سلطة واحدة حماية المحكومين من استبداد الحكام ، اذ اعتبر هذا المبدا في ذلك الوقت كسلاح من اسلحة الكفاح ضد الحكومات المطلقة تلك التي كانت تعمد الى تركيز جميع السلطات بين يدها ووسيلة للتخلص من استبداد الملوك وسلطتهم المطلقة . وقد اصبح هذا المبدا اساسا لوضع الدساتير منذ ذلك الحين وبات ركيزة تعتمد عليه كل الحكومات الحرة ويمكن اجمال الاهداف او المبررات التي ادت الى الاخذ بمبدا الفصل بين السلطات وتطبيقه في ما يلي : [٢]

١. الحد من الاستبداد السلطوي :

إن مبدأ الفصل بين السلطات يسهم في الحد من الاستبداد السلطوي فرديا كان او ممارسا من قبل هيئة ، وحماية الحقوق والحريات الفردية فكما يقول احد كبار الساسة والمفكرين الانكليز ان (السلطة مفسدة والسلطة المطلقة مفسدة مطلقة) وكما يقول العالم الاجتماعي الكبير " جوستفان لوبون" (ان السلطة نشوة تعبث بالرؤوس) واذا كان تركيز السلطة في يدي هيئة واحدة يؤدي بلا شك الى الاستبداد فان توزيعها على هيئات متعددة يحول دون الاستبداد ، فالسلطة توقف السلطة عن طريق ما تملكه كل منها ازاء الاخرى من وسائل الرقابة .

٢. تحقيق الشرعية :

ان مبدأ الفصل بين السلطات يؤدي الى تحقيق شرعية الدولة والنظام السياسي، فهو يعد وسيلة فعالة لكفالة احترام القوانين وحسن تطبيقها .

٣.تقسم العمل وزيادة الفاعلية :

تقسيم وظائف الدولة تبعا لمبدأ الفصل بين السلطات الى تشريعية وتنفيذية وقضائية ، يؤدي الى تخصص كل سلطة من هذه السلطات بالمهام الموكولة اليها الامر الذي يؤدي الى اجادة كل سلطة لعملها واتقانه .

٤.استقلال السلطات وجعلها متساوية ومتكاملة ومتوازنة :

بمعنى وجود نوع من التعاون والرقابة المتبادلة بينها بحيث اذا ما اندفعت احدى هذه السلطات للاستبداد وتجاوز اختصاصاتها امكن لغيرها من السلطات ان تردها عند حقوقها .

ومع ذلك فإن منتقدي مبدأ الفصل بين السلطات ذهبوا الى عدة طروحات بشأنه، سوف نجمل ابرزها كما ياتي :

١. ان السيادة والسلطة هي واحدة ولا يمكن تجزئتها في الدولة الواحدة .

٢. توزيع السلطة يضعف من مفهوم ممارسة السلطة .

٣. انه مفهوم وهمي ، اذ يلاحظ دائما سيطرة سلطة على السلطات الاخرى [٣] . مهما احكم الدستور في تطبيقه لهذا المبدأ ، وسرعان ما يصبح مبدأ الفصل بين السلطات (مبدا نظريا لا واقعيا) .

٤. ان توزيع السلطة يقضي على فكرة المسؤولية وكيفية تحديدها ، الامر الذي يؤدي بكل سلطة الى التهرب منها والقاء عبء المسؤولية على غيرها .

٥. ان مبدا الفصل بين السلطات يتعارض ومبدا وحدة الدولة ووحدة سلطانها كما يؤدي الى انهيارها .

ان اوجه النقد التي وجهت الى هذا المبدأ غير دقيقة بما فيه الكفاية لانها قد وجهت الى المبدأ وفقا لتفسير جامد اي الى الفصل التام والمطلق بين السلطات ، لذا تكون هذه الانتقادات فاقدة لقيمتها اذا كان المقصود هو الفصل القائم بين السلطات مع وجود التعاون والرقابة بينها وفقا لما هدف اليه "مونتسكيو".

لذا فبالامكان اقامة تصنيف لنماذج من النظم السياسية يعتمد وجود فصل نسبي بين السلطات منظورا اليه من زاوية العلاقة الموجودة بين السلطات في كافة الانظمة السياسية حسب الممارسة [٤].

١. فاذا كانت العلاقة قائمة على اساس المساواة والتعاون فيسمى (بالنظام البرلماني).

٢. اما اذا كان الفصل بين السلطات قائما مع رجحان كفة السلطة التنفيذية فيسمى (بالنظام الرئاسي) .

٣. اما اذا كان النظام يقوم على اساس جمع السلطات بيد الجمعية النيابية مع تفويض عدد من اعضائها بمباشرة مهام السلطة التنفيذية ، بمعنى رجحان كفة السلطة التشريعية فيسمى بنظام حكومة الجمعية او (نظام الجمعية النيابية) .

ثانيا : النظام البرلماني

النظام البرلماني هو نوع من انواع الحكومات النيابية ويقوم على وجود مجلس منتخب يستمد سلطته من الشعب الذي انتخبه، ويطلق على المجلس المنتخب في النظام البرلماني البرلمان ومن هنا جاءت تسمية هذا النظام[٥] .

ويقوم النظام البرلماني بالنسبة لمبدأ الفصل بين السلطات على كفالة التوازن والتعاون المتبادل بين السلطتين التشريعية والتنفيذية ومن ثم فهو يفترض المساواة بينهما فلا تسيطر او تطغي احداهما على الاخرى.

١. خصائص النظام البرلماني:

أ. **ثنائية السلطة التنفيذية.**

اي تتكون السلطة التنفيذية في هذا النظام من طرفين هما رئيس الدولة ومجلس الوزراء ، ويلاحظ عدم مسؤولية رئيس الدولة امام البرلمان، اما مجلس الوزراء او الحكومة فيكونوا مسؤولين امام البرلمان او السلطة التشريعية، ومسؤولية الوزراء اما ان تكون مسؤولية فردية او مسؤولية جماعية بالنسبة لاعمالهم.

ب. يمكن الاخذ بهذا النظام في الدول الملكية و الجمهورية على السواء لان رئيس الدولة في النظام البرلماني لا يمارس اختصاصاته بنفسه وانما يمارسها بواسطة وزرائه، ولهذا فلا ضير ان يكون رئيس الدولة منتخب من قبل الشعب او غير منتخب من قبله، ما دام لا يستطيع العمل بمفرده.

ج. وبقدر تعلق الامر بتوزيع الاختصاصات بين السلطات فهو مرن غير جامد، فمع قيام السلطة التشريعية بوظيفة التشريع فان للسلطة التنفيذية الحق في اقتراح القوانين والاشتراك في مناقشتها امام البرلمان ومن جهة اخرى على الرغم من ان وضع السياسة العامة للدولة هو من اختصاص السلطة التنفيذية الا ان السلطة التشريعية تملك حق مناقشة هذه السياسة وابداء الراي فيها ، وكذلك فان للسلطة التشريعية الحق في مراقبة اعمال السلطة التنفيذية والتصديق على ما تعقده من اتفاقيات .

د. ان تنظيم العلاقة بين السلطتين يكون قائم على فكرة التوازن بينهما فهناك تداخل بين السلطتين فنظريا يتم اختيار اعضاء السلطة التشريعية بعيدا عن تاثير السلطة التنفيذية ، وتكون دعوة انعقاد البرلمان من قبل السلطة التنفيذية وحتى فض دوراته ، وللوزراء الحق في دخول البرلمان والمناقشة واقتراح اللوائح القانونية ولرئيس الدولة حل البرلمان ، ولاعضاء البرلمان الحق في توجيه الاسئلة والاستجوابات للوزراء والرقابة والتحقيق مع الوزراء وتقرير المسؤولية الوزارية واذا حجبت الثقة عن الوزراء فعلى الحكومة الاستقالة ، يتضح مما تقدم ان خصائص النظام البرلماني التقليدي هو الاقرار بمبدا الفصل المرن بين السلطات مع وجوب المساواة والتعاون بين السلطتين التشريعية والتنفيذية .

٢. دور رئيس الدولة في النظام البرلماني :

اختلف الفقه حول دور رئيس الدولة في النظام البرلماني فذهب راي الى ان دور رئيس الدولة هو دور سلبي بحت ، بينما ذهب راي اخر الى ان دور رئيس الدولة هو دور ايجابي ، وذلك لان النظام البرلماني لا يتعارض واشتراك رئيس الدولة مع الوزارة في ادارة شؤون السلطة التنفيذية .

أ. الاتجاه القائل بسلبية دور رئيس الدولة في مباشرة شؤون السلطة التنفيذية .

يذهب هذا الاتجاه الى القول بان رئيس الدولة في النظام البرلماني لا يعدو ان يكون مركزه مركز شرف ومن ثم ليس له ان يتدخل في شؤون الادارة الفعلية للحكم . وكل ما يملكه في هذا الخصوص مجرد توجيه النصح والارشاد الى سلطات الدولة ، وتبعا لهذا الراي فان رئيس الدولة لا يستطيع ان يمارس ايا من اختصاصاته المنصوص عليها في الدستور والمتصلة بشؤون الحكم الا بواسطة وزرائه ، لذلك قيل ان رئيس الدولة في هذا النظام لا يملك من السلطة الا جانبها الاسمي ، اما الجانب الفعلي منها فيكون للوزارة ذاتها .

وقد استند هذا الاتجاه في تدعيم رأيه بما ياتي :[٦]

(اولا):ان المبدأ المسلم به في النظام البرلماني هو عدم مسؤولية رئيس الدولة عن

التصرفات الخاصة بشؤون الحكم بينما تقرر هذه المسؤولية بالنسبة للوزارة وحدها ، ولما كانت القاعدة انه حيث توجد المسؤولية توجد السلطة ، فان رئيس الدولة لا يكون له سلطات فعلية وانما تقرر هذه السلطات للوزارة نتيجة تقرير مسؤوليتها .

(ثانيا): ان رئيس الدولة يترك للوزارة الادارة الفعلية في شؤون الحكم ، وهو لا يملك وحده حرية التصرف في امر من الامور الهامة في الشؤون العامة او حتى المساس بها . وهذا هو المتبع في انكلترا . وهي موطن النظام البرلماني حتى صار من المبادئ المقررة في ظل النظام البرلماني ان (الملك يسود ولا يحكم).

ب. الاتجاه القائل باشتراك رئيس الدولة مع الوزارة في ادارة شؤون الحكم .

استند هذا الاتجاه في تأييد وجهة نظره الى ان الدساتير لم تمنح السلطة التنفيذية للوزارة وحدها وانما تمنحها لرئيس الدولة والوزارة معا ، وكما ان البرلمان - السلطة التشريعية - يتكون عادة من مجلسين ، فيجب ان يكون هكذا شان السلطة التنفيذية ، فتكون هيئة مزدوجة تتكون من الوزارة ورئيس الدولة معا ، ومثل هذا الازدواج له شان في العمل على وضع حد لاساءة استعمال السلطة او الاستبداد بها، وكذلك في العمل على زيادة التفكير والروية في تصريف الهام من الامور ، وقد استند هذا الاتجاه، فضلا عما سبق - الى ما يأتي :

(اولا) : إن اغلب الدساتير البرلمانية تعطي لرئيس الدولة حق الاعتراض التوقيفي على مشروعات القوانين وردها الى البرلمان لاعادة النظر فيها .

(ثانيا) : لرئيس الدولة وبالاستناد للدستور ان يقرر اقالة الوزارة .

ولا شك ان في تقرير هذه السلطات ما يجعل من دور رئيس الدولة دورا ايجابيا وفعليا . وقد ذهب بعضا من انصار هذا الراي الى ان اشتراك رئيس الدولة مع الوزارة في مباشرة شؤون السلطة التنفيذية يتوقف على امرين :

الاول : يتمثل في تحمل الوزارة او الحكومة مسؤولية تدخله في شؤون الحكم ، مع احتفاظها في ذات الوقت بثقة الهيئة النيابية .

الثاني : ان تغطي الوزارة دائما نشاط رئيس الدولة ، بمعنى انه لا تسمح الوزارة ان

يكون شخص رئيس الدولة او اعماله موضع مناقشة امام البرلمان ، و ألا تنسب اعمال الحكومة إلا للوزراء ، وان يعمل رئيس الدولة على ان يحيط تدخله بكل ما يستطيع من الكتمان .

ان ما يمكن ان نخلص اليه من جملة ما تقدم هو انه اذا كان رئيس الدولة في النظام البرلماني يتمتع ببعض الاختصاصات التنفيذية والتشريعية مثل حق تعيين رئيس الوزراء والوزراء وحق اقالة الوزارة ، وكذلك حق الاعتراض على القوانين وحق اصدارها وكذلك حق حل الهيئة التشريعية ، علاوة على شغله مركز المرشد الاعلى والحكم بين السلطات ، ومع ذلك لا يمكن القول بان مركزه في النظام البرلماني يتساوى مع مركز الوزارة او انه يشاطر الوزارة في ممارسة شؤون الحكم ، اذ تبقى الوزارة هي المحور الفعال والرئيس في ميدان السلطة التنفيذية حيث يقع على عاتقها ممارسة شؤون السلطة من الناحية الفعلية ، ولذلك فهي التي تسال وحدها عن حسن ممارسة شؤون السلطة تجاه البرلمان دون ان يسال عن ذلك رئيس الدولة .

واستنادا عليه نجد ان رئيس الدولة يمارس في الانظمة البرلمانية - سلطته المقررة له بواسطة وزرائه الامر الذي يستوجب توقيع ممثلي صاحب السلطة الفعلية وهم الوزراء على جميع القرارات الخاصة بشؤون الحكم والصادرة عنه ، كمؤشر على مباشرة الحكومة لشؤون السلطة الفعلية ، وهذا ما يطلق عليه بالتوقيع المشترك من جانب رئيس الدولة والوزراء اصحاب الشأن .

٣. مسؤولية الوزارة امام البرلمان :

نظرا لعدم مسؤولية رئيس الدولة في النظام البرلماني كان لابد من وجود هيئة تتحمل الاثار المترتبة على اعمال الدولة اي المسؤولية ، ويقع عليها العبء الحقيقي في ممارسة السلطة الفعلية في شؤون الحكم .

فهي المسؤولة امام المجلس النيابي ، سواء كانت هذه المسؤولية تضامنية او فردية ، وكذلك يمكن القول ان رئيس الدولة لايسأل عما يفعل ولكن هم يسألون .

وغالبا تتكون الوزارة من رئيس - غير شخص رئيس الدولة - ومجموعة من الوزراء يجتمعون في مجلس متضامن يسمى مجلس الوزراء ، وتكون القرارات

الصادرة عن هذا المجلس ملزمة لجميع الوزراء حتى لو صدرت باغلبية الاصوات اي بغير طريق الاجماع .

وفي حالة كون رئيس الدولة في النظام البرلماني ليس هو رئيس الوزراء وكان مجلس الوزراء وحدة متجانسة ومتضامنة ، فليس هناك ما يمنع رئيس الدولة من حضور مجلس الوزراء وهو في هذه الحالة لا يشترك بصوت معدود فيما يصدر عن المجلس من قرارات .

٤. العلاقة بين السلطتين التشريعية والتنفيذية :

اصبح واضحا ان النظام البرلماني يقوم على اساس مبدا الفصل بين السلطات ، بيد ان هذا الفصل لا يكون تاما كما هو الحال في النظام الرئاسي الذي سوف ناتي على ذكره ، وانما هو فصل معزز بروح التعاون المتبادل بين كل من السلطة التشريعية والسلطة التنفيذية ، ويتضح هذا التعاون والتوازن بين السلطتين التشريعية والتنفيذية فيما تسلكه كل سلطة تجاه الاخرى .

أ. اعمال تقوم بها السلطة التشريعية تجاه السلطة التنفيذية

(اولا) : تستطيع السلطة التشريعية ان توجه اسئلة واستجوابات الى السلطة التنفيذية ولكل عضو فيها .

(ثانيا) : بامكانها تشكيل لجان للتحقيق فيما ينسب الى السلطة التنفيذية من تقصير في امور الحكم والادارة .

(ثالثا) : باستطاعة المجلس النيابي (البرلمان) اثارة فكرة المسؤولية الوزارية التضامنية والفردية ، فاذا سحبت الثقة من الوزارة (او من احد الوزراء) ينبغي عليها ان تستقيل واساس ذلك ان الحكومة يجب ان تكون حائزة لثقة الاغلبية البرلمانية فاذا فقدتها وجب عليها التنحي عن الحكم.

(رابعا): استخدام سلاح المسؤولية الوزارية مقابل سلاح حق الحل الذي تملكه السلطة التنفيذية تجاه السلطة التشريعية (او البرلمان) .

ب. اعمال تقوم بها السلطة التنفيذية تجاه السلطة التشريعية .

(اولا): تقوم بالاعمال الخاصة بتكوين البرلمان مثل اعداد عملية الانتخاب، وتدعو

البرلمان الى الانعقاد ، وتقوم بتاجيل انعقاده وفض دورات هذا الانعقاد.

(ثانيا) : تساهم مع البرلمان في بعض وظائفه التشريعية مثل حق اقتراح القوانين والاعتراض عليها ، واصدارها ، كما يسمح النظام البرلماني للوزراء بالجمع بين منصب الوزارة وعضوية البرلمان .

(ثالثا): تملك السلطة التنفيذية حق حل المجلس النيابي ، وهذا الحق يعتبر مقابل لحق المسؤولية الوزارية الذي تملكه السلطة التشريعية تجاه السلطة التنفيذية.

واذا كان النظام البرلماني قد ولد في انكلترا فما لبث ان اخذت به العديد من دول العالم وقررته في دساتيرها ، فاخذت به فرنسا وايطاليا ، وبلجيكا ، وبعض الدول العربية .

ثالثا : النظام الرئاسي

يقوم النظام الرئاسي على اساس مبدا الفصل بين السلطات فتتولى كل سلطة الوظيفة المسندة اليها استقلالا وعلى قدم المساواة . وعلى الرغم من ان كل من النظامين الرئاسي والبرلماني نوع من انواع النظام النيابي الذي يقوم على مبدا الفصل بين السلطات ، الا انهما يفترقان عن بعضهما من ناحيتين رئيسيتين :[٧]

الناحية الاولى : على خلاف النظام البرلماني الذي يمكن الاخذ به في الدول الملكية والجمهورية على السواء ، لايمكن الاخذ بالنظام الرئاسي الا في الدول الجمهورية . والسبب في عدم امكانية الاخذ بالنظام الرئاسي في الدول الملكية يعود في الواقع الى تركز السلطة التنفيذية بموجب هذا النظام بيد رئيس الدولة وحده . وعلى خلاف ذلك بما ان الذي يمارس السلطة التنفيذية من الناحية الفعلية في النظام البرلماني هو مجلس الوزراء المنبثق من البرلمان المنتخب من قبل الشعب فلا فرق في ان يكون رئيس الدولة ملكا ام رئيسا للجمهورية مادامت الوزارة مسؤولة امام البرلمان ومادام رئيس الدولة لا يستطيع العمل بمفرده وانما بواسطة وزراءه[٨].

الناحية الثانية : ان درجة الفصل بين السلطات تختلف في النظام الرئاسي عنها في النظام البرلماني لان النظام الرئاسي يقوم على اساس الفصل الى اقصى درجة ممكنة من الناحية النظرية - بين السلطتين التشريعية والتنفيذية ، فتمارس كل منها

الوظيفة المسندة اليها باستقلال عن الاخرى ، وعلى العكس من ذلك تكون السلطات في النظام البرلماني منفصلة عن بعضها انفصالا جزئيا وتملك كل منها الوسائل التي تستطيع بواسطتها محاسبة ومراقبة الاخرى .

استنادا لما تقدم يتضح بأن للنظام الرئاسي ثلاثة خصائص اساسية هي :

١. حصر السلطة التنفيذية بيد رئيس الدولة المنتخب :

اذا كان النظام البرلماني يقوم كما سبق ذكره على عنصر ثنائية السلطة التنفيذية ، فيكون هناك من ناحية اولى رئيس الدولة غير شخص رئيس الوزارة ، ولا يملك رئيس الدولة من السلطة الا جانبها الاسمي ، ويكون هناك من ناحية ثانية وزارة مسؤولة تملك سلطات فعلية في شؤون الحكم .

فان النظام الرئاسي يقوم على اساس فردية السلطة التنفيذية ، فرئيس الدولة هو رئيس الحكومة في ذات الوقت ، ومن ثم فلا يوجد في النظام الرئاسي نظام مجلس الوزراء المتضامن كما هو الحال في النظام البرلماني .

ورئيس الجمهورية في النظام الرئاسي هو الذي يقوم باختيار وزرائه وهو ايضا الذي يعفيهم من مناصبهم ، وهو الذي يملك السلطة الفعلية والحقيقية في مباشرة شؤون الحكم ، ولا يكون وزرائه الا مجرد معاونين او سكرتيريين للتشاور فقط ، وتبعا لذلك اذا اجتمع الرئيس بوزرائه فهو لا يجتمع بهم الا على سبيل التشاور ، اذ هو يستقل دون سواه بامور السلطة التنفيذية .

٢. توازن واستقلال السلطات العامة مع شدة الفصل بينهما :

لقد ذكرنا فيما سبق بان السلطتين التشريعية والتنفيذية منفصلتان الى اقصى حد ممكن ولم نقل منفصلتين انفصالا تاما . والسبب في ذلك هو ان الفصل التام لا يمكن تصوره في اي نظام من الانظمة السياسية مادامت السلطات في الدولة تشكل اجزاء لجهاز واحد وان هذا الجهاز لا يمكن ان يعمل اذا لم يكن هناك ارتباط بين مختلف اجزائه (٩) .

أ. استقلال السلطة التشريعية عن السلطة التنفيذية .

بمعنى ان السلطة التنفيذية لاتملك حق حل السلطة التشريعية ، كما لا تملك

حق تأخير اعمالها عن طريق تاجيل اجتماعاتها كما هو الحال في النظام البرلماني ، بالاضافة الى ذلك لا تملك السلطة التنفيذية حق اقتراح القوانين كما لا يستطيع السكرتيرون حضور جلسات السلطة التشريعية والاشتراك في المناقشات التي تدور في هذه الجلسات الا بناء على طلبها(١٠) .

ب. استقلال السلطة التنفيذية عن السلطة التشريعية.

ويقصد بذلك ان السلطة التشريعية لاتملك اي وسيلة من وسائل الرقابة على السلطة التنفيذية المعروفة في النظام البرلماني.

فلا تستطيع في النظام الرئاسي اجبار رئيس الجمهورية على اقالة بعض او جميع سكرتيرية عن طريق سحب الثقة منهم . كما ان هؤلاء السكرتيرين غير مسؤولين سياسيا امامها ، فهي لا تملك حق توجيه الاسئلة والاستجوابات اليهم او اجراء التحقيق البرلماني معهم .

٣. خضوع السكرتيرين (الوزراء) خضوعا تاما لرئيس الدولة :

في النظام الرئاسي يكون السكرتيرون خاضعين لرئيس الدولة خضوعا تاما ، بحيث يستمدون سلطاتهم واختصاصاتهم منه ، ولهذا فليس لهم سياسة خاصة بهم بل عليهم تنفيذ سياسة الرئيس ، وهم في النظام الرئاسي لا يلعبون الا دورا ثانويا محضا وان رئيس الجمهورية هو العامل الاول والمحرك الفعلي للسلطة التنفيذية وقد ترتب على ذلك نتيجتان رئيستان هما:

أ. ان رئيس الجمهورية يتمتع بالحرية في اختيار مساعديه وعزلهم عن مناصبهم .

وذلك لان رئيس الجمهورية غير ملزم باخذ راي السلطة التشريعية في اختيار مساعديه كما هو الحال في النظام البرلماني .. كما ان السلطة التشريعية لا تستطيع ان تجبر رئيس الدولة على عزل احد سكرتيرية لان ذلك يعتبر تدخل من قبل السلطة التشريعية في شؤون السلطة التنفيذية . وهذا ما يتعارض مع مبدا الفصل بين السلطات الى اقصى حد ممكن الذي يقوم عليه النظام الرئاسي.

ب. عدم وجود مجلس وزراء ورئيس وزراء بالشكل المعروف في النظام البرلماني :

نظرا لان السلطة التنفيذية في النظام الرئاسي تتركز بيد رئيس الجمهورية وهو

الذي يتخذ بمفرده القرارات اللازمة بشانها فلا حاجة الى وجود مجلس وزراء لان المهمة الرئيسية للمجلس بالمعنى المعروف في النظام البرلماني هي اتخاذ القرارات للنهوض بالسلطة التنفيذية ، ونتيجة لانعدام مجلس الوزراء تنعدم المسؤولية التضامنية للسكرتيرين ويبقى كل واحد منهم مسؤول شخصيا امام رئيس الدولة .

وتجدر الاشارة الى ان انعدام مجلس الوزراء لا يعني عدم امكانية رئيس الجمهورية من جمع سكرتيرية في هيئة مجلس ولكن هناك تباين بين هذه الجلسات وجلسات مجلس الوزراء في النظام البرلماني ، لان مجلس الوزراء في النظام البرلماني هو المهيمن على مصالح الدولة ويرسم السياسة العامة لها ويقرر اهم المسائل التي يجب عرضها عليه ويتخذ قراراته بالاغلبية.

اما اجتماعات السكرتيرين في النظام الرئاسي فهي للمشورة فقط ولا يترتب عليها اتخاذ قرارات لان الراي الاخير من حق رئيس الجمهورية وحده وراي اغلبية السكرتيرين بل رايهم جميعا لا يلزمه مطلقا.

وبعد استعراض خصائص النظام الرئاسي يمكن الاشارة الى ان النظام السياسي للولايات المتحدة الامريكية يعد نموذجا للنظام الرئاسي .

رابعا: نظام حكومة الجمعية النيابية

النظام السياسي في هذه الحالة يكون قائم على اساس عدم المساواة بين السلطة التشريعية والسلطة التنفيذية ، وذلك لصالح السلطة التشريعية، فتوجيه وادارة كافة القضايا السياسية والهامة المتعلقة بشؤون النظام تكون على عاتق الهيئة التشريعية فهي على رأس النظام السياسي(١١) .

ويعد نظام الجمعية النيابية صورة من صور نظام الجمع بين السلطات، وانه يقوم على اساس تركيز جميع خصائص السيادة، التشريع والتنفيذ والقضاء، بيد هيئة واحدة منتخبة من قبل الشعب يطلق عليها الجمعية النيابية ونظرا لصعوبة أو استحالة امكانية ممارسة جمع السلطات العامة من قبل هيئة واحدة تعطي الجمعية النيابية ممارسة الوظيفتين التنفيذية والقضائية الى هيئات منتخبة من قبلها وخاضعة لها خضوعا تاما وتتلقى التعليمات والتوجيهات منها بحيث تصبح كل منها مجرد

مندوبة عن الجمعية لتنفيذ السياسة العامة التي تضعها[١٢].

وبمعنى اخر يقوم نظام حكومة الجمعية النيابية على اساس اسناد وظيفتي التشريع والتنفيذ الى البرلمان، غير انه نظرا لتعذر قيام البرلمان بنفسه بوظيفة التنفيذ، فانه يترك مباشرة هذه الوظيفة الى لجنة خاصة تباشرها باسمه وتحت اشرافه ورقابته وهذه اللجنة يتألف منها الوزراء.

ولا يعزو ان يكون هؤلاء الوزراء - في نظام حكومة الجمعية - مجرد تابعين للبرلمان فيباشروا مهام سلطتهم طبقا لتوجيهات البرلمان وارشاداته، فالبرلمان وحده الذي يملك حق تعينهم وحق عزلهم، الامر الذي يجعل من الوزراء تابعين للبرلمان في كل ما يسند اليهم من اختصاص.

ولما كان البرلمان يختص في نظام حكومة الجمعية بالوظيفة التشريعية، وتختص الهيئة التنفيذية بالوظيفة التنفيذية تحت اشراف البرلمان ورقابته، فان ذلك يقتضي القول - بالنظر الى مدى الاخذ بمبدأ الفصل بين السلطات - ان نظام حكومة الجمعية يقوم على اساس عدم المساواة وعدم التوازن بين الهيئة التشريعية والهيئة التنفيذية، اذ يقوم هذا النظام على ترجيح كفة السلطة التشريعية الممثلة في البرلمان على كفة السلطة التنفيذية الممثلة في الحكومة، ويكون للهيئة الاولى مركز الصدارة والرجحان بالنسبة الهيئة الثانية[١٣].

وعلى العموم يتميز نظام حكومة الجمعية الوطنية بخاصيتين اساسيتين هما:

١. وجوب ممارسة الوظيفة التنفيذية من قبل هيئة مكونة من عدة اشخاص وعدم جواز ممارستها من قبل شخص واحد. والسبب في ضرورة ممارسة هذه الوظيفة من قبل هيئة لا شخص واحد هو ضمان امكانية مراقبتها ومحاسبتها وعزلها وبالتالي منعها من الاستبداد الذي قد يحدث فيما لو اعطيت هذه الوظيفة الى شخص واحد. ويترتب على ذلك انه يجوز للبرلمان ان يعدل، وان يلغي الاعمال الصادرة عن الهيئة التنفيذية، دون ان يكون لهذه الاخيرة الحق في الاعتراض او حتى الاستقالة ، اعتراضا منها على تدخل الهيئة النيابية اي الرلمان في شانها والتعقيب على اعمالها. وهذا ما يميز نظام الجمعية النيابية عن

النظام الرئاسي بصورة خاصة. لان السلطة التنفيذية في النظام الرئاسي تتركز بيد شخص واحد هو رئيس الدولة.

٢. مسؤولية رئيس الدولة سياسيا امام المجلس النيابي، ويقصد بذلك ان رئيس الهيئة التنفيذية في نظام الجمعية النيابية مسؤول سياسيا كباقي اعضاء هذه الهيئة امام الجمعية النيابية باعتباره خاضعا لها ومعين من قبلها. ولذلك للجمعية النيابية في هذا النظام حق عزل جميع اعضاء الهيئة التنفيذية بما فيهم الرئيس في اي وقت تشاء كما لها حق تكليفهم بما تنسبه لهم من اختصاصات وسحبها منهم متى اقتضت الضرورة، وهذا ما يميز نظام الجمعية النيابية عن النظام البرلماني الذي يقتضي بأن يكون رئيس الدولة مصونا وغير مسؤولا خلافا لباقي اعضاء السلطة التنفيذية المسؤولين سياسيا امام البرلمان.

وتجدر الاشارة الى ان فرنسا قد عرفت وكذلك الاورغواي تطبيقات مؤقتة لهذا النظام. الا ان سويسرا اول بلد عرفته بصورة دائمة منذ دستورها لعام ١٨٤٨. لذا تعتبر سويسرا المثل التقليدي الذي يشار اليه عند الحديث عن نظام حكومة الجمعية او النظام المجلسي، ومفاد ذلك ان الدستور الاتحادي قد جمع بين السلطتين التشريعية والتنفيذية وركزها في يد الجمعية الفيدرالية، على ان هذه الاخيرة وان زاولت بنفسها السلطة التشريعية، فانها قد عهدت بالوظيفة التنفيذية الى المجلس الاتحادي الذي يتألف من اعضاء يبلغ عددهم سبعة تقوم الجمعية الفيدرالية باختيارهم لمدة اربع سنوات، ويتم اختيار رئيس المجلس الاتحادي من بين هؤلاء الاعضاء لمدة عام، يكون رئيس المجلس في الوقت ذاته هو رئيس الجمهورية.

ويمارس المجلس الاتحادي طبقا للدستور الاتحادي السلطة التنفيذية في النطاق الذي تحدده له الجمعية الفيدرالية وتحت اشرافها ورقابتها.

على هذا النحو يتبين ان النظام السياسي في سويسرا يتسم برجحان كفة السلطة التشريعية على كفة السلطة التنفيذية فتمارس هذه الاخيرة سلطاتها تحت اشراف ورقابة السلطة الاولى.

هوامش الفصل الثاني عشر

١. انظر د. حسان محمد شفيق العاني، الانظمة السياسية والدستورية المقارنة، مطبعة جامعة بغداد، بغداد، ١٩٨٦، ص٣٠ وكذلك : الترجمة العربية لمؤلف مونسيكو روح الروائع ، لعادل زعيتر ، جزئين، دار المعارف بمصر- القاهرة، ١٩٥٣، ١٩٥٤.

٢. د. ابراهيم عبد العزيز شيحا، مصدر سبق ذكره، ص٢٣٥- ٢٣٦.

٣. د. سليمان الطماوي، السلطات الثلاث ، دار المعارف بمصر- القاهرة، ١٩٧٤، ص٤٤٨-٤٨٩.

٤. د. عبد الحميد متولي، القانون الدستوري والانظمة السياسية ، ١٩٧٥، ص١٣٥. وكذلك د.حسان محمد شفيق العاني، مصدر سبق ذكره، ص٣٣.

٥. د. شمران حمادي، مصدر سبق ذكره، ص١٩٧.

٦. د. ابراهيم عبد العزيز شيحا، مصدر سبق ذكره ص٢٤٣ وما بعدها.

٧. د. شمران حمادي ، مصدر سبق ذكره، ص١٦٨.

٨. جورج بيردو، القانون الدستوري والنظم السياسية، طبعة عام ١٩٥٧، ص١٢٩

Droit Constitutionnel et Institutions Politiques.

٩. د. ثروت بدوي ، مصدر سبق ذكره ، ص ٤٤٥.

١٠. د. محمد كامل ليلة، النظم السياسية ،مكتب دار الفكر، القاهرة،١٩٧١، ص٥٠٨.

١١. د. حسان محمد شفيق العاني، مصدر سبق ذكره، ص٣٣-٣٤.

١٢. د. شمران حمادي، مصدر سبق ذكره، ص١٥٢.

١٣. د. ابراهيم عبد العزيز شيحا، مصدر سبق ذكره، ص٢٥٩.

الفصل الثالث عشر

اشكال الحكومات

المقدمة

يقصد باصطلاح الحكومة government اربعة معايير اساسية ويستخدم هذا الاصطلاح للدلالة على اربعة مضامين . اذ يقصد بالحكومة اولا نظام الحكم او شكل الحكومة ، اي كيفية ممارسة السلطة العامة في الدولة وهذا هو اوسع المعاني التي تطلق على الحكومة . وكذلك يستخدم تعبير الحكومة للدلالة على مجموع الهيئات الحاكمة او المسيرة للدولة ، وهي السلطات العامة الثلاث التشريعية والتنفيذية والقضائية .

كما يطلق اصطلاح الحكومة على السلطة التنفيذية فقط دون السلطتين التشريعية والقضائية وهذا هو المعنى الضيق للحكومة ، وهو المعنى الشائع لها كذلك وأخيرا ، تستخدم كلمة الحكومة بمعنى اضيق من ذلك ، حيث يقصد بها الوزارة في الدول التي تأخذ بالنظام النيابي البرلماني[1] .

ويعتمد التمييز بين اشكال الحكومات على وسائل اسناد السلطة وكيفية ممارستها، وبوجه عام يتم تقسيم الحكومات في الوقت الحاضر ، من حيث خضوعها للقانون من عدمه الى حكومة استبدادية وحكومة قانونية من ناحية ، وتصنيفها من جهة تركز السلطة او توزيعها الى حكومة مطلقة وحكومة مقيدة من ناحية ثانية ، كما تقسم الحكومات من زاوية كيفية تولي رئاسة الدولة الى حكومة ملكية وحكومة جمهورية من ناحية ثالثة ، ومن ثم تقسم الحكومات من حيث مصدر السلطة الى حكومة الفرد ، وحكومة الاقلية ، وحكومة الشعب[2] .

اولا . الحكومة من حيث خضوعها او عدم خضوعها للقانون

١. **الحكومة المستبدة** : وهي الحكومة التي لا تخضع للقانون ولا تتقيد

باحكامه فيما تتخذه من تصرفات وما يصدر عنها من اعمال وقرارات ، اذ تعتبر ارادة الحكام هي القانون ، بمعنى ان الحكومة المستبدة تمثل القانون الوحيد الذي تخضع له ، ومصلحتها الخاصة هي الغاية الوحيدة التي تسعى اليها .

ونظرا لان هذه الحكومة دائبة الخروج على القانون ومستمرة في عدم الالتزام بالقواعد القانونية ، وفي التصرف على وفق ارادتها ، فانه لا ينتظر منها اي احترام للحقوق والحريات العامة .

٢. **الحكومة القانونية** : وهي الحكومة التي تخضع للقانون وتتصرف طبقا لاحكامه ، وتبعا لما ينص عليه من قواعد واجراءات بحيث تراعي جميع هيئاتها احكام القانون النافذة في كل ما يصدر عنها من اعمال وتصرفات . فالحكام شانهم في ذلك شان المحكومين ، يخضعون لاحكامها .

ويقصد بالقانون الذي تخضع له الحكومة بجميع هيئاتها ، القانون بالمعنى الواسع اي مجموع القواعد القانونية السارية ايا كان مصدرها ، سواء كانت تشريعات دستورية، او عادية ، او لائحية ، او نابعة من القواعد غير المدونة ، كالعرف والمبادئ القانونية العامة التي يتقرر الجزاء على مخالفتها غير ان خضوع الحاكم او الحكام للقوانين ، لا يمنع من حقهم في تعديلها او استبدالها بقوانين اخرى تخضع لاحكامها ، في سبيل تحقيق الصالح العام .

والحكومة القانونية تنقسم بدورها من حيث تركيز السلطة وتوزيعها الى قسمين :

أ. حكومة مطلقة تتركز بموجبها جميع السلطات في يد فرد واحد او هيئة واحدة ولكنها مع ذلك تخضع للقانون اذ انها قانونية وليست استبدادية .

ب. حكومات مقيدة تكون السلطة فيها موزعة قانونا بين عدة هيئات تتبادل الرقابة كل منها على الاخرى ، ومثالها الحكومات البرلمانية والرئاسية حيث نجد السلطات موزعة فيها بين رئيس الدولة والمجلس النيابي وتهدف الحكومة القانونية في كل ما تتخذه من اعمال الى تحقيق المصلحة العامة ، وحماية الحقوق والحريات العامة، وتحريم اي انتهاك لها .

ثانيا : الحكومة المطلقة والحكومة المقيدة

١. **الحكومة المطلقة :** هي الحكومة التي تتجمع السلطة فيها في يد شخص واحد او هيئة واحدة ، مع خضوع هذا الشخص او تلك الهيئة للقانون . وبذلك تختلف الحكومة المطلقة - بهذا المعنى - عن الحكومة الاستبدادية التي لا تلتزم باحترام القانون ولا تخضع لاحكامه . وقد بدأت الحكومة المطلقة في الانحسار عندما تخلصت انكلترا من الملكية المطلقة بثورة ١٦٨٨ ، وحينما اشتعلت الثورة الفرنسية سنة ١٧٨٩ التي ازاحت النظام الملكي في فرنسا .

٢. **الحكومة المقيدة :** هي الحكومة التي توزع فيها السلطات بين عدة هيئات متنوعة، بحيث تقوم كل منها بمراقبة بعضها بعضا . وتتمثل هذه الحكومة في النظم السياسية القائمة على اساس مبدا الفصل بين السلطات ، كالنظام الرئاسي ، والنظام البرلماني سواء كان ملكيا أم جمهوريا ، ولهذا فان الملكيات الدستورية التي تتوزع فيها السلطة بين الملك والبرلمان تعتبر مثالا للحكومات المقيدة .

ثالثا: الحكومات من حيث الرئيس الاعلى

١. **الحكومة الملكية :** هي اقدم انواع الحكومات المعروفة في التاريخ ، ويتولى رئيسها الاعلى السلطة عن طريق الوراثة باعتبار ذلك حقا متوارثا لا يشاركه فيه احد لمدى الحياة ، والحكومة تكون ملكية مهما اطلق على رئيس الدولة من لقب، فقد يسمى الرئيس بالملك ، او الامبراطور ، او القيصر او السلطان او الامير او الدوق او غير ذلك من الالقاب .

وفي اغلب الحكومات الملكية الحديثة لا يتمتع الرئيس الاعلى بالسلطة الفعلية وانما الذي يتمتع بها هو مجلس الوزراء ، كما ان الملوك بصورة عامة مصونين وغير مسؤولين ، وان المسؤولية تقع على عاتق مجلس الوزراء الذي يمارس السلطة بالنيابة عنهم ، ولهذا يقال بان الرئيس الاعلى في الحكومات الملكية يملك ولا يحكم .

٢. **الحكومة الجمهورية :** ويقصد بها تلك الحكومة التي يصل فيها الرئيس

الاعلى الى موقعه عن طريق الانتخاب ، على ان يمكث في هذا المنصب مدة محددة ، وقد يكون هذا الرئيس فردا واحدا كما هو الحال بالتنبه لاغلب الحكومات الجمهورية المعروفة في الوقت الحاضر . او قد يكون هيئة متعددة الاعضاء يتولى احدهم الرئاسة كما هو الحال في الاتحاد السويسري.

وتختلف الدساتير في طريقة اختيار رئيس الجمهورية الا ان طرق هذا الاختيار تنحصر في ثلاثة ، اما عن طريق البرلمان ، او بواسطة الناخبين ، او باشتراك البرلمان والشعب معا في هذا الاختيار .

أ. انتخاب رئيس الجمهورية بواسطة البرلمان

تذهب بعض الدساتير الى اعطاء حق انتخاب رئيس الجمهورية الى المجلس النيابي ، ويؤخذ على هذه الطريقة انها تضعف مركز رئيس الجمهورية في مواجهة البرلمان كما ان هذه الطريقة لا يمكن الاخذ بها في الدول التي تاخذ بالنظام الرئاسي ، لان هذا النظام يقوم على مبدا الفصل بين السلطات الى اقصى حد ممكن ، بينما من طبيعة هذه الطريقة انها تؤدي الى تقوية العلاقة بين السلطتين التشريعية والتنفيذية لان رئيس الدولة بموجبها يبدو وكانه قد استمد سلطته من السلطة التشريعية ، وتختلف الدساتير التي تاخذ بهذه الطريقة من حيث تحديد عدد الاصوات التي يجب الحصول عليها من اجل الفوز بالرئاسة فمنها ما تشترط توافر اغلبية معينة ومنها ما تكتفي بتوافر الاغلبية المطلقة .

ب. انتخاب رئيس الجمهورية بواسطة الشعب.

تذهب بعض الدول التي تاخذ بالنظام الرئاسي الى انتخاب رئيس الجمهورية بواسطة الشعب سواء كان ذلك عن طريق الانتخاب المباشر او عن طريق الانتخاب غير المباشر اي على درجة واحدة او على درجتين .

وتحدث الطريقة الاولى عندما يكون من حق الناخبين القيام بانتخاب رئيس الجمهورية مباشرة دون اي اجراء وسيط اما الطريقة الثانية، فيتم من خلالها انتخاب رئيس الجمهورية على درجتين او مرحلتين ، يقوم الناخبون في اولهما بانتخاب مندوبين عنهم ، وفي المرحلة الثانية يتولى المندوبون مهمة انتخاب رئيس الجمهورية .

ويلاحظ على طريقة انتخاب رئيس الجمهورية بواسطة الشعب . سواء كان هذا الانتخاب على درجة واحدة او على درجتين بانه قد يؤدي الى استئثار رئيس الجمهورية بالسلطة ومناوئته للمجلس النيابي باعتباره يستمد سلطته من الشعب .

وبما ان هذه الطريقة تساعد على استقلال رئيس الدولة عن المجلس النيابي فان الميدان الطبيعي للاخذ بها هو النظام الرئاسي لان هذا النظام يقوم على الفصل بين السلطات الى اقصى حد ممكن وعلى خلاف ذلك لايمكن الاخذ بهذه الطريقة في ظل نظام الجمعية النيابية بينما يمكن الاخذ بها في الدول البرلمانية .

ج. اشتراك الشعب والبرلمان في انتخاب رئيس الجمهورية.

في سبيل التخلص من عيوب الطريقتين السابقتين وتحقيق مزايا كل منهما لجات بعض الدساتير الى الجمع بينهما بحيث يشترك الشعب والبرلمان معا في عملية انتخاب الرئيس ، وبذلك لا يكون رئيس الجمهورية مستقلا عن المجلس النيابي استقلالا تاما او خاضعا له الى حد كبير لانه لا يعطي حق الانتخاب الى المجلس النيابي وحده او الى الشعب وحده .

ويمكن تصور وجود نمطين لهذه الطريقة احدهما تقضي بان يقوم المجلس النيابي بترشيح الرئيس على ان يكون للشعب حق البت في امر هذا المرشح ، والاخرى تقضي بان ينتخب الرئيس من قبل هيئة خاصة مكونة من اعضاء البرلمان وعدد مساو لهم منتخب من الشعب يتولون انتخاب رئيس الجمهورية .

٣.الفروق الجوهرية بين الحكومة الملكية والحكومة الجمهورية :

بالاضافة الى اختلاف الملكيات عن الجمهوريات في طريقة اختيار الرئيس الاعلى ، يختلف هذين النوعين من الحكومات عن بعضهما من حيث السلطة التي يتمتع بها رئيس كل منهما ، ومدى مسؤوليته ، ويمكن ملاحظة ان الدساتير الملكية تقرر انعدام المسؤولية الجنائية او السياسية للملك كقاعدة عامة ، اذ تنص في العادة على ان ذات الملك وحقوقه لاتمس ، وهذا يعني عدم مسؤوليته عن اعماله حتى ولو كانت تمثل جرائم جنائية ، وترجع نشأة هذه القاعدة الى النظام الملكي البريطاني، حيث يعبر عنها بان الملك لايخطيء ، ومن الناحية السياسية تقع

المسؤولية على عاتق الوزارة والوزراء.

هذا بعكس رئيس الجمهورية الذي يتحمل المسؤولية الجنائية والسياسية عن كثير من الاعمال المتعلقة بوظيفته كالخيانة العظمى وخرق احكام الدستور ، اما فيما يتعلق بالجرائم العادية التي يمكن ان يرتكبها رئيس الجمهورية فانه يتحمل مسؤوليتها كاملة كما هو الحال بالنسبة للافراد العاديين ، سوى ان بعض الدساتير قد تنص على عدم جواز محاكمته في هذه الحالة الا بعد انتهاء مدة رئاسته ، ويرى بعض الفقهاء ان محاكمة رئيس الجمهورية يجب ان تتم امام المحاكم العادية ، ويرى اخرون ان محاكمة الرئيس يجب ان تاخذ نفس الاجراءات التي يجب اتخاذها في حالة الجرائم السياسية المتعلقة بوظيفته ، وتقرر بعض الدساتير جواز عزلة من منصبه قبل انتهاء مدة رئاسته.

رابعا: الحكومات من حيث الهيئة التي تمارس السيادة

تنقسم الحكومات من حيث الهيئة التي تمارس السيادة الى حكومات فردية ، وحكومات الاقلية وحكومات الاكثرية او الديمقراطية .

١. الحكومة الفردية :

هي الحكومة التي يسيطر عليها فرد واحد ، تتركز في يده جميع السلطات ويباشرها بنفسه ، سواء قد وصل الى منصبه بالوراثة او بالقوة .

وللحكومات الفردية ثلاثة مظاهر هي :

أ. الحكومات الملكية الاستبدادية .

وهي الحكومات التي لا يخضع فيها الحاكم لاي قانون قائم ، ولهذا فهي في كثير من الاحيان تكون متعارضة مع حقوق وحريات الافراد ، وقد عرفت الشعوب عن هذا النمط من الحكم منذ زمن بعيد في معظم دول العالم .

ب. الحكومات الملكية المطلقة .

وهي حكومات ملكية ، الا ان الملك فيها يخضع للقوانين القائمة ، وان كان له حق تعديلها او الغاءها ، ويستند الملوك في تبرير سلطاتهم في الملكية المطلقة كما في

الملكيات الاستبدادية الى النظرية الالهية ، ومن الملاحظ ان الملكيات المقيدة لا تعتبر حكومات فردية بالمعنى الصحيح لان السلطة فيها تكون موزعة بين الملك ومجالس منتخبة من قبل الشعب او قد تكون ملكية مطلقة تتقيد بالقانون ، ولكن تتركز السلطة في يد الملك دون ان يشترك احد معه في تصريف شؤون الدولة ، ودون ان يكون مسؤولا عن اية هيئة من الهيئات.

ج. الحكومات الدكتاتورية .

ان الحكم في الدكتاتوريات كما في الحكومات الملكية الاستبدادية والمطلقة هو حكم فردي ، ومع ذلك فانه يمتاز عنهما بان الفرد الذي بيده جميع السلطات هو من لا يستمد سلطته هذه عن طريق الميراث وانما بفضل نفوذه الشخصي وكفاءته الخاصة وقوة انصاره او حزبه .

ويتميز الحكم الدكتاتوري بخصائص معينة اهما : (٣)

(اولا): تعتمد الدكتاتورية بصفة اساسية على شخصية الدكتاتور وتقوم الحكومة فيها على ما يتمتع به من قوة وقدرة وكفاءة شخصية من ناحية .

(ثانيا): تقوم الدكتاتورية من ناحية على اساس من السيطرة التامة على جميع مقدرات الدولة ومؤسساتها وتوجيهها الوجهة التي تخدم اهدافها .

(ثالثا): تتميز الدكتاتورية بانها نظام كلي ، يضع مصلحة المجتمع العامة فوق مصالح الافراد وحقوقهم ، ولهذا فهو نظام مقل في مراعاة الحقوق والحريات الفردية في سبيل تحقيق اهدافه ، وعلى الاخص فيما يتعلق بمنع اية معارضة او انتقاد يوجه الى النظام الحاكم .

(رابعا): تعتمد النظم الدكتاتورية الى الاستناد الى اساس سياسي معين ، او على نظام يقوم على الحزب الواحد سواء كان قبل استلام الحكم او انشا بعد قيامه .

(خامسا): يتميز الحكم الدكتاتوري بانه نظام حكم مؤقت ياتي في ظروف تساعد على قيامه ، كالازمات السياسية او الحزبية ، او نتيجة لانقلاب ضد مساوئ حكم سابق ، وسرعان ما ينتهي بعد عدة سنوات .

والدكتاتورية تختلف عن الديمقراطية اختلافا جذريا في نواحي عديدة اهمها عدم خضوع الدكتاتور لاية رقابة وعدم مسؤوليته امام البرلمان ،هذا فضلا عن تحريم المعارضة وعدم احترام رأي الاقلية (٤) .

٢. الحكومة الارستقراطية او حكومة الاقلية:

تتركز السلطة في هذا النوع من الحكومات في يد فئة قليلة من الافراد يتميزون بالثروة او النسب او المركز الاجتماعي او العلمي ، بحيث لا ينفرد بالسلطة فرد واحد ، كما هو الحال في الحكم الفردي .

وتسمى حكومة الاقلية حكومة اوليغارشية اذا كانت الطبقة الحاكمة تنتمي الى طبقة الاغنياء ، ويطلق عليها الحكومة الارستقراطية في حالة وضع السلطة في يد مجموعة من الافراد المتميزين من حيث المركز الاجتماعي او العلم (٥).

وتمثل حكومة الاقلية مرحلة انتقال او مرحلة وسطى بين الحكومة الفردية والحكومة الديمقراطية التي تستند الى اغلبية شعبية .

فبريطانيا على سبيل المثال كانت السلطة فيها متركزة في يد الملك ، ثم انتقلت الى الملك والبرلمان والذي كان يتكون وقتذاك من عناصر ارستقراطية (اللوردات) ، ثم انتهى الامر في النهاية بحكومة (ديمقراطية) وذلك بانتقال السلطة الى مجلس العموم المنتخب من عامة الشعب ، ولا ينفي هذه الحقيقة بقاء مجلس اللوردات مكونا من عناصر ارستقراطية ، اذ ان هذا المجلس ليس له حاليا اختصاص او نفوذ كبير (٦) ، ويفترض هذا النوع من الحكومات امكانية اختيار افضل الناس لتولي شؤون الحكم ، وذلك غير مضمون لعدم وجود معيار لهذا التفضيل ، وحتى على فرض وجود المعيار الذي يمكن عن طريقه اختيار علية القوم ، اذ لايمكن ضمان بقاءهم على حالهم واستمرار صلاحياتهم ، يضاف الى ذلك ان الثروة لا تصلح مقياسا دائما للكفاءة والحنكة في شؤون الحكم وعلى الخصوص اذا كان مصدرها الميراث لا الكد والاجتهاد (٧)

٣. الحكومة الديمقراطية او حكومة الاغلبية :

على خلاف الحكومات الفردية وحكومات الاقلية تقتضي الحكومات

الديمقراطية بأحقية الشعب في ممارسة السلطة باعتباره مصدر السيادة في الدولة ، بمعنى ان نظام الحكم يقوم على اساس ان الشعب هو مصدر السلطة ومستقرها ، وان الحكام يجب ان يتم اختيارهم من قبله وان ينفذوا مشيئته وارادته ، وهنا تكون الحكومة معبرة عن الاغلبية الشعبية ومستندة اليها ، وليس الى فرد واحد او عدد محدود من الافراد يشكلون حكومة اقلية .

وبذلك تمثل الحكومة الديمقراطية النموذج المثالي لحكم الشعب لنفسه . واذا كان الشعب هو مصدر السيادة في الحكومة الديمقراطية ، فان كيفية ممارسة الشعب لها يختلف ، فاما ان يباشر الشعب بنفسه شؤون الحكم ، وهنا نكون ازاء ما يسمى بالديمقراطية المباشرة ، واما ان تقتصر مهمة الشعب على انتخاب ممثليه في البرلمان فيمارسون نيابة عنه مظاهر السيادة وهنا نكون ازاء ما يسمى بالديمقراطية النيابية ، واما ان يشارك الشعب ممثليه في البرلمان في ممارسة شؤون الحكم ، ويتضح ذلك في المسائل التشريعية الهامة وغيرها من المسائل المتصلة بشؤون الحكم ، وهنا نكون ازاء ما يسمى بالديمقراطية شبه المباشرة [٨] .

هوامش الفصل الثالث عشر

١. د. عبد الغني بسيوني عبد الله ، النظم السياسية ، أسس التنظيم السياسي ، الدار الجامعية ، الاسكندرية، ١٩٨٥ ، ص١٨١ .

٢. قارن مع د. شمران حمادي، مبادىء النظم السياسية ، مصدر سبق ذكره، ص٥٤ وما بعدها .

3. G. Burdeau ; Traite de scince politique deuxieme edition , Tome premier , L.G.J , p.p. 510- et , S.

٤. د. ابراهيم عبد العزيز شيحا ،مصدر سبق ذكره ، ص١٤٥ .

٥. د. عدنان حمودي الجليل ، مصدر سبق ذكره، ص٩٨ .

٦. د. ابراهيم عبد العزيز شيحا ، مصدر سبق ذكره ، ص١٤٥ .

٧. المصدر نفسه ، ص١٤٧ وكذلك د. شمران حمادي ، مصدر سبق ذكره ، ص٦٦-٦٧ .

٨. د. ابراهيم عبد العزيز شيحا ، مصدر سبق ذكره ، ص١٤٧ .

الباب السادس

الدساتير والحريات العامة

الدساتير والنظم السياسية

المقدمة

لا شك ان المجتمع الانساني لن يكون مجتمعا سياسيا منظما الا اذا وجدت فيه سلطة ، ومن ثم فأن الدولة باعتبارها اوضح صور المجتمعات السياسية المعاصرة تقتضي- لقيامها ركن السلطة . والسؤال هنا هل سلطة الدولة حين تقوم ترتفع فوق القانون ام انها تقوم في حدود القانون وتخضع له ؟

إن دراسة موضوع السلطة والقانون توشك ان تكون من ادق موضوعات الدراسات السياسية عموما ذلك ان هذا الموضوع لا تحكمه قاعدة وضعية وانما هو ميدان واسع لاجتهادات كثيرة متشعبة ومتناقضة ايضا .. وعليه يذهب الفقهاء الى التفريق بين مصطلحين السلطة من ناحية وممارسة السلطة من ناحية اخرى . ذلك ان السلطة في حد ذاتها ركن من أركان الدولة لا تقوم الدولة الا به ، لذا فأن التساؤل لا يدور حول السلطة نفسها ولكن حول ممارسة السلطة .

هل السلطة حين تمارس (يجب) ان تظل دائما في اطار القواعد القانونية القائمة ام ان السلطة لا تلتزم في ممارستها بتلك القواعد ؟

ويوشك الاجماع ان ينعقد بين الفقهاء اليوم على ان ممارسة السلطة (يجب) ان تظل دائما في اطار القواعد القانونية القائمة ، وان كل ممارسة للسلطة تقوم على مخالفة تلك القواعد وخرقا لها تعد أمر غير مشروع ويؤدي الى ان توصف تلك الممارسة غير الملتزمة بالقواعد القانونية القائمة بوصف عدم المشروعية (١) .

هذا الامر دفع معظم بلدان العالم الى ايجاد واعلان دساتيرها ، فبالرغم من الاختلاف بين دول العالم ، الا ان هذه الدول تشترك في امتلاك كل منها لدستور يبين لحد ما اسس الحكم وعلاقة السلطة بالمحكومين ويعين واجبات وحقوق

المواطنين ، ولم يكن أمر انتشار الدساتير معروفا سابقا كما الحال عليه الآن في العالم . وانما الاهتمام بالدستور من قبل الدولة كظاهرة بدا واضحا بعد الثورة الامريكية والفرنسية في نهاية القرن الثامن عشر [٢] .

إن ما سوف نركز عليه هنا هو البحث في الطرق الواقعية التي حاولت ترويض ممارسة السلطة ووضعها في اطار القواعد القانونية القائمة .

اولا : مفهوم الدستور

إذا كان المدلول اللغوي للدستور يفيد ويعني التأسيس او التكوين في اللغة الانكليزية Constitution فأن الاستعمال العربي لكلمة الدستور يفيد الاشارة الى ما يتعلق بالحكم ، وكذلك تعني الإذن او الترخيص [٣] ، وبوجه عام فأن التعاريف التي تطرح لتحديد مفهوم الدستور تكون اما لبيان الدستور كمنظم لشؤون السلطة ، او انها تذكر على اساس انها القواعد الضامنة لحقوق الافراد [٤] .

ومن بين التعاريف التي وردت بشأن الدستور انطلاقا من وصفه كمنظم لشؤون السلطة ، تعريف الاستاذ الفرنسي "بريلو" الذي يرى في الدستور بأنه : (قانون السلطة السياسية أو مجموعة القواعد القانونية التي تحدد السلطة السياسية وتنظم انتقالها ومزاولتها) وكذلك تعريف الفقيه الانكليزي "دايسي" الذي يرى في تعريفه بأن القانون الدستوري يشمل جميع القواعد التي تنظم بطريق مباشر او غير مباشر توزيع السلطة العليا ومزاولتها في الدولة) .

أما " موريس ديفرجيه " ففي ذات الاتجاه يرى بأن الدستور هو ذلك الفرع من فروع القانون العام الذي يحدد تكوين الهيآت السياسية،وتنظيم نشاطها في الدولة[٥] .

ومن بين التعاريف التي وردت بشأن الدستور انطلاقا من وصفه نمط من القواعد الضامنة لحقوق الافراد ، تعريف "جيتز فتش" ، الذي يرى بأن القانون الدستوري هو (صناعة الحرية) .. لذا فمما لا ريب فيه ان اقامة الدستور ووجوده في الانظمة السياسية قد اقترن كثيرا بالنضال من اجل الحرية السياسية والديمقراطية ، الا ان الواقع يشير بأن العديد من الانظمة السياسية ومع تبنيها للدساتير فأنه لا يستبعد ان يكون الدستور عمليا ما هو الا تكريس لحكم الفرد او القلة [٦] .

وفي واقع الحال ان تعريف الدستور ينبغي ان يجمع بين النمطين من التعاريف وفي هذه الحالة يكون (مجموعة القواعد التي تحدد ، في نظام حر السلطات العامة وحقوق الافراد).

ونظرا لان الدستور بما ينطوي عليه من قواعد ينظم عادة امور السلطة ويبين واجبات وحقوق الافراد في المجتمع ، فشكليا اذن يحتوي على تلك القواعد المنظمة للسلطة في علاقتها بالمجتمع وبالتالي فأن الدستور يشبه من هذه الناحية باهتمامات علم السياسية الذي ينصب اساسا على دراسة وتحليل السلطة كظاهرة اجتماعية، ولهذا فأن ثمة مشروعية في التساؤل عن مدى اتصاف قواعد الدستور بوصف القانون ، او انه ليس الا قواعد تندرج تحت اهتمامات علم السياسية ليس الا ؟

تجدر الاشارة هنا الى ان قواعد الدستور هي قواعد قانونية منظمة للسلطات العامة ، لذا فأن الحكام والمحكومين يخضعون لقواعد الدستور . ولكي تكون القاعدة قانونية يجب ان تتضمن شرطين :

١. ان تصدر القاعدة من سلطة آمرة ومطاعة .
٢. ان تتضمن القاعدة اما الطلب او المنع ... بعمل شيء معين ، اي احتواء القاعدة امرا ايجابيا او سلبيا .

وهنا لا بد من الخروج قليلا من مجال القانون ، واستعمال طرق البحث السياسية وذلك لفهم القاعدة الدستورية .

وليس أخيرا يمكن القول ان لكلمة (دستور) معنيين الاول : مادي او موضوعي، وفي هذا المعنى يراد بكلمة دستور مجموعة القواعد المتعلقة بتنظيم نشاط وفعاليات الدولة : اي كل ما يتعلق بتنظيم شؤون السلطات العامة .. اما المعنى الثاني : فهو شكلي ويقصد به الوثيقة التي تنظم عمل المؤسسات ، والتي تشير الى ان تحضير موادها وتعديلها لا يمكن ان يتم انجازه الا وفق شروط خاصة تختلف في اقامتها عن القواعد القانونية الاخرى .

ثانيا : موضوع ومكانة الدستور

١. موضوع الدستور :

في إطار تطور العلاقة بين السلطة والقانون اصبح واضحا ان دراسة الدستور لايمكن ان تتم بمعزل عن الواقع الاجتماعي والاقتصادي للبلد الذي يراد معرفة دستوره ونظامه القانوني ، وبينما ذهب "ليكليرك" الى ان العلاقة اصبحت واضحة في الارتباط بين الدستور وعلم السياسة [٧] فقد ذهب "هوريو" الى ان موضوع الدستور هو التأطير القانوني للظواهر السياسية ، بمعنى انه لا يعتمد في تحليله على دراسة نصوص الدستور وانما يربط بين النصوص الدستورية والواقع والمتغيرات السياسية، فالدستور اذن هو تكريس لواقع اجتماعي اقتصادي لبلد ما ، ويتعين عليه الاحاطة بالاحداث والمتغيرات وما تفرزه من اوضاع ، وابرازها في الوثيقة الدستورية [٨] .

ولتحديد موضوع الدستور يتعين ادراك ماهية الظواهر السياسية ، وكذلك الاسس التي يتحدد على ضوئها التأطير القانوني لهذه الظواهر السياسية .

ويترتب على ذلك :

أ. تحديد العلاقة بين الحكام والمحكومين .

ب. تحديد الحدود بين ما هو صالح للمجتمع ككل وللفرد .

ج. وسائل عمل الحكام لتنفيذ سياستهم ، والتي تتراوح بين :

(أولا): اتخاذ وسيلة الاقناع في تدبير امور الحكم .

(ثانيا): اتخاذ وسيلة الاكراه والعنف .

د. تعيين اهداف السلطة . والتي تدور وتتحدد غالبا فيما يلي :

(أولا): توفير الحماية والامان للمجتمع وصيانة مقوماته ودعائم امنه .

(ثانيا): توفير وضمان الامن الخارجي للمجتمع والدولة وذلك باحتواء مظاهر التحديات الخارجية للامن .

(ثالثا): العمل على تحقيق التنمية والتقدم العلمي ، والاستفادة من ذلك في تكامل وازدهار المجتمع .

(رابعا): العمل على تحقيق سمو المكانة والرفعة والعزة للمجتمع والدولة .

يتضح من ذلك اتساع نطاق الظاهرة السياسية وتعدد أوجهها ، وهو ما يقود الى الاستنتاج بشأن دور الدستور في احتوائها لادراكها والكشف عنها ومن ثم الاحاطة بها لتقنينها في وثيقة معينة ، وهذا ما درجت عليه المجتمعات عندما قننت او تبنت بعض القواعد العرفية كمرجع للاحتكام اليها حين حصول خلاف في الامتثال الى عمل ما في الحياة العامة .

٢. مكانة الدستور:

يوجد الدستور على قمة النظام القانوني في الدولة وتعد قواعده اعلى القواعد القانونية واسماها داخل الدولة ، لذا فأن البعض يسمي الدستور (قانون القوانين) . ويكتسب الدستور مكانته السامية انطلاقا من كونه يبين شكل الدولة ونظام الحكم فيها ، وينظم السلطة العامة ويحدد العلائق بين اجهزتها المختلفة ، ويضع الحدود لكل منها ، ويقرر حقوق الافراد وينص على الوسائل الاساسية لضمان هذه الحقوق واعمالها [٩] .

والدستور اذ يضع الحدود لتصرفات اجهزة الدولة ويرسم الاجراءات التي يتعين سلوكها يؤدي الى تقييد ممارسة السلطة وجعلها في الاطار الذي يبينه ذلك الدستور[١٠] .

ووجود الدستور على قمة النظام القانوني في الدولة وبيانه لاختصاصات كل من يمارسون السلطة وحدود هذه الاختصاصات يقيد في الواقع كل السلطات المنشأة باعتبار ان هذه السلطات تجد سند وجودها في الدستور نفسه باعتباره تعبيرا عن الارادة العامة المنشئة لتلك السلطات جميعا .

ويترتب على كون الدستور هو قمة النظام القانوني ان كل القواعد القانونية التي تأتي تحته يجب ان لا تخرج على احكامه ، وان لا تأتي بما يخالفها والا كانت بذلك مخالفة للارادة التأسيسية التي يعبر عنها الدستور ، واستنادا الى ذلك فأحكام الدستور - في الاصل - ملزمة للجهاز التشريعي في الدولة كما انها ملزمة للجهازين القضائي والتنفيذي ايضا .

ويبنى على ذلك ما يعرف بضرورة دستورية القوانين اي ضرورة ان تكون القواعد القانونية التي يسنها الجهاز التشريعي في الدولة متفقة مع احكام الدستور

غير مخالفة لها ، كذلك فأن الجهاز التنفيذي اذ يقوم بعمله المتشعب الواسع يجب ان يظل دائما في حدود الاطر الدستورية لا يعدوها والا اتسمت تصرفاته بعدم المشروعية لخروجها على الدستور او على القواعد القانونية الصادرة وفقا للاجراءات التي يرسمها الدستور ، كذلك فأن الجهاز القضائي في الدولة اذ ينزل حكم القانون على وقائع معينة مطالب بأن ينزل على القواعد القانونية نفسها حكم الدستور ليرى ما اذا كانت متفقة معه فيطبقها ، او مخالفة له فيمتنع عن تطبيقها وهذا هو ما يعرف برقابة القضاء لدستورية القوانين او برقابة دستورية القوانين (١١) .

ومن ناحية ضمان حقوق وحريات الافراد ، فأن وجود الدستور ونصه على حقوق معينة للافراد يعطي هذه الحقوق صفة دستورية ، ومن ثم فأنه يجعلها - في الاصل - بعيدة عن يد الممارسين للسلطة ويقيم من هذه الحقوق قيدا على السلطات العامة في الدولة لا يجوز لها ان تتخطاه الا في الحدود وبالاوضاع والطرق التي يرسمها الدستور نفسه أو ما يحيل اليه من قوانين اذا فرض واجاز الدستور مثل هذه الاحالة .

يتضح من ذلك ان وجود دستور معين أيا كان نظام الحكم في الدولة ، يجعل ممارسة السلطة مقيدة غير مطلقة نتيجة التزام القائمين على السلطة بأحكام ذلك الدستور فإذا خرج القائمون على السلطة على تلك الاحكام انقلب سلطانهم من سلطان قانوني الى سلطان فعلي يستند الى القوة المادية وبذلك تخرج الدولة على ان تكون دولة قانونية .

ثالثا : السمات الاساسية للدساتير والعمل السياسي

نشأت وترعرعت ومن ثم برزت الحركة الدستورية ضمن نطاق حضاري غربي، لاسيما عندما وجدت وتقننت قواعد التمييز بين الحكام والمحومين . وقد امتثل المفكرون الاوربيون في استخلاص المفاهيم والمثل العليا للفكر الاغريقي الروماني وزادوا عليه مع ما ينسجم وواقع دولهم ومجتمعاتهم .

وقد افضى ذلك الى تمييز الحركة الدستورية في العالم الغربي ، والى استخلاص مفاده ان هذه الحركة قد نهضت على قاعدة قوامها العناصر التالية :

١ . الثقة في الفرد . واقرار حقه بالحياة ، بالتملك ، بالتنقل .

٢ . الاعتقاد في مزايا المناقشة . بهدف الوصول الى الحقيقة .

٣ . الميل للتنظيم العقلاني ، سبيلا للسيطرة على الطبيعة والانجاز الاوفر .

لقد ترتب على ما تقدم توافق السلطة والحرية الامر الذي انعكس على الحياة السياسية والدستورية وافضى الىالنتائج التالية :[١٢]

١ . ان النظام السياسي اصبح تمثيلي وليس حكم مباشرا .

٢ . ان ممثلي الشعب .. النواب .. اصبح لهم دور في مراقبة السلطة .

٣ . السلطة وممثلي الشعب ينوبون بدورهم عن الشعب ويتحدثون باسمه .

٤ . نظرا لضرورة كفالة الحرية وضعت مدة محدودة لوكالة عمل ممثلي الشعب والسلطة .

٥ . ادراك حقيقة ان الحرية تعني بالضرورة اختلافا في الآراء ، ولهذا فأن الانتخاب يعني بوجوب الاعتراف بتعدد الاختيار عند الانتخابات .

٦ . ان العمل السياسي وقراراته تجلت عند الاخذ بها بتوفر الاكثرية وليس الاجماع بالضرورة .

هذه السمات العامة للدساتير والعمل السياسي افضت وبعد مسيرة طويلة الى طبع الدساتير الغربية بصفات خاصة مميزة عاكسة لواقع المجتمعات الغربية وتطورها، لذا يمكن القول بان الاتجاهات الايديولوجية لدساتير العالم قد انفردت كل منها مع وجود بعض المسلمات الاساسية المشتركة الى اظهار خصائص معينة تنم عن واقع اجتماعي واقتصادي معين وبذلك اختلفت مضامين دساتير العالم وسارت في عدة اتجاهات .

رابعا . اشكال الدساتير

١. دساتير مدونة او غير مدونة :

تقسم الدساتير من حيث كيفية وجودها الى مدونة او غير مدونة ، فاذا كانت مدونة فهي تعني في هذه الحالة وجود وثيقة او عدة وثائق دستورية تشير صراحة الى

ما تتضمنه هذه الوثيقة او الوثائق من مواد دستورية منظمة للسلطة ومعينة ومشيرة الى حقوق وواجبات الافراد الاساسية .

أما الدساتير غير المدونة ، او غير المكتوبة فهي مجموعة الاحكام والقواعد القضائية التي تختص بما هو دستوري وهذا لا يعني شرطا بأن احكام القواعد العرفية برمتها غير مدونة بل يمكن ان يحتوي الدستور العرفي على بعض الوثائق الرسمية ولكن اغلب القواعد هي عرفية .

وقد درجت معظم الدول الى تدوين دساتيرها ادراكا منها للاسباب التي تنطوي عليها عملية التدوين هذه ، والتي يتمثل ابرزها بما يلي : [١٣]

أ. الدستور المدون او المكتوب يكون في الغالب اسمى من الدستور غير المدون او العرفي .

ب. ان تدوين الدساتير يمثل تجسيدا لحقيقة العقد الاجتماعي المفترض وجوده من قبل بعض الكتاب ومن بينهم " روسو" والذي اعتبره اساسا لممارسة السيادة .

ج. الدستور المدون يسهل معرفة الافراد بحقوقهم ويبين حدود سلطة الحكام عند قيامهم بواجباتهم ، غير انه يمكن ان ترد لذلك بعض الاستثناءات، فالدستور الانكليزي باغلبيته غير مدون. سوى انه يشتمل ليس فقط على مجموعة وثائق وانما ايضا على اعراف ، وكذلك احكام المحاكم التي تمتلك صلاحية البت في قضايا تعد من الشؤون الدستورية.

وعليه فأن مكانة الدستور ليست هي ، اذا كانت قواعده مدونة او غير مدونة وانما تقاس بمدى انسجامها مع المحيط الموجود فيه والى مدى تقبل والتزام ووعي الشعب بهذه القواعد الدستورية، وهو ما يحدد اهمية الدستور المدون من عدمه [١٤].

٢. الدساتير الدائمة والدساتير المؤقتة:

يذهب الاساتذة المختصين بالشأن الدستوري الى ان الاصل في الدساتير ان تكون دائمة وليس مؤقتة وهذا هو المبدأ العام بالنسبة للدساتير من حيث مدة العمل فيها، وتجدر الاشارة ان كون الدساتير ذات صفة دائمة لا يعني بأي حال من الاحوال ان الدستور يجب ان يبقى أمد الدهر وانما تحدد الدساتير عادة طرق قيامها

والغائها او تعلن كيفية تعديل بعض القواعد الدستورية الواردة في الوثيقة الدستورية، ويمكن للدستور ان يتطور حتى بأعرافه غير المكتوبة ..

وعليه يبقى موضوع الدستور الدائم مرتبط مع مايستجد من تحولات وهو بذلك يتفاعل مع وقته ومع الظروف المحيطة والتي تعين مسار القواعد الدستورية وشكلها ومن ثم صياغتها .

وبطبيعة الحال فأن اقامة الدستور الدائم في ظل نظام جمهوري يتطلب ان يعرض للشعب لأخذ رأيه او ان يصار الى انتخاب هيئة تأسيسية لصياغة الوثيقة الدستورية .

كما ان وضع دستور دائم للبلاد يتطلب تحديد اسس وقواعد تتعلق بالسلطة، وتحديد السلطة وكذلك تحديد طبيعة المؤسسات القائمة بحيث ان هذه المؤسسات تأتي لتؤدي وظيفة سياسية اجتماعية تنسجم مع طبيعة القوى الاجتماعية والاقتصادية والسياسية الموجودة .

وفي بعض البلدان أملت الظروف العملية او الاستثنائية على النظم السياسية اعتماد حالة من الدساتير المؤقتة والتي تنطوي على خاصيتين جوهريتين : [١٥]

أ. ان الدساتير تحمل طابع التأقيت لظروف انتقالية غير مستقرة،لذا يؤخذ بالدستور المؤقت للعمل فيه ولحين اعلان موافقة الشعب الصريحة على الدستور النهائي .

ب. ان الدساتير المؤقتة تحمل السمات المعاصرة للثورة ، وتأتي هذه الدساتير المؤقتة متضمنة مواد دستورية تؤكد على مكاسب الثورة واتجاهاتها .

٣. مصادر الدستور :

أ. المصادر الرسمية.

يعد كل من التشريع والعرف من المصادر الاساسية للدستور ، فمن المصدر الرسمي يستمد الدستور قوته الملزمة ، واستنادا لذلك فأن القاعدة الدستورية تصبح جزء من القانون الوضعي وقد احتل التشريع مكانة العرف كمصدر اولي للقاعدة الدستورية في معظم النظم السياسية السائدة في الكثير من بلدان العالم .

ب. المصادر التفسيرية.

على الرغم من ان المؤثرات التي خضعت لها المجتمعات في تطورها، وانعكست في تكوين القوانين الملزمة للمجتمع ، تختلف باختلاف الزمان والمكان ، فأن اهم المؤثرات التي عملت عبر تاريخ طويل على تكوين القوانين الملزمة للمجتمع هي الدين والعدالة والقضاء والفقه، ويذكر بأن هناك مصدران رسميان آخران للدستور هما التشريع والعرف . وهناك من يعد الفقه والقضاء مصدران تفسيريان [١٦] .

خامسا : سمو و أولوية الدستور

تأكيدا لما سبق ذكره حول مكانة الدستور فيمكن القول ان قواعد الدستور لها مركز الصدارة بالنسبة لسائر قوانين الدولة ، ولهذا يتعين على السلطات احترام نصوصه وقواعده والعمل في نطاق الدستور وبمقتضاه بمعنى أن الدستور يعلو ويسمو على القوانين الاخرى العادية الموجودة في الدولة . وهذا ما يمكن تسميته بمبدأ سمو وأولوية الدستور .

يعود اصل هذه الفكرة الى فلاسفة القانون الطبيعي الذين امنوا بوجود العقد الاجتماعي ، اذ هم يرون ان الدولة لاوجود لها قبل وجود الدستور، فالدستور هو الذي انشأ الدولة والسلطة ، وهو الذي يقوم بتنظيم هذه الدولة او تنظيم ممارسة السلطة فيها ، واستنادا لذلك فان هذه السلطة سواء برزت بشكلها الذي يضع القوانين (السلطة التشريعية) ، او بشكلها الذي ينفذ القوانين (السلطة التنفيذية) ، او بشكلها الذي يقوم بتطبيق هذه القوانين (السلطة القضائية) تكون بمجموعها هيئة او جهاز السلطة والتي تخضع في نشاطاتها للدستور ، وذلك لأن الدستور هو الذي اسس لهذه السلطات وحدد اختصاصاتها ومجالات فاعليتها .

وفي صدد مختلف حدد "جورج بيردو" الشكل الجديد للسلطة ، وذكر بأنها وجدت عندما تميزت الدولة بكونها كيان معنوي ، فبعدما كانت السلطة تعود للافراد فأن الدولة في الوقت الحاضر تعود للكل .

فعملية نقل السلطة من مالكيها القدامى الى الكيان المجرد تمت بفضل الدستور الذي يعد المسؤول عن خلق الدولة في الوقت نفسه ، وهو فضلا عن ذلك اسمى من كل القوانين في الدولة كما اسلفنا لانها مستمدة من الدستور ، وتبعا لذلك

فشرعية القوانين مستمدة هي الاخرى من الدستور ، اي ان النظام القانوني يستمد ويستوحي مبادئه واصوله من مبادىء الدستور [١٧] .

ونظرا لأن اصول الحكم تستوحى من الشعب ، فأن اهداف الشعب تلخص في مبادىء عامة تكرس في الوثيقة الدستورية ، ويبقى من واجب الحكام احترام هذه القواعد والمبادىء التي ذكرت في الدستور بحيث ان المشرع يستمد اصول القوانين العادية التي تحكم سلوك الافراد في المجتمع على ضوء وهدى المبادىء العامة التي ذكرها الدستور .

وفضلا عن صحة القول بوجود تدرج في التشريعات الموجودة في الدولة بما يقر واقع كون القواعد الدستورية في قمة الهرم القانوني والقواعد القانونية ، وكون القواعد القانونية في قاعدة هذا الهرم القانوني ، فقد يترتب على ذلك وانطلاقا من سمو القاعدة الدستورية وعلويتها بالمقارنة مع القوانين الاعتيادية ثلاث مبادىء او افتراضات، وهي:

١. الثبات النسبي للقواعد والقوانين الدستورية:

بمعنى ان المشرع العادي ليس بوسعه تعديل النصوص الدستورية بمثل ما يستطيع من تبديل وتعديل القوانين العادية ، ومع ذلك فالبعض يرى وجوب موافقة الشعب الجماعية بالتعديل ، وذلك على اساس ان الدستور هو بمثابة التعبير عن الارادة العامة ، فيجب ان تتدخل الارادة العامة عندما يراد التعديل ، ولضرورات موضوعية فقد استعيض عن وجوب حصول الاجماع لغرض التعديل على حصول موافقة اغلبية الشعب للتعديل .

وهناك من الآراء ما ترى بأن القواعد الدستورية تلزم فقط السلطات العامة ولا تلزم الامة ولذلك فالامة بواسطة ممثليها تستطيع متى رغبت في التعديل ان تعدل هذه القواعد والتي توجب على السلطات بالالتزام بها .

وثمة آراء اخرى تعد اكثر رجحانا تأخذ بنظر الاعتبار التطور وضروراته ، وانطلاقا من ادراكها لذلك تقول بأن امر التعديل يترك ليقرره كل دستور وبواسطة السلطة التي يحددها كل دستور .

٢. لا يلغى قانون دستوري الا بقانون دستوري آخر:

تجدر الاشارة الى ان القوانين الدستورية لا يمكن فرط عقدها او فسخها او تعديلها الا بقوانين دستورية جديدة ... فالقانون الدستوري الذي هو اسمى درجة وقوة ، لايمكن ان يلغى او يعدل بواسطة قوانين عادية ... وهناك من يرى ان هذا المبدأ يمكن الاخذ به في الاحوال الاعتيادية وليس في حالات الثورة او الانقلاب .

٣. عدم تعارض القوانين العادية مع احكام الدستور:

إن المكانة السامية التي تحتلها القواعد الدستورية في النظام القانوني تدعو بأن لاتشرع قوانين تتعارض مع القواعد الدستورية الموجودة في الوثيقة او الوثائق الدستورية، ولذا يجب عدم المساس بحقوق الافراد وحرياتهم ويوجب هذا المبدأ التزام المشرع في حدود نص عليها الدستور من حيث استعماله لسلطته وصلاحيته وهذا ما يفسح المجال عن الحديث حول ما يسمى بمبدأ دستورية القوانين ، والذي يترتب عليه انشاء الرقابة الدستورية للقوانين . والتي تهدف من بين ما تهدف اليه ضمان سمو الدستور وذلك بوضع رقابة على القوانين العادية لضمان عدم مخالفتها لمباديء او لروح المواد الدستورية الموجودة في الدساتير المكتوبة ، او بوضع رقابة على المشرع الذي يصدر القوانين العادية ، وبطبيعة الحال لتحقيق هذه الغاية يعهد الى هيئة معينة غير التي تشرع هذه القوانين لضمان عدم معارضتها للدستور .

وغالبا تأخذ الرقابة لدستورية القوانين شكل أحد النوعين التاليين :

أ. الرقابة السياسية .

وتتم بواسطة هيئة تنظر في مدى ملائمة مشروع القانون ومطابقته لروح الدستور ، ولا سيما بالنسبة للقوانين المقدمة من البرلمان أو السلطة التشريعية الى رئيس الجمهورية للتوقيع عليها .

ومن الجدير بالذكر ان الرقابة السياسية لدستورية القوانين في احيان كثيرة لا تبدو ذات اثر فعال في حماية الدستور من عدم مخالفة القوانين لاحكامه وذلك لأن امر تحريك الرقابة يعود للسلطة نفسها ويصدر بناء على رغبتها ، ومن هنا قد لا ينتظر من السلطة ان تتحرك ضد ارادتها الصريحة ولذلك تبدو هذه الرقابة بلا

جدوى في كثير من الاحيان وخاصة ان المحرك للرقابة يكون اما من قبل السلطة التنفيذية او السطة التشريعية نفسها .

ومع ذلك فأن اهمية هذه الرقابة تبدو شكليا في اثارة الرقابة قبل تشريع القانون مما قد يبدو من منطق في العملية بذاتها (اي درء مخالفة مشروع القانون للدستور وبذلك احترام الدستور) .

ب. الرقابة القضائية .

في هذه الحالة فأن الذي يتولى القيام بالرقابة على دستورية القوانين هيئة قضائية تسعى لضمان علوية الدستور ، وفي حالة ما اذا قررت بأن قانون ما غير دستوري فأن الاثر الذي يترتب على ذلك يتمثل فيما يلي :

(أولا):الامتناع عن تطبيق القانون غير الدستوري،ويطلق على ذلك برقابة الامتناع.

(ثانيا):الحكم بإلغاء القانون المخالف للدستور ، وقد يكون الالغاء سابق لصدور القانون ويسمى في هذه الحالة الغاء سابق ، وقد يكون الالغاء بعد صدور القانون ، فيطلق عليه الغاء لاحق .

سادسا . نهاية القاعدة الدستورية

يمكن ان تنتهي القاعدة الدستورية بأحد الطريقتين :

أما بتعديل الدستور جزئيا ، او بإلغائه كليا . والالغاء اما يكون قانونيا وبحسب الآلية التي ينص عليها الدستور ذاته لتحقيق هذه الغاية ، والا فأن الالغاء يكون سياسيا. وهذا ينطبق على الحالات التي تشهد قيام ثورة او انقلاب يكون من شأنها احيانا وضع حد لسريان الدستور القائم في النظام السياسي السابق وذلك بإبطاله واقرار دستور جديد يجسد فكر ورؤية القائمين على الثورة او الانقلاب وكذلك يحدد الاختصاصات والوظائف والعلاقات .

١. نهاية القاعدة بتعديل الدستور:

عندما يتقرر تعديل الدستور رسميا فأن الامر يقتضي مراجعة الطريقة التي ينص عليها الدستور لتحقيق هذه الغاية اولا ومن ثم الجهة التي تقع عليها مسؤولية

التعديل.

بمعنى ان سلطة التعديل تقر بوجود سلطة مؤسسة اولى مهامها اقامة الدولة عبر اقامة الدستور، على اعتبار ان الدولة تنشأ بعد صدور الدستور ولاوجود للدولة قبل اقامة الدستور .. وهذه السلطة المؤسسة تستطيع متى ارتأت تعديل الدستور .

بيد أن ذلك اذا تواصل تكرارا يفضي الى عدم التقيد بالدستور ، وخاصة ان هذه السلطة تجد في نفسها انها اعلى من الدستور لانها منشئة له .

لذا فبعد اقامة الدستور من قبل الامة، ينص في الدستور عن امكانية تعديل القاعدة الدستورية بواسطة سلطة اخرى مشتقة عن الاولى اي عن السلطة المؤسسة ، وهذه السلطة تؤدي مهام عملها ونشاطها بمقتضى الدستور .

وان السبب في عدم ترك امر تعديل الدستور الى السلطة المؤسسة الاصلية ، يعود الى ان هذه السلطة تعلو على القواعد الدستورية وهي المنشئة لها أول مرة وبذلك قد تجد نفسها تستطيع ان تقيم ما تشاء من القواعد الدستورية ولا يمكن تحديدها فهي ثورية على الدوام ، وتسعى لخلق حالة تغيير ثوري مستديمة وهذا ما لا يتلائم في احيان كثيرة مع مقتضيات الاستقرار الملازم للبناء .

وهناك بين الفقهاء والمختصين من لا يتفق مع هذا الرأي ، ويذهب للقول (اذا كان المفهوم التقليدي لسلطة التعديل قد جاز وجود سلطتين الاولى مؤسسة والثانية مؤسسة فأن المفهوم الحديث لسلطة التعديل لم يرض بهذا الاجتهاد في التقسيم وانما حدد موقفه انطلاقا من الاعتقاد بوجود سلطة واحدة وهي السلطة السياسية التي تتصف في الوقت نفسه بكونها سلطة مؤسسة منشئة وسلطة مؤسسة ، والتي يمكنها ان تظهر بالشكل التلقائي الخلاق (حين تقرر الدستور) ، وتظهر ايضا بشكلها المنظم حين ينص عليها الدستور اي حين يحدد قواعد لنشاطها) [١٨] .

استنادا الى ذلك فالسلطة السياسية تجمع في هيئة واحدة صفات السلطة المؤسسة، والمؤسسة في ذات الوقت .

ومع ذلك يعود لكل دستور أمر تقرير المنع او الحظر او عدمه بالنسبة لتعديل بعض القواعد الدستورية ، والحظر يمكن ان يكون موضوعي او زمني ، ويمكن ان

يكون اثره نسبي اذ مع ما يوضع من عراقيل امام تعديل بعض القواعد الدستورية فأن الالتزام بهذه القواعد المانعة يتحدد بمدى انطباق غايتها وكذلك صحة هذه الموانع مع الواقع مع الاخذ بنظر الاعتبار ان اثر التعديل لا يتعدى فقط بعض القواعد وانما الدستور بأكمله .

٢. نهاية القاعدة بإلغاء الدستور :

تعد السلطة المؤسسة كما اشرنا سابقا هي صاحبة الدور في وضع الدستور ، ولذلك ولكونها السلطة الاصلية فأنها تستطيع ان تغير كليا الدستور ، بيد أنه من المستبعد في هذه الحالة ان يكون الالغاء كليا او جذريا ، اذ من غير المتصور ان السلطة التي وضعت الدستور حسب اهواءها واجتهادها سوف تعمد الى تغيير جذري للدستور .

ومع ذلك فان امر الالغاء الكلي يمكن ان يكون اكثر انسجاما في حالة حدوثه عندما لا تقوم نفس الجهة التي وضعته بإلغائه كليا .

أ. الطريقة القانونية (لالغاء) الدستور او تبديله .

عادة لا تحتاج الدساتير المرنة الى اجراءات معقدة في تبديل القواعد الدستورية، ولكن الامر يبدو معقدا عندما يكون الدستور جامدا . ولذلك نلاحظ ان اغلبية الدساتير الجامدة لا تتكلم عن الالغاء الكلي وانما الجزئي لتعديل الدستور، وعلى الرغم من ان الارادة العامة تستطيع عمل ما تريده ولكن يلاحظ ان الدساتير الجامدة تنص على تعديل جزئي للدستور .

ب. الطريقة السياسية (لالغاء) الدستور .

التعديل الكلي للدستور أو (الغاءه) غالبا يتم بالاسلوب السياسي.

وهنا يتعين تبديل او الغاء الدستور ، ليس بوسائل ينص عليها الدستور عادة وانما بوسيلة يتم اللجوء اليها عنوة لالغاء الدستور برمته واقامة دستور آخر ، وهذه الوسيلة تكون بواسطة الثورة او الانقلاب .

وفي الواقع فأن الثورة قد لاتلغي الدستور كليا وانما تسقط عنه بعض القواعد المتعلقة بنظم الحكم او شكله، اما القواعد الاخرى فأنها تبقى في الدستور ويمكن

الاشارة على سبيل المثال الى :

(اولا): ان القواعد المتعلقة بمباديء حقوق الانسان تبقى في الدستور الجديد ، اذ يلاحظ عدم المساس بها في الدساتير اللاحقة لحدوث الثورات .

(ثانيا): ان دساتير الثورات قد لا تمس القوانين التي تعتبر دستورية من حيث الشكل وانما تجرد هذه القوانين من صفتها الدستورية بفعل الثورة ليس الا وتصبح قوانين عادية .

(ثالثا): الثورة لا تلغي القوانين العادية كالقانون المدني والتجاري والجنائي ، وانما يمكن للثورة ان تتدخل لاحقا لتنظيم وتعديل امر هذه القوانين حتى تتلائم مع الخط الثوري الذي التزمته الثورة عند قيامها [١٩] .

إن ما يمكن ان نخلص اليه من جملة ما تقدم هو ان الدستور كوثيقة مكتوبة او عرفية يمثل قواعد تعين وتنظم العلاقة ليس فقط بين المؤسسات السياسية والدستورية في الدولة ولكنها فضلا عن ذلك تقوم بتحديد قواعد السلوك المتبع في العلاقات بين المؤسسات والمجتمع . ومع ما يبدو من جمود في النصوص الدستورية لكثير من الدول، فان هذه الدول تذهب بين الحين والآخر الى اجراء التعديل والالغاء وحذف بعض النصوص الدستورية ، وكل هذا ليظهر الدستور بالنتيجة وكأنه كائن حي يتعايش مع محيطه ويؤثر في محيطه ويستوعب التطورات في البيئتين السياسية والاجتماعية .

هوامش الفصل الرابع عشر

١ . د. يحيى الجمل ، الانظمة السياسية المعاصرة ،دار النهضة العربية للطباعة والنشر، بيروت،١٩٦٩، ص١٠٧-١٠٨ .

2. Andre Hauriou-Droit Constitutionnel et institutions politiques , quartriene editions , 1970 , p.32 .

٣ . د. ابراهيم عبد العزيز شيحا ، المبادىء الدستورية العامة، الدار الجامعية ، بيروت، ١٩٨٢ ، ص١٢.

٤ . د. حسان محمد شفيق العاني ، مصدر سبق ذكره ، ص٦٥ .

٥ . لمزيد من التفصيل بصدد هذه التعاريف انظر : د. اسماعيل مرزه ، مبادىء القانون الدستوري والعالم السياسي ، شركة الطبع والنشر الاهلية ، بغداد ، ١٩٦٠ ، ص١٤-١٦ .

٦ . د. حسان محمد شفيق العاني ، مصدر سبق ذكره ، ص٦٦ .

7. Claude Leclereq. Institution Politique et droit Consttution Parisltec Droit ,1977 , p.16 .

8. Andre Hauriou , op.cit , p.15-16 .

٩ . د. يحيى الجمل ، مصدر سبق ذكره ، ص١٢٣ .

10. Pennock and Smith, Political Science An Introduction , Macmillan , London , 1964 , p.844.

١١ . د. يحيى الجمل ، مصدر سبق ذكره ، ص١٢٥ .

١٢ . د. حسان محمد شفيق العاني ، مصدر سبق ذكره ، ص٨٩ .

١٣ . قارن مع جاك دونديو دوفابر ، الدولة ، ترجمة سموحي فوق العادة ، مكتبة الفكر الجامعي ، بيروت ، ١٩٧٠ ، ص٢٢-٢٣ .

١٤ . د. حسان محمد شفيق العاني ، مصدر سبق ذكره ، ص١٨٣-١٨٤ .

١٥ . د. طعيمة الجرف ، موجز القانون الدستوري ، مكتبة القاهرة الحديثة ،

١٩٦٠ ، ص٤٥٣ .

١٦. انظر : د.محمد كامل ليلة ، القانون الدستوري ، القاهرة ، ١٩٧١ ، ص٣٣ .

١٧. د. حسان محمد شفيق العاني ، مصدر سبق ذكره ، ص٢١٥-٢١٦ .

١٨. انظر : د. منذر الشاوي ، القانون الدستوري ، الجزء الثاني ، ١٩٧٠ ، ص٢٧١ ، وكذلك المصدر السابق ص٢٣٤ .

١٩. د. حسان محمد شفيق العاني ، مصدر سبق ذكره ، ص٢٣٨ .

الحقوق والحريات العامة في العصر الحديث

المقدمة

اطلقت تسمية الحقوق والحريات الفردية فيما سبق من قبل انصار المذهب الفردي على الحقوق والحريات، على اساس انها مقررة لتمتع الفرد بها، وفي مرحلة لاحقة اطلق عليها تسمية الحقوق المدنية للدلالة على مضمونها، باعتبار ان الفرد عضو في جماعة مدنية منظمة، وقد تبين حديثا ان التسمية الاكثر استخداما في الفقه وفي الدساتير الحديثة هي الحقوق والحريات العامة. ويفيد مضمون هذه التسمية بانها تنطوي على امتيازات للافراد في مواجهة السلطة العامة من ناحية، ويتمتع جميع الافراد بها بصفة عامة على قدم المساواة، وبدون تفرقة او تمييز بين المواطنين والاجانب من ناحية اخرى. وبذلك تختلف هذه الحقوق عن الحقوق السياسية التي يقتصر التمتع بها على المواطنين فقط - وبشروط معينة دون الاجانب.

اولا: مبدأ العدالة والمساواة

يعد مبدأ العدالة ليس بالمفهوم القضائي وانما بكونه رديف للمساواة، وكذلك مبدأ المساواة، من المبادئ الدستورية الاساسية التي تستند اليها جميع الحقوق والحريات في الحاضر، والتي تتصدر جميع اعلانات الحقوق العالمية والمواثيق الدستورية.

وقد نظر المفكرون الى المساواة باعتبارها المفتاح الرئيس للوصول الى الديمقراطية الحقيقية وكفالة الحرية، اذ ان المجتمع الذي تنعدم فيه المساواة وتسود روح التميز والتفريق يصل به الامر في النهاية الى الانكار التام للحرية.

ولا يهدف مبدأ المساواة الى ازالة مظاهر التمييز بين الافراد ضمن المؤسسة على الاصل او الجنس او اللغة او العقيدة او اللون، أو غير ذلك من الاسباب فقط، وانما

يهدف كذلك الى تحقيق العدالة للجميع، وتمتعهم بالحقوق والحريات على قدم المساواة[1].

١. مميزات مبدأ المساواة:

يرى جانب من الفكر السياسي والفقه الدستوري ان مبدأ المساواة يجد أساسه في مبادئ القانون الطبيعي، في حين يرى جانب منهم ان نظرية العقد الاجتماعي تعتبر الاساس الذي استند اليه المبدأ. ويتميز مبدأ المساواة بانه يوصف بعدة اوصاف لكل منها معنى معين، المساواة المطلقة والمساواة النسبية من ناحية، والمساواة القانونية والمساواة الفعلية من ناحية اخرى.

أ. المساواة المطلقة والمساواة النسبية.

ان الاصل في المساواة هو ان تتميز بالعمومية المطلقة بحيث ينطبق القانون على الجميع دون اختلاف، بيد ان الواقع العملي لا يسمح بتحقيق هذه المساواة المطلقة.

لذا فان المساواة لا يمكن ان تكون الا نسبية، اي ان المساواة لا تتحقق الا بالنسبة للمراكز المتماثلة[2] واستنادا لذلك، فان المساواة النسبية- بعكس المساواة المطلقة - لا تحترم الاختلافات في القدرات والمراكز الشخصية فقط بل تعمل على حمايتها كذلك، وتبعا لذلك سوف يكون من قبيل الخرق لمبدأ المساواة اذا ما تمت معاملة الاشخاص الذين يقفون في مراكز قانونية مختلفة معاملة متساوية، او لو تم التعامل مع من يحتلون مراكز قانونية متساوية بطريقة مختلفة[3].

وبذلك لا يعد اخلالا بمبدأ المساواة في تولي الوظائف العامة ان يشغل فرد معين وظيفة محددة دون اخر تقدم لشغلها اذا توافرت في الاول الشروط القانونية المطلوبة لشغل هذه الوظيفة ولم تتوافر في الثاني. وكذلك يحدد القانون في مجال ممارسة الحقوق السياسية سنا معينة - تختلف من نظام سياسي الى آخر - لمباشرة حق الانتخاب، فلا يستطيع المواطن ممارسة هذا الحق قبل بلوغ هذا السن.

وهكذا فان القانون لا يمكن ان يكون واحدا في مواجهة جميع الافراد في الدولة وانما يكون كذلك بالنسبة الى من تتوافر فيهم الشروط والمواصفات المطلوبة للتمتع بحق من الحقوق العامة، او للتحمل بعبء من الاعباء العامة اي ان القانون

يتوحد فقط بصدد الافراد الذين يحتلون مراكز قانونية متماثلة بمعنى انه من الاستحالة المطلقة ان تكون المساواة مطلقة وانما هي - في الواقع - مساواة عامة عمومية نسبية فقط[٤].

٢. المساواة القانونية والمساواة الفعلية:

تعني المساواة القانونية ان يكون جميع الافراد سواء امام القانون، اي ان تنطبق ذات القواعد القانونية على الجميع، سواء بالنسبة للحماية القانونية التي تضفيها عليهم، او العقاب الذي تفرضه. ونظرا لان الطبيعة لم تساوي بين الافراد في المواهب والقدرات الشخصية، فان ذلك قد انعكس على واقع حياتهم، عن طريق ظهور تفاوت حقيقي وتمييز فعلي، وخاصة مع التقدم العلمي والتقني، وقد ادى ذلك الى انعدام المساواة في الواقع نتيجة لاختلاف الظروف الطبيعية والمادية، وظهرت الفوارق بين الافراد اولا، ثم ازدادت اتساعا بفعل نظام الوراثة الذي ادى بدوره الى النظام الطبقي وزيادة الفوارق بين الطبقات.

وقد اتضحت ابعاد هذه المفارقات في المجتمعات التي طبقت الديمقراطية التقليدية ومبادئ المذهب الفردي الحر في معاملة الافراد امام القانون، اذ ان مصالح الطبقة الرأسمالية هي التي حددت معالم القانون، ووضعت مبادئه، وخلعت عليه الوانه.

وهو ما قاد في نهاية الامر بالمجتمعات التي طبقت المساواة القانونية البحتة الى تقديس الثروة واتساع الهوة الفاصلة بين الافراد وبين الطبقات مما ادى في النهاية الى تحطيم جوهر المساواة ومضمونها الحقيقي.

وقد قاد ذلك الى بروز المناداة بتحقيق المساواة الفعلية او الواقعية بين الافراد والطبقات، وعدم الاكتفاء بالمساواة القانونية النظرية.

وظهرت فكرة العدالة الاجتماعية، ووجوب تقرير حقوق وحريات اجتماعية للتخفيف من حدة الفوارق المادية بين الافراد لاحتواء احتمالات لجوء الطبقات المحرومة الى العنف والثورة في محاولة لتغيير اوضاعهم والاوضاع المحيطة بهم. وقد لجأت العديد من الدول المعاصرة بهدف تحقيق المساواة الفعلية - الى

انشاء الملكية العامة للسيطرة على وسائل الانتاج، نظرا لان حرية الملكية الخاصة، وامتلاك وسائل الانتاج بواسطة الافراد هي التي تعرقل روح المساواة في عصرنا الحاضر[٥]. وذلك بهدف القيام بتوزيع الدخول بين الافراد توزيعا عادلا وتحقيق المساواة في الفرص اي تكافؤ الفرص امام الجميع، وكذلك المساواة في وسائل الاستفادة من هذه الفرص.

وساعد على ذلك ما قامت به التشريعات الاجتماعية من دور لتحقيق نوع من المساواة المادية او الفعلية عن طريق ضمان حد ادنى من الرعاية الصحية والاجتماعية والاقتصادية، وترتيب حقوق وامتيازات للطبقات الكادحة.

٣. المساواة في الحقوق:

ينطبق مبدأ المساواة بصورة عامة على جميع المجالات في القانون العام، اذ ان جميع الاشخاص وجميع المراكز يجب ان تعامل بطريقة مماثلة طبقا لنفس القواعد ولنفس النظام القانوني[٦].

وتتنوع الحقوق التي يجب ان يتساوى جميع الافراد فيها، اذ تشمل المساواة امام القانون التي تعد نقطة البداية في التطبيقات المختلفة لمبدأ المساواة، ثم المساواة في ممارسة الحقوق السياسية بالنسبة للمواطنين، والمساواة في تولي الوظائف العامة وفي الانتفاع بخدمات المرافق العامة، واخيرا المساواة امام القضاء.

أ. المساواة امام القانون.

تعني المساواة امام القانون عدم التمييز او التفرقة بين المواطنين في تطبيق القانون عليهم، لاي سبب من الاسباب، سواء بسبب الجنس، او الاصل او اللون او اللغة، او الدين، او العقيدة، او المركز الاجتماعي او المالي.

وقد نصت المادة الثانية من الاعلان العالمي لحقوق الانسان الصادر في العاشر من كانون الاول/ديسمبر ١٩٤٨ على المبدأ بقولها(لكل انسان حق التمتع بكافة الحقوق والحريات الواردة في هذا الاعلان دون اي تمييز، كالتمييز بسبب العنصر أو اللون أو الجنس أو اللغة او الرأي السياسي، او أي رأي آخر، او الاصل الوطني او الاجتماعي او الميلاد او اي وضع آخر، دون اية تفرقة بين الرجال والنساء).

وجاء في المادة السابعة من الاعلان ان (كل الناس سواسية امام القانون ولهم الحق في التمتع بحماية متكافئة دون اي تفرقة، كما ان لهم جميعا الحق في حماية متساوية ضد اي تمييز يخل بهذا الاعلان، وضد اي تحريض على تمييز كهذا).

وهكذا، يتضح من النصوص ان المقصود بالمساواة امام القانون ليست المساواة في ظروف الحياة المادية، بل المقصود ان ينال الجميع حماية القانون على قدم المساواة بدون تمييز في المعاملة، او في تطبيق القانون عليهم بحيث يتمتع الجميع بنفس الحقوق والمنافع العامة ويخضعون للتكاليف والاعباء المشتركة.

ب. المساواة في ممارسة الحقوق السياسية .

تشتمل الحقوق السياسية على الحق في التصويت في الانتخابات والاستفتاءات العامة في الدولة، وحق الترشيح لعضوية المجالس النيابية العامة والاقليمية. وحق الاشتراك في تكوين الاحزاب والجمعيات السياسية او الدخول في عضويتها.

ويقرر مبدأ المساواة حق جميع المواطنين دون الاجانب - في ممارسة هذه الحقوق على قدم المساواة طبقا للشروط التي يحددها القانون، كتحديد سن معينة لمباشرة هذه الحقوق، وذلك دون تمييز او تفريق بينهم، ولقد اعلنت الدساتير المختلفة مبدا المساواة في الحقوق السياسية لجميع المواطنين بدون تفرقة وخاصة الحق في التصويت [٧]،وهكذا اصبحت المساواة تامة بين الحقوق السياسية، وخاصة حق التصويت، على اساس الاقتراع العام غير المقيد بالنصاب المالي، او الكفاءة، كما تأكد حق النساء في التصويت رغم كثرة الاعتراضات التي قيلت لمنع حصولهن على هذا الحق.

ج. المساواة في تقلد الوظائف العامة.

المقصود بهذا النمط من المساواة التسليم لجميع المواطنين بالحق في تولي الوظائف العامة، دون ان يتسبب اختلاف الاصل او الجنس او اللغة او الرأي او اي سبب اخر في استبعاد احد من تقلد وظيفة عامة مادامت الشروط التي حددها القانون قد توافرت فيه، كما يعني مبدأ المساواة ايضا عدم جواز التفرقة بين الموظفين الذين يحتلون نفس المركز القانوني ويخضعون لذات النظام الوظيفي فيما يحصلون

عليه من مزايا، وما يقع على عاتقهم من التزامات وظيفية[٨] .

وتبعا لذلك، تتفرع المساواة امام الوظائف العامة الى ثلاثة فروع، المساواة بين المرشحين لدخول الوظائف العامة من ناحية. والمساواة بين الموظفين العموميين في مزايا والتزامات الوظيفة العامة من ناحية ثانية. واخيرا المساواة بين الرجل والمرأة في تولي الوظيفة العامة.

د. المساواة في الانتفاع بالمرافق العامة.

تستوجب المساواة امام المرافق العامة التسوية الكاملة في معاملة الافراد بغير تمييز او تفرقة في الانتفاع بخدمات المرافق العامة، وفي الأداء مقابل هذا الأنتفاع، وينطبق المبدأ بهذا المعنى على جميع المرافق العامة في الدولة بكافة انواعها الادارية او الصناعية والتجارية ، ويتوقف تحقيق هذه المساواة على توافر الشروط والاجراءات التي تتطلبها القوانين واللوائح الخاصة بالمرافق العامة ، وعلى تواجد المنتفعين بخدمات هذه المرافق في مراكز قانونية متشابهة وظروف متكافئة ام في مراكز قانونية مختلفة وظروف متغايرة .

ولايعد من قبيل التجاوز على المساواة امام المرافق العامة تقرير القوانين او اللوائح لامتيازات عامة لمن تتوافر فيهم شروط معينة ، كما في حالة تقرير المجانية المطلقةاوالنسبية على سبيل المثال من تحمل مقابل الانتفاع بخدمات المرافق العامة لبعض الفئات الضعيفة اقتصاديا.

واستنادا لذلك فأن اي قانون لا يراعي مبدأ المساواة بين الافراد امام المرافق العامة ، ويقرر تفرقة بين الافراد المنتفعين بخدمات المرافق العامة هو قانون غير دستوري .

وعلى هذا الاساس فمن حق الفرد الذي يحرم من الانتفاع بخدمة مرفق من المرافق العامة الطعن بالالغاء امام مجلس الدولة في القرار الاداري الذي حرمه من هذه المنفعة ، نظرا لإخلاله بمبدأ المساواة بين المنتفعين بخدمات المرافق العامة كما ان من حقه ان يطلب التعويض من المحكمة عن هذا الحرمان غير المشروع ، الذي تقرر رغم استيفاءه الشروط المطلوبة للحصول على هذه المنفعة من جانبة.

هـ المساواة امام القضاء .

يقصد بالمساواة امام القضاء ممارسة جميع الافراد لحق التقاضي على قدم المساواة بدون تفرقة بينهم بسبب الاصل او الجنس او اللون او اللغة او الاراء الشخصية او غير ذلك من الاسباب .

ويتطلب مضمون المساواة امام القضاء وحدة القضاء أي أن يتقاضى الجميع أمام محاكم واحدة، بحيث لا تختلف باختلاف الاشخاص اوالطبقات الاجتماعية[٩] . كما يجب ان يكون القانون المطبق على الجميع في منازعاتهم القضائية واحدا ، وان تكون اجراءات التقاضي موحدة ، وان توقع موحدة ، وان توقع ذات العقوبات المقررة لنفس الجرائم على اشخاص مرتكبها .. وينتج عن ذلك ، وحدة العقوبات الموقعة نتيجة لوحدة القانون المطبق من ناحية ، وشخصية العقوبة من ناحية ثانية ، واخيرا يجب ان يكون القضاء مجانيا لكي تتحقق المساواة امامه.

ولايعد من قبيل المخالفة مع جوهر المساواة امام القضاء ان تعطي الحرية للقاضي لكي يحكم بالعقوبة المناسبة تبعا لاختلاف ظروف المتهمين، ولو كانت الجريمة واحدة. ولا يتعارض مع مضمون المساواة أمام القضاء وجود محاكم مختلفة باختلاف انواع المنازعات او باختلاف طبيعة الجرائم، بشرط الا تقام تفرقة او يتقرر تمييز بين الاشخاص المتقاضين. ولا يعد من المسوغ التوسع في انشاء المحاكم الخاصة حتى لا تصبح ذريعة لايجاد نوع من التفرقة بين مواطني الدولة الواحدة. اذ يجب على المشرع ان يتقصد في انشاء المحاكم الخاصة، بحيث لا يلجأ الى ذلك الا عند الضرورة حتى لا يفتح الباب على مصراعيه لخرق مبدأ المساواة امام القضاء.

ومع ما تقدم، فقد تعرض مبدا المساواة امام القضاء لمظاهر عديدة من الاخلال به وخرقه في كثير من دول العالم، سواء في الظروف الاستثنائية بواسطة تشريعات الاحكام العرفيه وقوانين الطوارئ، او في الاحوال العادية عن طريق نظرية اعمال السيادة وانشاء جهات اخرى ومحاكم خاصة للفصل في بعض المنازعات او باصدار قوانين الاحكام العسكرية، او التشريعات الخاصة المصادرة لحق التقاضي.

٤. **المساواة امام التكاليف العامة:**

لا بد ان تشتمل المساواة بين الأفراد ، المساواة في نطاق التكاليف العامة، لانه بدون هذه المساواة تتحول المساواة بين الحقوق الى مساواة نظرية بحتة. ومثلما تبين أن المساواة في الحقوق العامة نسبية دائما بالنسبة لمستحقيها، فان التكاليف العامة يجب ان تتوزع بشكل نسبي كذلك على المكلفين باداتها.

وتنطبق قاعدة المساواة امام التكاليف العامة في مجالين اساسيين هما المساواة امام الاعباء العسكرية من ناحية، وامام التكاليف الضريبية من ناحية اخرى.

أ. **المساواة امام الاعباء العسكرية.**

تعني الاعباء العسكرية اداء الخدمة العسكرية التي يعد ادائها واجب وطني على كل فرد لحماية الوطن والدفاع عنه، ويقصد بالمساواة في هذا الميدان:

(اولا): ان ينخرط كل مواطن في الخدمة العسكرية بدون استثناء او اعفاء لاحد بسبب مركزه الاجتماعي او ثروته، او لأي سبب آخر غير مشروع، بالنسبة للجميع.

(ثانيا): ان يكون اداء الخدمة العسكرية لمدة متساوية بالنسبة للجميع.

(ثالثا): يجب ان تكون المساواة عامة وشخصية، اي لا يجوز ان يحل شخص اخر محل الشخص المطلوب تجنيده من ناحية، وان تتساوى مدة اداء الخدمة العسكرية لجميع الافراد كقاعدة عامة، من ناحية اخرى.

وتجدر الاشارة الى انه لا يتنافى مع المساواة في اداء الخدمة العسكرية تقرير الاعفاء منها لبعض الشباب لانعدام اللياقة البدنية، او العجز الصحي كما قد يعفى بعضهم لاسباب اجتماعية مختلفة.

ب. **المساواة امام التكاليف الضريبة.**

تحظى مسألة فرض الضرائب باهمية كبيرة في كل دولة لانه يعد من الضروري ان تحصل الدولة عليها من المكلفين بطريقة عادلة. ومن الطبيعي ان تلتقي المساواة امام الضرائب مع هدف كل نظام ضرائبي وهو تحقيق العدالة الضريبية، كما ان هذه المساواة تعد العامل الاول في تحقيق حياد الضريبة ، ويهدف مبدأ المساواة الى تحقيق

العدالة الضريبية بين جميع المكلفين بها سواء بالنسبة للضرائب المباشرة او غير المباشرة،اذ انه يعني وجوب قيام كل مكلف بدفع الضريبة طبقا لثروتة وقدرته المالية وحالته الشخصية بحيث تتساوى الضريبة التي يدفعها الذين يحتلون مراكز متماثلة .

وتقوم مسألة المساواة امام الضرائب على مبدئين اساسيين :

الاول : هو مبدأ مشروعية او قانونية الضريبة، الذي يحكم مسألة فرض الضرائب، ويعني هذا المبدأ انه لاضريبة بدون قانون او بناءا على قانون ، اذ يجب ان تصدر جميع القرارات الادارية التنظيمية او الفردية الخاصة بالضرائب طبقا للقانون والا تصبح غير مشروعة .

الثاني : فهو مبدأ عالمية الضريبة ، الذي يعني انطباقها على جميع الافراد المواطنين والاجانب مادامو يعيشون فوق اقليم الدولة،وعلى جميع الاموال الموجودة في الدولة .

وتجدر الاشارة الى ان القوانين الضريبية تنفذ على المستقبل ، والا تسحب على الماضي كقاعدة طبقا لقاعدة عدم رجعية القوانين ، الا بصفة استثنائية لحماية مصلحة عليا تتعلق بالنظام العام ويعتبر تصاعد الضريبة أحدى الوسائل الهامة لتحقيق شخصية الضريبة كما انها تمثل عنصرا هامالتطبيق العدالة الضريبية وتحقيق شخصية الضريبة، كما انها تمثل عنصرا هاما لتطبيق العدالة الضريبية وتحقيق نوع من المساواة الحقيقية بين المكلفين في وقتنا الحاضر . وذلك عن طريق ارتفاع الشريحة الضريبية كلما ارتفع مقدار الثروة بنسبة تتزايد مع زيادتها وتبرر الضريبة التصاعدية بفكرة المساواة في التضحية من ناحية وباعادة توزيع الدخول في المجتمع من ناحية اخرى .

وتفسر فكرة المساواة في التضحية من الناحية الاقتصادية عن طريق نظرية المنفعة الحدية اذ انه من المعلوم اقتصاديا ان المنفعة التي يحصل عليها الفرد تتناقص باستمرار بعد ان يصل الى حد معين من الاشباع. ويعني ذلك ان اصحاب الدخول الصغيرة سوف يشعرون بشدة ثقل الضريبة عليهم اكثر من اصحاب الدخول الكبيرة . ولهذا تتدخل الضريبة التصاعدية لتحديد سعر اقل بالنسبة للدخول الصغيرة في حين يتصاعد هذا السعر كلما زادت الدخول .

ثانيا : الحقوق والحريات

(الحرية) قوامها القدرة على عمل كل شي لايضر بالاخرين ، ولاتجد ممارسة الحقوق الطبيعية لكل انسان الا بالحقوق التي تؤمن للاعضاء الاخرين في المجتمع ، ولايجوز ان تحدد هذه الحدود الا بقانون .. هكذا جاء تعريف الحرية في اعلان الحقوق الفرنسي للحرية .

واذا كانت هذه الحقوق والحريات تعكس القدرات التي يمتلكها الافراد على العمل المبدع الخلاق بحكم طبيعتهم الانسانية ،فأنها تمثل - في الجانب الاخر منها - قدرة الدولة على تقريرها ، وتنظيمها ، وبيان حدودها بواسطة القانون ، وبذلك يصبح الانسان حرا أذا كان سيدا على نفسه ، يقيدها بأرادته الذاتية داخل الحدود القانونية للنظام الذي يعيش فيه[١٠] .

وبقدر ماتنوعت الحقوق والحريات وتفرعت الى شخصية وفكرية واقتصادية واجتماعية ، بقدر ماتعددت تقسيمات الفقهاء لهذه الحقوق والحريات .

١. التقسيمات المختلفة للحقوق والحريات :

تقسيمات الفقة التقليدي.[١١]

(اولا): قسم " ليون ديكي " الحريات الى قسمين رئيسيين يشمل القسم الاول منها الحريات السلبية ويتضمن القسم الثاني الحريات الايجابية ويعتمد هذا التقسيم مفهوم الدراسة التقليدية للنظم السياسية الذي يعتبر الحريات العامة قيودا على سلطة الدولة . وهذا ما ينطبق بوضوح على القسم الاول الخاص بالحريات السلبية ، اما الحريات الايجابية فهي التي تحتوي على خدمات ايجابية تقدم للافراد بواسطة الدولة .

(ثانيا): قسم " موريس هوريو" الحقوق والحريات ثلاثة اقسام ، يتمثل اولها في الحريات الشخصية ، وتشمل برأيه الحريات الشخصية وتتمثل في الحريات الفردية والحريات العائلية وحرية التعاقد وحرية العمل. اما القسم الثاني فيتجسد في الحريات الروحية او المعنوية وتتضمن حرية العقيدة والتدين وحرية التعليم وحرية الصحافة وحرية الاجتماع. اما القسم الثالث فانه

يتضمن الحريات المنشئة للمؤسسات الاجتماعية، وهي الحريات الاجتماعية والاقتصادية والنقابية، وحرية تكوين الجمعيات .

(ثالثا): قسم الفقيه " اسمان " الحريات الى فرعين رئيسيين حريات ذات محتوى مادي وهي التي تتعلق بمصالح الافراد المادية ، وحريات ذات مضمون معنوي ويتضمن الفرع الاول منها حريات الامن والتنقل والملكية والمسكن والتجارة والصناعة. اما الفرع الثاني فيتضمن حرية العقيدة والعبادة وحرية الصحافة وحرية الاجتماع وحرية التعليم وحرية تكوين الجمعيات .[١٢]

وقد واجه هذا التقسيم انتقادات انطلاقا من زاوية تجاهله للحقوق الاجتماعية واخراجه لها من نطاق الحقوق والحريات العامة كحق العمل والضمان الاجتماعي والصحي وحق تكوين النقابات .

تقسيمات الفقه الحديث للحقوق والحريات.

(اولا): قسم "جورج بيردو" الحريات العامة الى اربع مجموعات اساسية وكما يلي:

١. الحريات الشخصية البدنية وتشمل على حرية الذهاب والاياب ، وحق الامن وحرية الحياة الخاصة التي تتضمن حرية المسكن والمراسلات.

٢. الحريات الاجتماعية وتشمل حق الاشتراك في الجمعيات وحرية الاجتماع وحرية المظاهرات .

٣. الحريات الفكرية وتتضمن حرية الرأي وحرية الصحافة وحرية المسرح والسينما والاذاعة والتلفزيون وحرية التعليم والحرية الدينية والعقائدية .

٤. الحقوق الاقتصادية والاجتماعية وتتضمن الحق في العمل وحرية العمل وحق الملكية وحرية التجارة والصناعة [١٣].

(ثانيا): قسم " كوليار" الحريات العامة الى ثلاثة فروع رئيسية هي الحريات الاساسية او الحريات الشخصية ، وحريات الفكر والحريات الاقتصادية، وتشمل الحريات الشخصية الحق في الامن وحرية الغدو والرواح ، واحترام حرمة المسكن والمراسلات وحرية الحياة الخاصة للفرد .

بينما تتضمن الحريات الفكرية ، حرية الرأي وحرية الدين والتعليم والصحافة والمسرح والسينما والإذاعة والتلفزيون وحرية الاجتماع وحرية الاشتراك في الجمعيات.

أما الحريات الاقتصادية والاجتماعية فتتضمن الحق في العمل ، والحرية النقابية، وحق الملكية ، وحرية التجارة والصناعة [١٤] .

(ثالثا): قسم الفقيه " اندرية هوريو" الحريات إلى قسمين : القسم الأول منها خاص بحريات الحياة المدنية ويتضمن حرية التنقل، وحق الآخر ، والحريات العائلية، وحق الملكية ، وحرية التعاقد وحرية التجارة والصناعة.

أما القسم الثاني ويطلق علية حريات الحياة العامة ، ويتضمن الحق في تولي الوظائف العامة ، والقبول لأداء الشهادة ، وأداء الخدمة العسكرية ..ويحتوي كذلك الحقوق السياسية التي تفسح المجال للفرد للمشاركة في التعبير عن السيادة الوطنية ،مثل حق التصويت في الانتخابات والاستفتاءات العامة وحق الترشيح لعضوية المجالس النيابية [١٥] .

(رابعا): قسم الدكتور " عثمان خليل عثمان " الحقوق والحريات العامة بصفة عامة إلى مجموعتين رئيسيتين الحقوق والحريات التقليدية ، والحقوق الاقتصادية والاجتماعية ، وفي إطار المجموعة الأولى تعرض لدراسة المساواة المدنية من ناحية ، والحرية من ناحية ثانية ، وقسم الحريات إلى قسمين حريات تتصل بمصالح الأفراد المادية ، وحريات تتعلق بمصالحهم المعنوية . وجعل الحرية الشخصية ، وحق التملك ، وحرية المسكن ، وحرية العمل والتجارة والصناعة في إطار القسم الأول المتعلق بالحريات المادية ، في الوقت الذي وضع حرية العقيدة والعبادة ، وحرية الرأي والاجتماع وتأليف الجمعيات ، وحرية التعليم ، وحق تقديم العرائض داخل القسم الثاني الخاص بالحريات المعنوية [١٦] .

٢. أنواع الحقوق والحريات :

إن معظم هذه الحقوق والحريات يتحكم فيها فكر الإنسان وعقلة ، وإنها تعتبر في مجموعها حقوق وحريات اجتماعية لأنها تمارس من الفرد في نطاق الجماعة وفي مواجهتها . فهي إذن فردية بالنظر إلى مصادرها ، واجتماعية بالنسبة إلى المحيط الذي تمارس فيه(١٧) .

ويمكن تحديد ثلاث أنواع رئيسية أو مجموعات من الحقوق والحريات ، المجموعة الأولى تتعلق بشخصية الفرد ، والمجموعة الثانية ، بفكره ، والمجموعة الثالثة ، بنشاطه(١٨) .

أ. الحقوق والحريات المتعلقة بشخصية الفرد .

وتشتمل على جميع الحقوق والحريات المتعلقة بكيان الإنسان وحياته وما يتفرع عنها ، وهي بوجه أساس : حق الحياة وحق الآخر ، وحرية الانتقال ، وحرمة المسكن، وسرية المراسلات وكما يلي :

(أولا): حق الحياة

تؤكد الشرائع السماوية والدساتير الوضعية هذا الحق وتسبغ عليه أحيانا نمط من القدسية ، وتحرم أي اعتداء على هذا الحق بل وتقرر اشد العقوبات للجرائم الماسة بحياة الإنسان .

(ثانيا): حق الأمن

ويقصد به حق الفرد في الحياة في أمان واطمئنان ومتحرر من كل رهبة أو خوف ، بل وعدم جواز القبض عليه أو اعتقاله أو حبسه أو المساس بأمنه الشخصي إلا طبقا للقانون وعلى وفق الحدود التي بينها مع مراعاة الضمانات والإجراءات التي حددها وقد نصت (المواد ٣،٥،٩) من الإعلان العالمي لحقوق الإنسان تباعا على إن (لكل شخص الحق في الحياة والحرية وسلامة شخصه) ، كما نصت على انه (لا يعرض أي إنسان للتعذيب ، ولا للعقوبات أوالمعاملات القاسية أوالوحشية أوالمحطة بالكرامة) ، (ولا يجوز القبض على أي إنسانا وحجزه أو نفيه تعسفا) .

(ثالثا). حرية الانتقال

هذه الحرية يقصد بها الذهاب والإياب ، أي حرية السفر إلى أي مكان داخل حدود الدولة أو خارجها ، وحرية العودة إلى الوطن دون قيود أو موانع ، وفي حالة إن تقتضي الضرورة تقييد هذه الحرية ببعض القيود ، فينبغي إن تكون المصلحة العليا للبلاد هي الباعثة على ذلك ، وان تكون هذه القيود من أضيق الحدود ، ولفترة مؤقتة ، وعلى وفق الحدود التي رسمها القانون .

وتجدر الإشارة إلى إن جوهر هذا الأمر نصت علية المادة الثالثة عشر من الإعلان العالمي لحقوق الإنسان .

(رابعا): حرية المسكن

وتعني حق الإنسان في إن يعيش حياته الشخصية داخل مسكنة دون إزعاج أو مضايقة من أحد، واستنادا لذلك فلا يجوز إن يقتحم أحد مسكن فرد من الأفراد، أو إن يقوم بتفتيشه أو انتهاك حرمته إلا طبقا للقانون وفي الحالات المحددة قانونا .

وقد جاء في (المادة ١٢) من الإعلان العالمي لحقوق الإنسان انه (لا يكون أحد موضعا لتدخل تعسفي في حياته الخاصة أو أسرته أو مسكنه أو مراسلاته أو لهجمات تتناول شرفه وسمعته ، ولكل شخص الحق في حماية القانون من مثل هذا التدخل أو تلك الهجمات) .

(خامسا): سرية (حرمة) المراسلات

تقتضي مراعاة حرمة وسرية المراسلات بعدم جواز انتهاك أو إفشاء سرية المراسلات المتبادلة بين الأشخاص سواء كانت خطابات أو طرود،أو اتصالات تلفونية.

ب. الحقوق والحريات الخاصة بفكر الإنسان .

وتشتمل على الحقوق والحريات التي يغلب عليها الطابع الفكري والعقلي للإنسان ، وتضم حرية العقيدة والعبادة، وحرية الرأي، وحرية التعليم وحرية الاجتماع، وحرية تكوين الجمعيات أو الانضمام إليها، وكما يلي:

(اولا): حرية العقيدة والعبادة

وتعني حق الفرد في اعتناق دين معين أو عقيدة محددة أو عدم اعتناق أي دين

أو عقيدة، وتعني أيضا حرية الشخص في إن يمارس العبادات والشعائر الخاصة بالدين الذي يعتنقه.

وقد أكد الإعلان العالمي لحقوق الإنسان هذه الحرية في (المادة -١٨) منه إذ نصت على إن (لكل شخص الحق في حرية التفكير والدين والضمير، ويشمل هذا الحق حرية تغيير ديانته أو عقيدته، وحرية الإعراب عنهما بالتعليم والممارسة وإقامة الشعائر ومراعاتها، سواء كان ذلك سرا أم جهرا منفردا أم مع جماعة).

(ثانيا):حرية الرأي

وتشتمل على حق الشخص في التعبير عن أفكاره ووجهات نظره الخاصة، ونشر هذه الآراء بوسائل النشر المختلفة.

وقد ورد في (المادة - ١٩) من الإعلان العالمي لحقوق الإنسان عن حرية الرأي القول التالي: (لكل شخص الحق في حرية الرأي والتعبير، ويشمل هذا الحق حرية اعتناق الآراء دون أي تدخل واستقاء وتلقي وإذاعة الأنباء والأفكار دون تقيد بالحدود الجغرافيه وبأية وسيلة كانت).

(ثالثا): حرية التعليم

وتتضمن الحق في تلقي العلوم المختلفة، وكذلك الحق في تلقينه العلم للآخرين وما يتفرع عن ذلك من نشر هذا العلم في الوسائل المختلفة، والحرية في اختيار الأساتذة الذين يقومون بتلقين العلم. وفي سياق نفس الموضوع نصت (المادة - ٢٦) من الإعلان العالمي لحقوق الإنسان على إن (لكل شخص الحق في التعليم ويجب أن يكون التعليم في مراحله الأولى والأساسية على الأقل بالمجان، وان يكون التعليم الأولي إلزاميا، وينبغي إن يعمهم التعليم الفني والمهني، وان ييسر القبول للتعليم العالي على قدم المساواة التامة للجميع وعلى أساس الكفاءة).

(رابعا): حرية الاجتماع

ويقصد بها تمتع الفرد بالحق في الاجتماع مع من يريد من الأفراد الآخرين، في مكان معين وفي الوقت الذي يراه، للتعبير عن الآراء ووجهات النظر سواء بالخطب والندوات والمحاضرات،أو بالمناظرات والمناقشات وغيرها من الوسائل،واستخلاص النتائج وإصدار المنشورات والبيانات التي تتضمن المقررات والتوصيات.

(خامسا): حرية تكوين الجمعيات والانضمام إليها

والمقصود بها لكل فرد الحق في إنشاء وتكوين الجمعيات ذات الأغراض المختلفة، وذلك للاجتماع مع الأعضاء الآخرين للبحث في المسائل التي تهم هذه الجمعيات ولتحقيق الأغراض التي أنشأت من اجلها وللدفاع عن المبادئ التي أسست عليها. ومن حق كل شخص متى شاء وله كامل الحرية في الانضمام إلى الجمعيات القائمة بالفعل دون ضغط أو إكراه من أحد.

وقد نصت (المادة – ٢٠) من الإعلان العالمي لحقوق الإنسان على هذه الحرية بقولها:

١. إن لكل شخص الحق في حرية الاشتراك في الجمعيات والجماعات السلمية.

٢. لا يجوز إرغام أحد على الانضمام إلى جمعية ما.

ج. الحقوق والحريات المتصلة بنشاط الفرد .

وتشتمل على الحقوق والحريات التي تتصل اتصالا وثيقا بنشاط الفرد وعمله وسعيه للحصول على ما يحقق له الحياة الكريمة، وكذلك ما ينتج عن هذا النشاط من أموال تتحول إلى عقارات يمتلكها الفرد. ومن ذلك الحق في العمل وما يتفرع عنه من حقوق وحريات. وحرية النشاط التجاري والصناعي وغيره من اوجه النشاط، وحق الملكية.

(أولا): الحق في العمل

ويتضمن منح كل فرد الحق في العمل الشريف الذي يناسبه، ويختاره بكامل حريته، بحيث يكفل له تأمين حياته وحياة أسرته، ويجعله مطمئنا على حاضره ومستقبله. ويعد من مهام الدولة الحديثة كفالة العمل المناسب لكل مواطن فيها، وكفالة الحق في تقلد الوظائف العامة لمن تتوافر فيهم شروطها، وكذلك تأمين حصوله على الأجر العادل من أداء عمله، لكي يعيش حياة مستقرة كريمة.. ويفضي حق العمل وحرية اختياره إلى الحق في تكوين النقابات التي تتولى مهمة الدفاع عن حقوق أعضائها.

وقد أوضحت (المادة - ٢٣) من الإعلان العالمي لحقوق الإنسان مضمون حق العمل وفروعه وكما وردت أعلاه.

(ثانيا):حرية التجارة والصناعة

وتشتمل على حرية مباشرة الفرد للأنشطة التجارية والصناعية وغيرها، وما يتفرع عنها من تبادل ومراسلات، وإبرام العقود وعقد الصفقات وغير ذلك من مستلزمات هذه الأنشطة وتعود جذور هذه الحرية الى المذهب الفردي الذي يطلق لنشاط الفرد الحرية في العمل التجاري والصناعي دون تقييده بأي قيود. وقد أفضت التطورات الحديثة إلى قيام العديد من النظم السياسية بفرض العديد من القيود على النشاط الفردي بهدف إفساح المجال أمام الدولة لكي تمد نشاطاتها إلى العديد من المجالات التي كانت محظورة عليها قبل ذلك.

(ثالثا): حق الملكية

تعد الملكية بوجه عام ثمرة النشاط والعمل الفردي، ويمثل حق التملك حرية اقتناء الأموال من عقارات ومنقولات، وحرية التصرف فيها وفي إنتاجها دون قيود.

ولكن الدول المعاصرة تدخلت كثيرا وفرضت العديد من القيود على حق الملكية ابتداء من تحديده، وفرض الضرائب الثقيلة على الشركات، والاستيلاء المؤقت على العقارات ، ونزع الملكية للمنفعة العامة، إلى إلغاء حق الملكية ذاته وقد أوردت (المادة - ١٧) من الإعلان العالمي حق الملكية ، بذكرها ان (لكل شخص حق التملك بمفرده أو بالاشتراك مع غيره ، ولا يجوز تجريد أحد من ملكه تعسفا).

الهوامش

١. د.عبد الغني بسيوني عبد اللـه ، النظم السياسية - أسس التنظيم السياسي، مصدر سبق ذكره ، ص ٣٥٣.

2. C.A. Colliard , Libertes publiques, Paris, 1972, p.196.

3. Abdallh, Les applications du principe. d'egalite, en Droit Administratif, p.8

٤. ثروت بدوي، النظم السياسية ، الجزء الاول، النظرية العامة للنظم السياسية، القاهرة، دار النهضة العربية، ١٩٧٠،ص ٣٩٢-٣٩٣.

٥. هارولد ديكي، نظرات في ثورات عصرنا الحاضر، ترجمة لجنة اخترانا لك، الجزء الثاني، العدد ٧٩، ص٢٤٢.

6. DELVOLVE, Le principe d'egelite devant les charges publiques, thse Paris, L.G. J, 1969, p.2.

٧. د. عبد الغني بسيوني عبد اللـه، مصدر سبق ذكره، ص٢٩٤.

٨. المصدر نفسه،ص ٢٦٧.

9. Ch. Rousseau, Cours de Droit public, Paris. 1947 - 1948, p. 298.

١٠. اندريه هوريو، القانون السياسية والنظم السياسية ترجمة، علي مقلد وآخرين الاهلية للنشر والتوزيع، بيروت، ١٩٧٤، ص ١٧٤.

11. Claude Albert Collard, Libertes publiques, cinquieme edition, Dalloz, Paris,1975, p211.

12. E. Esmeein et Duez, Elements de droit constitut ionnel Francais et compre, Tome Second, Paris, 1922 p. 583 et,s.

13. George Burdeau, opcit, p. 97 et - s.

14. C.A. Colliard, opcit, p. 217 et - s.

١٥. اندرية هوريو، القانون الدستوري والنظم السياسية، مصدر سبق ذكره، ص ١٧٤.
١٦. د. عثمان خليل عثمان، المبادئ الدستورية العامة، مكتبة عبد الله وهبة، القاهرة، ١٩٤٣، ص ١٣٨.
١٧. د. عبد الغني بسيوني عبد الله، مصدر سبق ذكره، ص٣٨٩.
١٨. د. عبد الغني بسيوني عبد الله، مصدر سبق ذكره، ص٣٩٤-٣٩٦.

المراجـــع

أولا : باللغة العربية

- ابراهيم ، حسنين توفيق ، ظاهرة العنف السياسي في النظم العربيـة، (بـيروت، م . د . و . ع ، ١٩٩٢) .
- ابراهيم ،سعد الدين، وآخرون مستقبل المجتمع والدولة في الوطن العربي ، سلسلة دراسات الوطن العربي ، ط٢ عمان منتدى الفكر العربي ، ١٩٩٨ .
- ابن خلدون ،ابو زيد عبد الرحمن ، مقدمة ابن خلدون ، الفصل ٢٩ .
- ابو ذياب ، فـوزي ، المفـاهيم الحديثـة للانظمـة والحيـاة السياسـية ، دار النهضـة العربية للطباعة والنشر، بيروت ، ١٩٧١ .
- الاسود ، صادق ، علم الاجتماع السياسي ، اسسـه وابعـاده ، دار الحكمـة للطباعـة والنشر ، بغداد ، ١٩٩١ .
- اندرسون، جيمس ، صنع السياسات العامة ، ترجمة الـدكتور عـامر الكبيسيـ ، دار المسيرة للنشر والتوزيع والطباعة ، عمان ، ١٩٩٩ .
- بدوي، ثروت ، النظم السياسية ، الجزء الاول، النظريـة العامـة للـنظم السياسـية، القاهرة، دار النهضة العربية، ١٩٧٠.
- بغـــدادي ،عبـــد الســـلام ابـــراهيم ، الوحـــدة الوطنيـــة ومشـــكلة الاقليـــات في افريقيا،(بيروت، م . د . و .ع ، ١٩٩٣).
- بيردو، جورج، القانون الدستوري والنظم السياسية، طبعة عام ١٩٥٧.

Droit Constitutionnel et Institutions Politiques.

- الجرف ، طعيمة ، موجز القانون الدستوري ، مكتبة القاهرة الحديثة ، ١٩٦٠.
- الجليل ، عدنان حمودي ، النظم السياسية ، مطابع اليقضة ، الكويت ، ١٩٨٢ .

- الجمل ، يحيى ، الانظمة السياسية المعاصرة ،دار النهضة العربية للطباعة والنشر، بيروت،١٩٦٩.
- الحديثي، هاني الياس خضر ، في عملية صنع القرار السياسي الخارجي ، بغداد، دار الحرية للطباعة ، ١٩٨٢ .
- حرب ،اسامة الغزالي ، الاحزاب السياسية في العالم الثالث ، سلسلة عالم المعرفة ، ١١٧ (الكويت ، المجلس الوطني للثقافة والفنون والآداب ، ١٩٨٧).
- حمادي ، شمران ، الاحزاب السياسية والنظم الحزبية ، ط٢ ، مطبعة الارشاد ، بغداد ، ١٩٧٥ .
- دوفابر ، جاك دونديو ، الدولة ، ترجمة سموحي فوق العادة ، مكتبة الفكر الجامعي ، بيروت ، ١٩٧٠ .
- دوكي، ليون ، الجزء الثاني .

Traite de droit , Costitutionnel, Paris,1924.

- ديفرجيه ، موريس

Droit Costitutionnel et institutions Politiques,1955.

- ديكي ،هارولد ، نظرات في ثورات عصرنا الحاضر، ترجمة لجنة اخترانا لك، الجزء الثاني، العدد ٢٤٢.
- الرمضاني، مازن اسماعيل ، دراسة نظرية في السياسة الخارجية ، كلية العلوم السياسية / جامعة بغداد ، ١٩٨١ .
- الرمضاني، مازن اسماعيل ، في عملية اتخاذ القرار السياسي الخارجي، مجلة العلوم القانونية والسياسية، المجلد الثاني ، العدد الثاني، دار الحرية للطباعة ، بغداد ،١٩٧٩.
- زايد ، احمد ، الدولة في العالم الثالث - الرؤية السوسيولوجية ، دار الثقافة للنشر والتوزيع، القاهرة ، ١٩٨٥.

- سرحال ، احمد ، النظم السياسية والدستورية في لبنان ، دار الباحث ، بيروت ، ١٩٨٠ .
- سلامة ، غسان ، نحو عقد اجتماعي عربي جديد ، بحث في الشرعية الدستورية ، ط١ ، (بيروت ، م . د . و . ع ، ١٩٨٧) .
- الشاوي ، منذر ، القانون الدستوري (نظرية الدولة) ، (بغداد ، وزارة العدل ، مركز البحوث القانونية ١٩٨١) .
- شكارة ، نادية ، اتخاذ القرار في الازمة الدولية ، جامعة بغداد، كلية العلوم السياسية ، ١٩٩٦ .
- شيحا ابراهيم عبد العزيز ، مبادئ الانظمة السياسية ، الدار الجامعية للطباعة والنشر ، بيروت، ١٩٨٢ .
- شيحا، ابراهيم عبد العزيز ، المباديء الدستورية العامة، الدار الجامعية ، بيروت، ١٩٨٢ .
- الصبيحي، احمد شكر ، مستقبل المجتمع المدني في الوطن العربي ، ط١ ، بيروت م د و ع، ٢٠٠٠.
- الطماوي، سليمان ، السلطات الثلاث ، دار المعارف بمصر، القاهرة، ١٩٧٤.
- العاني ، حسان محمد شفيق ، الانظمة السياسية والدستورية المقارنة، مطبعة جامعة بغداد، بغداد، ١٩٨٦، وكذلك : الترجمة العربية لمؤلف مونسيكو روح الروائع ، لعادل زعيتر ، جزئين، دار المعارف بمصر، القاهرة، ١٩٥٣.
- عبد القوي، خيري ، دراسة السياسة العامة ، ط١ ، ذات السلاسل ، الكويت، ١٩٨٩ .
- عبد الله ، عبد الخالق ، التبعية والتبعية الثقافية ، مناقشة نظرية ، مجلة المستقبل العربي ، العدد ٨٣ (بيروت م.د.و.ع ، ١٩٨٨).
- عبد الله، عبد الغني بسيوني ، النظم السياسية ، أسس التنظيم السياسي ، الدار الجامعية ، الاسكندرية، ١٩٨٥ .

- عثمان، عثمان خليل ، المبادئ الدستورية العامة، مكتبة عبد اللـه وهبة، القاهرة، ١٩٤٣.
- غليون ، برهان ، بناء المجتمع المدني العـربي ، في كتـاب المجتمـع المـدني في الـوطن العربي ودوره في تحقيق الديمقراطية ، بيروت م د و ع ، ١٩٩٢ .
- فيصل ، غازي ، التنميـة السياسـية في بلـدان العـالم الثالـث ، مديريـة دار الكتـب للطباعة والنشر ، بغداد ، ١٩٩٣ .
- قنان، جمال ، نظام عالمي جديد ام سيطرة اسـتعمارية جديـدة ، مجلـة المسـتقبل العربي العدد ١٨٠ ، (بيروت م.د.و.ع ، ١٩٩٤) .
- كامل ، نبيلـة عبـد الحلـيم ، الاحـزاب السياسية في العـالم المعـاصر ، دار الكتـاب الحديث ، الكويت ، ١٩٨١ .
- ليلة ، محمد كامل ، النظم السياسية ،مكتب دار الفكر، القاهرة،١٩٧١.
- ليلة، محمد كامل ، القانون الدستوري ، القاهرة ، ١٩٧١ .
- متولي، عبد الحميد ، القانون الدستوري والانظمة السياسية ،١٩٧٥ .
- محمد، ثامر كامل ، التحولات العالمية ومستقبل الدولـة في الـوطن العـربي ، مركـز المستقبل للدراسات الاستراتيجية ، عمان ، ٢٠٠٠ .
- محمـد، عـلى محمـد، اصـول الاجـتماع السـياسي ، الجـزء ٢ ، القـوة والدولـة، دار المعرفة الجامعية، الاسكندرية، ١٩٨٥.
- مرزه ، اسماعيل ، مباديء القانون الدستوري والعالم السياسي ، شركة الطبع والنشر الاهلية ، بغداد ، ١٩٦٠.
- المشاط ، عبد المنعم ، التنمية السياسية في العالم الثالث ، نظريات وقضايا (العين ، مؤسسة العين للنشر والتوزيع ، ١٩٨٨).
- معوض ،جـلال عبـد اللـــه ، ازمـة المشـاركة السياسـية في الـوطن العـربي ، كتـاب الديمقراطية وحقوق الانسان ، مجموعة باحثين ، (بيروت ، م . د . و . ع ، ١٩٨٣).

- المغيربي ، محمد زاهـي بشـير ، التنميـة السياسـية والسياسـة المقارنـة، منشـورات جامعة قار يونس، بنغازي، ١٩٩٨.
- المنـوفي، كـمال ، اصـول الـنظم السياسـية المقارنـة، ط١، شركـة الربيعـان للنشر والتوزيع، الكويت ١٩٨٧ .
- مهنا ، محمد نصر ، عبد الرحمن الصالحي ، علم السياسة بين التنظير والمعـاصرة ، ط١ ، منشأة المعارف ، الاسكندرية ١٩٨٥ .
- هادي ، رياض عزيز ، المشكلات السياسية في العالم الثالث ، ط٢، (الموصل ، مطابع التعليم العالي، ١٩٨٩) .
- هدية ، عبد الـلـه ، مدخل الانظمة السياسية ، ط١ ، مكتبة ام القـرى ، الكويـت ، ١٩٨٤.
- هوريو ، اندريه ، القانون السياسي والنظم السياسية ترجمة، عـلي مقلـد وآخـرين الاهلية للنشر والتوزيع، بيروت، ١٩٧٤.

ثانيا:باللغات الاجنبية

- A Develompental Approch Boston , Little Brown and company Inc , 1966 .
- Abdallh, Les applications du principe. d'egalite, en Droit Administratif.
- Allan Larson , Comparative Political Analysis , (Chicago : Nelson Hall, 1970).
- Alvin and Heid Toffler , War and Anti- War Making Sense of todays global Chaos , Little Brawin , 1993 .
- Andre Hauriou-Droit Constitutionnel et institutions politiques , quartriene editions , 1970 .
- Andrew M.Scott , The Functioning of the International System (New York : The Macmillan Company , 1967).
- Bernard Crick, Basic Forms of Government Asketch and a Model, (London : Macmillan , 1973).
- Black. C.E., The Dynamics of Modernization, (NewYork : Harper and Row. 1966).
- C.A. Colliard , Libertes publiques, Paris, 1972.
- Cabriel A. Almond and Bingham Powell comparative politicals :
- Cabriel Almond, Afunctional Approach to Comparative Politics, in Cabriel Almond and James Coleman, eds Politics of the Developing Areas (New Jersey : Princeton University Press, 1960).
- Carl J. Friedrick, Man and his Government, (New York, Mac Grow - Hill, 1963).
- Ch. Rousseau, Cours de Droit public, Paris. 1947 - 1948.
- Charles A. McClelland ,Theory and International System (New York : The Macmillan Company , 1968).
- Charles F. Hermann : Crisis in Foreign Policy , New York , 1988 .
- Charles Q. Jones, An Introduction to the study of public Policy 2nd edition(North Scituate, MA:Duxbury, 1977).

- Claude Albert Collard, Libertes publiques, cinquieme edition, Dalloz, Paris,1975.
- Claude Leclereq. Institution Politique et droit Consttution Parisltec Droit ,1977 .
- David Apter Some Conceptual Appraches to the Study of Modernization , (New Jersey : Prentice - Hall, Inc, 1968).
- David Easton , Asystems Analysis of Political life, Newyork, wiley,1965 .
- David Easton, A Frame work For Political Analysis New Jersey, Prentice- Hall , 1965.
- David Easton, Aframework for Political Anlysis, (New Jersey : Prentice - Hall Inc , 1965).
- David Truman , The Implication of political Behaviour Research in Social Science Research Councial , Items December ,1951.
- DELVOLVE, Le principe d'egelite devant les charges publiques, thse Paris, L.G. J, 1969.
- Douvns , An Economic Theory of Democracy , New York , Harber , 1957 .
- E. Esmeein et Duez, Elements de droit constitut ionnel Francais et compre, Tome Second, Paris, 1922 .
- E.Burk , Thoughts on the Cause of the Present Discontents , 1970 .
- E.E Schtschneider , Party Government , New York , Rinechart , 1972 .
- Fred Greenstein, Political Socialization, International Encyclopedia of the social Sciences, 1968, Vol 14.
- G. Almond Comparative Political System , Journal of Politics, No.18 , 1956 .
- G. Burdeau ; Traite de scince politique deuxieme edition , Tome premier , L.G.J .
- Gabriel Almond , Political Development Essays in Heuristic Theory , (Boston : Little Brown and Co. 1970).

- Gabriel Almond and Bingham Powell , Comparative politics : Adevelopmental Approach , (Boston : little Brown and Co., 1966).
- Gabriel Almond and Sydney Verba , Civic Culture , Princeton University , Press 1 , 1963 .
- Geoffrey Reeves , Communication and the Third World , London , Rout ledge , 1993 .
- George Burdeau , La democratie , ed Seuil , Paris 1956 .
- Geraint Barry , Political Elites ,(London: George Allen and Unwin L.td , 1971).
- Gf. Laplammbra , Weiner Parties and Political Development , Princeton , 1966 .
- Good C.V., Dictionary of Education , N.Y. MoGraw - Hill , 1973 .
- Herbert Hyman Political Socialization, (New York, Free Press, of Glencos, 1959.
- Horace , Acomprehensive Psychologicoal and Psycho Anlytical Terms, Longman : Dictionary . Co INC, 1985.
- John Lowenhardt , Decision Making in Soviet Politics , The Macmillan Press, London ,1981.
- John Spanier , Games Nations Play , 6th edition , (Washington, D.C , Congressional , Quarterly , Inc ., 1987).
- Joseph Lapalombara , Politics with in Nations (Englewood Cliffs , N.J. : Prentice-Hall , Inc.,1974).
- Karl Deutsch, Nationalism and Social Communication; New York, Chapman and Hall, 1953.
- Karl W. Deutsch , The Nerves of Government : Models of Political Com mnication and control New York : free Press, 1963).
- Lucian Pye , Political Culture and Political Development in Lucian Pye and sidny verba, eds (N.J. , Princeton , Up 1965).
- Lucian W. Pey : Aspects of Political devlopment , Boston Little Brown and Company Inc, 1960.

- Lucien Sphes, Critique de Decision , P.F.N.S, 1981, P. 13 .
- Ludwing Von Bertalanffy , General System Theory in General System , No.1 . 1956 .
- Marcel Prelot, Institutions et droit Constitutionnel , Dalloz, 1972.
- Mary Kweit , and Robert Kweit , Concepts and Methods for political Analysis (New Jersy, Prentice-Hall , Inc. 1981).
- Maurice Duverger , Sociologie de la Politique.
- Maurice Duverger , Droit Constitutinnel et institutions Politiques , ed . 1955 .
- Max Weber , The Theory of Social and Economic Organization , New York , The Free Press , 1947.
- Max Weber , The Theory of Social and Economic Organization, (Ny : Oxford University Press 1947) .
- Max Weber, The Theory of Social and Economic Drganization, Translated by A. Henderson and Talcott Parsons (London : Oxford U.P., 1947).
- Michael Curtis Comparative Governmemt and Politics, (New York : Harper and Row Publisher, 1968) .
- Morton Davies and Vaughan Levis, Models of Political Systems, (New York : Praeger Publishers, 1971).
- Myron Weiner , Political Participation : Crises of the Political Process in Leonard Binder, Crises and Sequencas in Political develompent (New Jersey, Princeton University Press, 1971) .
- Norman D. Palmer . Howard C. Perkins , International Relation , 3rd , ed , Boston : Houhtion Mifflen Company , 1969.
- P. H Levin On decision and decision making In Public , Administration Journal, Spring ,1972.
- Patrick J. McGowan , Meaningful Comparison in the study of Foreign Policy : Methodolugical Discussion of Objectives , Techniques and Research Designs , in Charles W.Wekley Jr. at al.
- Pennock and Smith, Political Science An Introduction , Macmillan

, London , 1964 .

- R. D. Mclaurin , Minorities And Politics In The Middle East : An Introduction , In R. D. Mclaurin , The Political Role of Minority Groups in the Middle East , (New York Praeger 1979) .
- Raymond Aron : democratie et tatalitarisme , Coll diees Callimard-Paris 1956 .
- Richard Hofferbert, The study of Public Policy (Indianapolis : Bobbr, Merrill, 1974).
- Richard Rose, (ed) Policy Making in Great Britian, (London : Macmillan, 1969).
- Richard Snyder ,A Decision Making Approach to the Study of political phenomena in Roland Young , ed. , Approaches to the stydy of politics , (Illions , Northwestern U.p. , 1958).
- Robert Dahl , The Behavoural Approach in political science,In American Political science Review Vol.55 December , 1961 .
- Robert Dahl , Who Governs , Yale University Press , 1963.
- Robert Dahl, Modern Political Analysis, (Englwood Cliffs, New Jersey 1970).
- Robert Eyestone, The Threads of Puplic Policy Astudy in Policy Ledearship, (Indianapolis : Bobbs Merrill, 1971).
- Robert Holt and John Richardson , Competing Paradigms in Comparative politics , in Robert Holt and John Turner , eds , The Methodology of comparative Research (New York: The Free press , 1970) .
- Robert Maciver , The Web of Government (New York : Macmillan, 1947).
- Ronald Pennok , Democratic Political Theory (New Jersey , Princeton U.P , 1979) .
- Roy Macridis, The search for Focus, in Roy Macridis and Bernerd Brown, eds. Comperative Politics, Notes and Reading (illinois The Dorsey Press, 1972) .
- Sammuel p. Huntington , Political Order in Changing Societies ,

(New Haven, Conn : Yale University Press 1968).

- Sammuel P. Huntington and Joan Nelson , No Easy choise . Political Participation in developing Countries , U S A 1976.

- Samuel Beer Modern Political Development, (New York : Random House, 1974).

- Samuel Eisenstadt , Tradition Change and Modernity, New York J. Wiley, 1973.

- Samuel Eisenstadt, Modernization: Protest and changes, Englewood Cliffs Prentice Hall, 1966.

- Samuel P. Huntington , Political Development and political Decay , World Politics , Vol. 17 , No.3 , April, 1985.

- Sidney Verba Comparative Political Culture , in Lucian W. Pye and Sidney Verba eds, Political Culture and Political development , (New Jersey, Princeton University , Press 1965).

- Sidney Verba, Small groups and Political Behavior, A study of leadership (N.J. Pernceton U.P.1961).

- Tomas Dye, Understanding Public Policy (New Jersey Prentice, Hall , 2nd , 1975).

- Traité de droit Constitutionnel , Paris , 1924 .

- W.W. Rostow, The Stages of Economic Crowth, Cambridge: Cambridge University Press, 1960.

- Walter A. Rosenbaum , Political Culture , London , Thomas Nelson , 1975 .

- Warren , Dictionary of Psychology , Boston, Houghtion Mifflin , 1964.

- William Peterson Ethnicity in the World Today International Journal of comparative Vol 20 No,1-2 March - June 1979 .

- William Welsh , studying politics (New Jersy : prentice-Hall Inc.,1973).

Printed in the United States
By Bookmasters